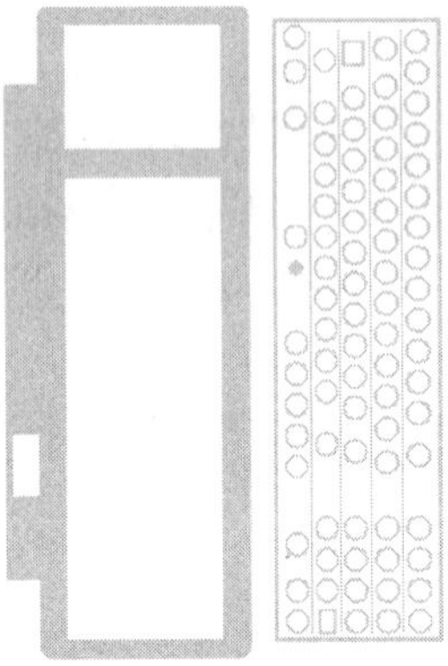

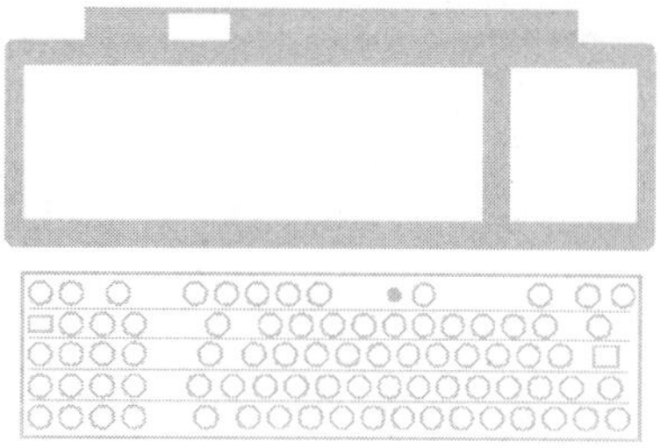

广播电视编导（文艺编导方向）专业“十二五”规划教材

广播文艺编导

杜 桦 著

中国传媒大学出版社
·北京·

目 录

绪　论

第一节　新时期中国广播发展

1978年12月，中共中央召开具有重大历史意义的十一届三中全会，中国广播也开始重新反思自己在社会生活中的定位。此后的中国广播文艺发展，大体可以分为六个阶段，为便于论述，本书以具有标志性意义的重大事件发生或某一重要发展趋势的显现作为每个阶段的开始。但应该注意的是，由于中国广播文艺发展存在着巨大的地域差别，在不同地区存在多个发展阶段并存的可能，同时一个区域内也存在多种发展趋势交替存在的情况，所以这里所列的几个阶段是基于对发展趋势的描述，而非严格的时间界限。

一、发展阶段划分

(一)初步恢复(1978－1986)

1983年，第十一次全国广播工作会议再次强调了广播要改变“报纸有声版”的形象，要“自己走路”。同时会议还提出，推动广播电视的四级混合覆盖，即“四级办广播，四级办电视，混合覆盖”。有条件的市、县都可以开办广播电视。在实际操作中，因为中波频率有限，技术主管部门规定，中波频段内不能实行四级混合覆盖，所以四级混合覆盖的政策对于广播而言，只有在调频广播频段才有可能实现。因此，“四级办广播”客观上促进了国内城市调频广播的迅速发展。此次会议开幕式上，吴冷西在谈广播电视工作体制改革时，曾设想在广播电视部建立总编辑、总工程师和秘书长负责制的同时，也建立艺术总监（或称艺术指导）制度，以期促进文艺节目的创作发展。[①] 但在实际的批复中，艺术总监制度被暂缓建立。

以中央人民广播电台为例，广播新闻开始扩大记者队伍，增加电台自己采写的报道，深入探索“短、新、快”的广播新闻报道风格，音响元素也开始受到重视。录音通讯、录音特写、录音访谈等录音报道形式有了很大发展。现场报道《喜看我国运载火箭水下发射成功的壮观景象》《胡耀邦总书记在日本岚山瞻仰周总理诗碑》，连续报道《中年科学家雷雨顺》《双城堡车站野蛮装卸事件》，广播特写《国务委员的关照》等，在听众中引起巨大反响。

同时期，中央电台的文艺广播也有较快发展，例如，文学广播中的《阅读与欣赏》等名牌栏目恢复播出。《小说连续广播》引发全国性的收听热潮，其中《高山下的花环》《人生》《芙蓉镇》《蹉跎岁月》《夜幕下的哈尔滨》等都产生了全国性的影响力。戏曲广播中的《戏曲专题》节目，相继播出了《四姑娘》《张王李赵》《八品官》《六斤县长》《司马迁》等一系列有影响力的现代戏和新编历史剧。广播剧和影剧录音剪辑也不断涌现出《二泉映月》《伤痕》《南宫铃霞》《彭元帅故乡行》等优秀作品。1980 年 1 月，中央电台与《歌曲》编辑部合作举办“全国听众喜爱的广播歌曲”听众评选活动，评选出《祝酒歌》《妹妹找哥泪花流》《我们的生活充满阳光》《太阳岛上》等 15 首广播歌曲。经过广播电台的推介和反复播放，这些歌曲成了“文革”结束以后，中国人重新投入现代化建设的时代记忆。

（二）系列台发展（1986－1992）

改革开放以后，地处改革开放前沿的广东最先感受到了来自境外电台的压力。当时香港多家电台以其生动活泼的节目形式，吸引着珠江三角洲的大量听众。据 1985 年广州市区部分街道所做的抽样调查表明，广东省电台与港台广播电台的收听比率为 3∶7，广东电台在全国电台中最早感受到了不改革就会失去听众的巨大压力，也因此最早迈出了电台改革的第一步。

1986 年 12 月 15 日，广东省人民广播电台旗下的珠江经济台开播。这标志着中国广播进入新一轮较快发展的历史时期，这一时期，睽违已久的中国广播市场意识开始复苏。

珠江经济台改变了传统的广播传播方式，向人际传播模式靠近，把过去的单向灌

---

① 吴冷西在第十一次全国广播电视工作会议开幕式上的讲话。广播电视部政策研究室、《当代中国的广播电视》编辑部主编：《方向与实践——第十一次全国广播电视工作会议文件和典型材料选编》，中国广播电视出版社 1984 年版。

输变成了双向交流，居高临下的宣讲变成了一对一平等沟通；传播者的指导心态变成了服务心态，并确立了“听众是广播的主人”是电台改革的根本思路。

同时他们也意识到，在社会主义市场经济条件下，广播也必将被纳入市场经济轨道上来，一个电台要想发展，一定要有好的经济效益。经济效益来自于广告投放，广告投放则取决于电台收听率的高下，因此，随着市场意识的萌发，珠江台也树立了强烈的竞争观念和高度重视收听率的观念。

为了提高收听率、增强市场竞争力，珠江经济台开始了由综合台向系列台，由“广播”向“窄播”的转变。为此，珠江经济台开始广泛采用主持人、直播、版块化编排和热线电话的节目构成方式。这种节目形式，一方面有较好的交流感，给国内听众耳目一新的感觉；另一方面也有效压缩了传统录播节目的制作环节，降低了节目成本，所以，以系列台、大版块、主持人、直播、热线电话等元素为主要特征的珠江模式，很快就被全国电台所模仿。

(三)体制探索(1992－2000)

这一阶段从 1992 年开始，上海东方台的建立标志着中国广播开始在体制方面进行重要探索。

1992 年春，邓小平视察南方主要城市深圳、珠海、上海等地并发表重要讲话，表示“改革开放的胆子要大一些，经济发展要快一点，总要力争几年上一个台阶”。在此之后，上海浦东加快了建设、开发的步伐。浦东的开发、开放，促进了上海新闻业、广播业界改革的深化。上海《解放日报》《文汇报》《新民晚报》等各大报纸竞争日益激烈，纷纷扩版、改版，推陈出新。这种竞争不但没有造成人们所担忧的混战相残的局面，反而促进了各报质量和发行量的不断提高。而上海的广播则由于 40 年不变的格局，单一的结构、陈旧的节目形式和风格，已无法满足听众的需求。为了引进激励竞争机制，挖掘内部潜力，丰富上海地区的广播电视节目，满足人民群众日益增长的文化需求，适应浦东开发的新形势，在上海市委、市政府的支持下，上海市广播电视局决定在浦东新区设立具有独立法人资格的上海东方广播电台，在全国率先实行一局两台的运行体制。

1992 年 10 月，东方台利用上海经济台使用的频率开始正式播出，而上海台也逐步建立了新闻综合、市场经济、文艺、音乐等系列台，随后东方台也着手创办自己的系列台，在一局体制下形成同质化的竞争。

1992 年，国务院明确把广播列入第三产业，标志着政府对广播电视产业功能的明晰。

1999 年 11 月，国务院办公厅转发了信息产业部和国家广播电影电视总局《关于加强广播电视有线网络建设管理的意见》，宣布停止“四级办台”，直接促成有线和无线的合并，明确了电信和广电部门的分工。

从1987年开始，各地电台在“珠江模式”的启发下，纷纷探索系列台的经营模式。1988年，广东珠江台率先推出了侧重于流行音乐的立体声广播。1989年，中国国际广播电台创办了主要面向年轻人和学生的EASY FM节目，成为国内第一个介绍西方流行歌曲的专业台。进入90年代，一些省级大城市先后开始建立音乐频率、文艺频率、新闻频率、交通频率等专业化频率。1990年，北京电台陆续创办了新闻、经济、文艺、音乐、少儿等频率，成为国内较早完成系列台布局的电台。1991年9月30日，我国第一家交通广播频率——上海交通信息台诞生。经过一段时间的无序竞争，各地系列台开始探索差异化的节目运作模式，例如，北京电台在1997年开始强调以“错位竞争”策略经营专业化频率，1998年提出节目内容竞争“红绿灯”概念。这些措施主要是规范各频率的核心节目内容，促使各频率真正向专业化方向发展。2000年左右，全国省级电台已经陆续完成系列台建设。但此时的系列台建设仍处于摸索阶段，多数专业频率实质上仍是内容稍有侧重的综合频率，所以一台之内的各个专业频率间存在严重的节目内容相互倾轧问题。

2000年11月，广电总局下发了《关于广播电影电视集团化发展试行工作的原则意见》，吹响了中国广播影视向集团化发展的号角。该文件确定广播影视在以新闻宣传为中心，以繁荣创作为重点的前提下，可兼营其他相关产业，逐步发展成为多媒体、多渠道、多品种、多层次、多功能的综合性传媒集团。

(四)向类型台转变(2002年至今)

2000年以后，各地加快了系列台建设，以各地音乐频率为代表的系列台二次细分，标志着中国广播专业化发展进入一个新的阶段。这一阶段各台的工作主要有两个重点：一是进一步完成受众细分，调整频率定位，推动节目向专业化发展；二是不断改进以广告为核心的经营模式，实现利润突破。

2002年，中央人民广播电台推出改版后的“音乐之声”频率，力图将其打造成为国内首个类型化电台(Format Radio)。为凸显频率的类型化特点，“音乐之声”以流行音乐为主要发展方向，采用世界范围类型化电台流行的RCS① 系统进行节目的计算机化编排，规定了音乐和主持人的语言有严格的比例限制。2003年12月，中央人民广播电台的“经济之声”全面改版，它取消了与财经无关的栏目，提出了天下财经“任意时

---

① 美国广播资讯化服务公司(Radio Computing Services)，简称RCS。RCS是全球最大的广播软件服务公司。该公司开发的广播节目编排软件被广播电台、电视音乐频道、有线广播电台、卫星广播电台和网络电台所广泛使用。

间收听，二十分钟搞定”的节目设置思路，并首次提出了类似于电视台“滚动播出”的“轮盘式节目结构”。

类型化电台可以被视为系列台或是专业化频率的受众再细分，是系列台市场化发展的延伸。与传统系列台模式的主要不同之处在于，类型化电台面向特定的受众群体，采用风格化的节目编排策略和去栏目化的轮盘滚动播出形式，强调受众无需以传统“预约”式收听的状态接入。目前，国内上海、北京、云南、湖北、浙江、江苏等地都已建立音乐、新闻内容为主的类型化电台。

在类型化电台起步的同时，这一阶段，传统的系列台也在不断向专业化的方向迈进。例如，2005 年 3 月，北京经济广播改为北京电台城市管理广播正式开播，这是国内第一家以城市管理、服务为宗旨和主要内容的专业频道，也是北京电台不断根据受众需求调整频率定位的结果。目前，我国已有专业化频率类别包括新闻、财经、经济、股市、法制、交通、生活、教育、体育、健康、戏剧、故事、音乐、文艺、城市、乡村、开发区、民族地区、老年、少儿、女性、对港澳、对台、对外等 20 多种。其中，交通频率、新闻频率、音乐频率成为吸引广告投放最多的频率。

(五)网络化生存阶段(2005 年至今)

2005 年以后，随着网络媒体的迅速发展，媒体市场呈现激烈竞争态势，各台开始更加关注多媒体条件下广播的数字化生存战略。由于手机、iPod 播放器等接收端已经可以轻松上网，实现非广播的网络收听，同时网民可以上传发表自己的作品，实际上传统广播的制作、播出甚至是最具特色的移动收听环节全都可以通过非广播化的网络方式自由实现。听众凭什么选择广播？这是网络媒体带给传统广播的最致命冲击。

国内更多的广播电台意识到来自网络的威胁，开始着手制定自己的数字化生存战略以应对挑战。多数广播媒体以开办网络电台、网上播客的形式向网络媒体发起阻击，其中较有代表性的是 2005 年 7 月中央人民广播电台下属的银河网络电台开播。其节目整体立足于未来网上受众的培养，包含娱乐、资讯、知识、情感、教育等多方面内容，节目风格时尚、前卫。网民可以通过因特网和手机的方式收听、评论、点播、参与制作银河台新节目。

目前，几乎全国所有省级台都已经完成了对电台网站的改造，纷纷建立起了自己的网络电台。例如，北京电台推出网上的“听吧”频道，为网友提供小说、评书、曲艺等 19 个大类节目的收听和下载。

开办网络电台的同时，广播也在向手机电视、网络电视进军。借助广播的内容优势和吸引力，发展可视广播，开发系列视频产品。2005 年 12 月，北京电台与北京网通合作开辟了“北京网视”网络电视平台，这是全国第一家由广播媒体创办的网络电视平台。

我国的数字化广播早在20世纪80年代中后期就已在佛山等地展开试验，但是一直进展缓慢。目前，各家电台在节目制作阶段已经基本实现数字化，但发射和接收设备还是模拟机器。2005年4月，北京电台数字广播节目开始试播。北京电台数字音频广播项目总投资8000万元，主要用于购买数字发射机、节目制作和宣传推广等，力图推动数字广播业务快速发展。2006年9月6日，北京电台正式启动了DAB移动多媒体广播业务，成为北方首家开播数字广播节目的电台。数字广播以数字形式实现声音的编码/解码，所以传输中不会出现音质的损失，可以保证音频讯号在传输过程中的高保真，近乎完美地还原音质和音色，尤其适合音乐类节目的广播。数字广播在内容、设备、相关数据业务等方面将会催生许多新兴产业，为广播实现多元化发展提供了一定的空间。

(六)向移动互联终端跨越(2010年至今)

本阶段没有明确起始时间，但是以移动互联网的兴起为主要标志。

从2007年苹果公司推出iPhone，亚马逊发布Kindle，2008年苹果向第三方开放APP Store，2009年国内3G牌照发放，一直到2010年移动互联应用呈爆炸性增长并带动手机网民的迅猛增长，都可以看作是这一阶段的准备过程。

这一阶段，基于移动通信和互联网技术，以智能手机、平板电脑、可穿戴智能设备为主要终端的移动互联网迅速发展。而三网融合、4G网络技术完善、虚拟运营商发展等有利因素，也为高品质音频节目的新媒体生存提供了无限的可能性。

截至2014年12月，我国手机网民规模达5.57亿，手机网民占全国网民总数的85.8%，手机保持第一大上网终端的地位，中国移动互联网发展进入全民时代。

这一阶段的网络电台发展出几种基本类型：以喜马拉雅FM为代表的集合音频内容为主的内容聚合型网络广播；以蜻蜓FM为代表的接入传统电台的电台聚合型网络广播；基于播客、微信、微博播出的自媒体型广播。此外，以豆瓣电台、百度音乐、QQ音乐、虾米音乐为代表的专业音乐类网络广播也是重要的一类。

网络电台开始向平台化发展，由过去的提供广播节目上网，变成提供平台，发布海量、多元、个性化、高度互动的音频节目，为基于博客、微博、微信等平台发布和创作的个人音频内容提供播出平台。网络广播实际上成为众多自媒体的聚合平台。

基于移动互联网的碎片化传播具有节目海量、多元、精练的特点：点播成为主要的播出形态，而非传统的线性播出；个人创作为主，而非传统的电台媒体的集体创作；突破单一音频形式，出现图文、视频、弹幕即时交流等；可利用 LBS① 技术实现定向推送或是区域推送。

作为现代大众媒体的广播将会受到来自网络广播的持续冲击，甚至可能从实体方面被逐渐融合（当然中国有重视广播的传统，从国家信息安全和意识形态管控等角度考量，广播媒体还将在政策支持下长期存在）。而作为内容层面的广播，则将在传播形态、编创方式等方面发生极大的改变，最终实现音频内容的跨媒体生存。

二、总体特征

广播所赖以生存的媒体环境日渐复杂多变。在媒体多元存在的今天，受众的注意力资源更多向视知觉渠道迁移。一方面，广播自身循着受众不断细分的路径，寻求市场化的生存方式；另一方面，迅速崛起的网络媒体、移动互联终端也在剧烈挤压着广播的发展空间。在夹缝中生存的广播媒体，只有不断做出适应性改变，才有可能在未来的媒体竞争中存活下来。

历史地来看，中国广播文艺在 1987 年之后经历了一个较快的发展时期。这个时期，广播的主要增长方式是粗放式的放量发展，用简单、粗糙的产品迅速占领市场份额。以前的“四级办台”并不是四级办节目，而是一级一级转播大同小异的节目。系列台发展起来后，电台播出的节目时长成倍增长。电台的节目制作能力远远满足不了系列台的播出需要。但是要抢占快速成长的广告市场，又必须有足够的节目，所以，以低成本、制作周期短、节目时间长为特点的直播类、版块类、主持人类节目和谈话、新闻、音乐等内容，成为支撑电台快速发展的主力军。然而，这个发展是以大量的高成本精品节目被市场淘汰出局为代价的。就广播节目层面而言，这一时期的发展是“传播大于创造”的。

目前的广播文艺节目质量评价体系，主要是以收听率数据和评奖为核心指标。其中，收听率指标直接影响广播节目的广告投放。而收听率调查又存在指标含混、数据污染等诸多问题，难以准确反映受众对节目的评价，需要在实践中不断规范和改进。而评奖指标则主要体现出文化主管部门对广播文艺创作资源配置的宏观调控，也无法直接反映节目受众的主观评价。所以完善节目社会评价体制，成为促进广播文艺发展的重要环节。

市场的泡沫必定会经过理性的沉淀，广告主的投资也会越来越精明。面对激烈的媒体市场竞争，广播如果不想办法提升节目质量，将会面临受众的大量流失。实际上，

---

① Location Based Services，基于位置的服务，指通过电信移动运营商的无线电通讯网络或外部定位方式（如 GPS）获取移动终端用户的位置信息，在地理信息系统（Geographic Information System，GIS）平台的支持下，为用户提供具有针对性服务的一种增值业务。

从进入新千年以来，各级电台已经逐渐意识到应把工作重心由量的增长转向质的提升。2000 年以后，各台不断微调专业化频率的定位，进行更精细的受众划分，出台相关的节目规定，这一系列举措都证明了这一点。在这种情况下，广播工作者有责任反思目前节目创作中涌现出的种种泡沫现象。例如，一些粗糙的直播节目、无聊的娱乐性节目、空洞的谈话类节目必将会面临时间的选择。而那些传统的节目内容和节目样式也需要不断改进，以适应新的需要。

第二节　广播节目类型划分

传统的广播节目分类，指频率专业化之前中央到地方各级人民广播电台所普遍认可的节目分类方法。这种分类方法主要从节目所包含的内容进行区分，与当时的电台节目制作体制相对应。传统的广播节目主要包括新闻类节目、文艺类节目、教育类节目、服务类节目和广告节目等五个主要类型。

因为传统广播节目分类的基础(各电台的具体实践)处于不断的变化之中，原有的分类难以涵盖越来越多样化的节目实践，所以广播业界又出现了市场化媒介调查机构的节目分类和官方评奖节目分类等多种分类标准。这些分类各有特色，各有侧重。

例如，以 CSM 为代表的调查机构广播节目分类就兼顾了节目内容和频率特色，以及不同类型节目所面向的广告市场区划，具体分为：音乐、新闻时事、文艺、外语、体育、生活服务、社教、法制、财经和其他类节目共十个类别。而国家广电总局所发布的《2008 广播电视产业发展报告》中的广播节目，则分为新闻资讯、专题服务、综艺益智、广告、广播剧、其他类等六个类别。这个分类使用内容和制作形式的双重标准以对应电台的节目制作体系，但相对而言比较杂乱。以中国广播电视协会为代表的官方广播节目评奖则从关心鼓励基层创作人员的角度出发，以节目内容为主并兼顾到电台不同节目制作团队平等参与评奖的可能性，把广播节目分为新闻、社教、文艺、广播剧和创新类等五个类别。

在所有这些广播节目类别中，新闻类节目和文艺类节目基本涵盖了广播节目中重要的创作编排技巧，而这两类节目也在电台播出时长中占有绝对的优势地位。因此本节将对文艺类节目(含广播剧、不含综艺类节目)的主要类型予以分别论述。

一、广播文艺节目类型

文艺类广播节目，也称为艺术类广播节目，其所包含的主要内容为区别于新闻的传统艺术形式再创作，或是基于广播听觉化传播的艺术创作特性而创作的专门节目

(如广播剧)。从学理角度而言,为克服艺术领域文学中心化倾向对其他艺术门类的负面影响,文艺类广播节目称为“艺术类广播节目”似乎更恰当;但是,由于长期实践中的约定俗成,文艺类广播节目的称谓也仍有保留的必要。为叙述方便,本书对两种称谓也都有使用。

艺术类广播节目按照所包含的主要艺术形式来进行分类,通常可分为文学节目、音乐节目、戏曲节目、曲艺节目、广播剧、影剧录音剪辑以及综合文学、音乐、戏曲、曲艺诸种传统艺术形式的综艺版块类广播节目。文艺广播与新闻广播一起构成了中国广播节目内容的主体。值得注意的是,最近几年的政府广播评奖中,也曾将娱乐节目划入文艺大类之下,而随着娱乐节目的播出时长和听众影响力的不断增加,娱乐节目也逐渐显现出自己的鲜明特色。

(一)广播特写

广播特写是以捕捉声音意象、塑造声音场景为主要方式,偏向真实性题材的叙事性广播节目形式,也是世界广播界公认的非常重要的一种广播节目形式,有时也被认为是录音报道的一种类型。它采用现场音响和记者的白描,报道新闻事件的特定场景或故事片段,通常不强调时效性,而注重对声音场景的还原和声音细节的表现,兼具内容的真实性和表现手法的艺术性。广播特写是介于新闻广播和艺术广播节目之间的跨界类型,也可以被看作两类节目共通的创作手法或是创作风格。

(二)文学节目

属于文学节目范畴的节目形式较多,因而它的听众面也较广。如长篇小说连续广播、广播小说、广播小品、配乐诗歌、配乐散文和报告文学等,都归于文学节目范畴(传统的分类法往往是把电影录音剪辑、话剧录音剪辑也列入文学类节目)。文学广播节目在 20 世纪后半段的大部分时间里都是中国文学创作的前沿阵地,它代表着文学创作领域的新成果、新动向,在听众心日中留下了美好的印象。

(三)音乐节目

音乐是一种传统的听觉艺术形式,而音乐广播则为这一传统艺术形式提供了新的发展空间。在国外,新闻与音乐已经成为公认的电台节目的内容支柱。而在国内,无论是中央台还是地方台,整个广播播出时间的一半是文艺节目;而在文艺节目中,音乐节目的播出量又占其首位。尤其是在调频立体声广播出现以后,音乐广播节目更显示出它的独特魅力。音乐广播节目主要包括中外各类声乐、器乐曲的欣赏,音乐知识和音乐教育专题节目,歌剧和舞剧的音乐录音剪辑、选曲及音乐故事等类型。

(四)戏曲节目

戏曲是中国一种特有的戏剧艺术形式。它综合了文学、戏剧、音乐、舞蹈、武功、美术等诸多因素,通过唱、念、做、打表现剧情和刻画人物。

中央人民广播电台的戏曲节目,以京剧、评剧、豫剧、越剧、川剧、黄梅戏等流行区域较广的剧种为主,也兼顾一些较有特点的地方小戏。各地方台则根据听众的需要,适当突出当地的地方剧种。电台的戏曲节目主要包括播送传统的剧目、新编历史剧和现代戏,同时也向听众介绍戏曲知识,评介优秀剧目、音乐唱腔和演员。在改革开放以后,又出现了戏曲广播剧和戏曲故事等形式。

(五)曲艺节目

所谓曲艺,是各种说唱艺术形式的总称。中华人民共和国成立以后,第一次全国文代会将民间的“说书”“唱曲”“杂耍”等表演形式统一定名为“曲艺”,主要分为评话、相声、快板和鼓曲四个大类,共300多个曲种。我国曲艺表演艺术历史悠久,多数以叙事为主、代言为辅,具有“一人多角”的特点。其主要艺术手段是说和唱,所以从传播和接受的方式来讲,曲艺也是非常适合制作成广播节目的。同时,曲艺又具有非常好的群众基础,它是广播、电视等电子媒体出现之前真正流传民间的为老百姓喜闻乐见的大众化艺术形式。

(六)广播剧

广播剧是指通过广播传播,用声音去塑造人物形象、再现场景的一种戏剧创作形式。它也是最能体现广播艺术创造力的一种文艺广播形式。

(七)影剧录音剪辑节目

影剧录音剪辑节目是指把影剧表演的实况音响与简要的解说组接在一起的一种广播节目形式。这种形式是我国广播工作者的独创,包括电影录音剪辑、话剧录音剪辑,以及戏曲、歌剧、舞剧、音乐剧剪辑等多种类型。《电影录音剪辑》曾是中央人民广播电台十大名牌节目之一。1980年中央台的听众收听率调查,《电影录音剪辑》名列第二,仅次于《新闻和报纸摘要》节目。但是因为近年来电台不断关注节目成本,听众选择媒体的自由度不断提高以及影视作品版权意识的觉醒等诸多原因的综合作用,使得影剧录音剪辑节目从20世纪80年代中后期开始逐渐低落。目前,随着听众对精品广播节目需求的不断增长,专业频率类型化发展的迫切需求,以及网络广播经典录音剪辑作品的大量重放,影剧录音剪辑节目逐渐开始回暖。

(八)综艺版块类节目

综艺版块类节目通常是由文学、戏曲、音乐和曲艺等多种文艺形式的节目组合而成,也可以是由其中部分节目形式组合而成,节目时长通常在两个小时以上。它既可以是全欣赏性节目组合,也可以由欣赏性、娱乐性、报道性、服务性的节目共同组合。综艺版块类节目,在广播界一般公认有两种类型:(1)栏目型,如《今晚八点半》《周末文艺》《空中大舞台》等;(2)晚会型,如《九州春光》《欢乐共此时》《中秋文艺晚会》等。综艺版块类节目的特色是使听众在一次节目时间内,获得多方面的欣赏和满足。它往往由节目主持人串联不同的内容单元,生动活泼,能和听众形成情感交流,并且信息量大,能适应和满足多方面、多层次听众的需要,符合现代人快节奏、多变化的接受与欣赏心理。

(九)娱乐广播节目

娱乐广播节目是进入 21 世纪后,逐渐适应听众需求而兴起的一种新型广播节目,也是受到各专业频率追捧的节目类型。目前的娱乐广播节目主要包括才艺展示、模仿改编、喜剧表演、短信彩铃、笑话串演和新闻趣说等多种形式。在中国广播影视大奖评比中,娱乐广播节目虽然被归入文艺类节目之下的综艺节目类别中,但是它区别于传统广播综艺节目以艺术欣赏为主要目的,并不刻意承担作者的审美和教育功能,而是重在以幽默风趣博取听众开怀一笑。

二、其他广播节目类型

新闻广播和文艺广播构成了广播节目的主体,在电台播出时间方面占据了绝对的优势。除了这两类主要的广播节目类型外,教育、服务和广告类节目也是传统电台中常见的重要节目类型。

(一)教育类节目

教育类节目,也被称为"社会教育类节目",简称"社教节目"。它是公有制或国有制属性电台比较重视的一类广播节目,也是传统中国广播除了新闻和文艺类节目之外,最为重要的一种节目类型。传统的教育类节目主要分布在现在电台的外语、教育、城市、资讯等频率。

(二)服务类节目

服务类节目,也被称作"生活服务类节目",是指以提供各类与听众生活密切相关的实用信息或是帮助听众解决实际问题的形式来满足听众需求的节目。它主要分布在生活、资讯、财经、健康、女性等频率。常见的服务类节目内容有整点报时、天气预报、市场信息、听众信箱、家政厨艺等。服务类节目在传统广播中较受重视，随着广播亲民的发展趋势，也仍有较大的开发余地。在多种媒体进入市场竞争的今天，加强自身的服务功能，更是成为包括广播在内的所有媒体保持竞争力的基本策略。

（三）广告类节目

广告类节目主要包含公益广告和各种商业广告。就广播广告而言，它可以是对主流社会推崇的价值观念的无偿宣传，也可以是对广告客户产品的有偿宣传，同时也是一种听觉形式的艺术创作。在传统的广播节目分类标准中，广告类并不是一个严格意义上的节目类型。但是目前从广播广告的重要性和创作现实来看，把广告作为一个节目类型理解，可以有助于从电台运营和创作角度提升对广播广告的重视，也有助于广播广告的艺术品位和经济效益的整体提高。

由于在编辑手法和制作方式上，教育、服务和广告类节目与新闻、文艺类节目有一定的相通之处，因此本书就不再专门论述。

第三节　频率专业化与节目形态转变

一、广播频率专业化趋势

广播频率专业化始于20世纪50年代初期的美国。为了应对电视的挑战和冲击，当时美国的广播电台迅速放弃了情景喜剧等无法与电视抗衡的节目领域，同时也放弃了以全体受众作为目标听众的想法，而转向以特定人群为对象，实现了由“广播”向“窄播”的转变。

从1986年的珠江经济台改革到2002年开始的中央台频率专业化改革，可以看作中国广播媒体对受众进行细分的第一个阶段。这一轮细分的实质是对新闻、文艺、教育、服务等传统广播节目内容的细分，其结果就是过去综合台的听众被划分为与交通、经济、音乐、文艺等若干专业频率相对应的人群。

20世纪60年代以后世界范围内调频广播的迅速发展，促成美国广播在80年代的第二轮受众细分。第二轮细分中，最有代表性的就是音乐频率受众的二次细分，全美的4000多家音乐台被分为摇滚音乐、流行音乐、严肃音乐、爵士音乐、灵歌音乐、亚洲音乐等20多个类型的专业频率。其中，较有代表性的新闻类型台有纽约1010WINS广播电台。该台被称为全美最大的新闻台，实现24小时新闻滚动播出，每一循环周期之内都有及时更新的新闻。该台约有 60 位员工,创造 7000 万美元的年广告收入。音乐类型台则以纽约的 WQXR 广播电台较为典型。

目前,中国的广播也正在进入专业频率二次细分的阶段。例如,一些较发达城市,如上海、南京、广州、武汉等已经开始出现新闻、音乐、文艺、经济频率的二次细分,在不少城市同时存在有多个新闻、音乐、文艺或是经济频率。例如,上海可以收听到四个新闻类频率、四个音乐类频率、两个经济类频率;而在广州,则有七个新闻类频率、五个音乐类频率和三个经济类频率;南京有四个新闻类频率、五个音乐类频率、两个经济类频率;武汉有五个新闻类频率、三个音乐类频率、三个经济类频率。这些频率为了适应激烈的市场竞争,已经开始自发调整节目类型主攻方向。区别于第一阶段的广播频率专业化特点,不少人将此次细分称为类型化广播(Format Radio)阶段。

(一)中国广播频率专业化的主要原因

20 世纪 80 年代初提出的中央、省、市、县"四级办广播电视"体制,对于广播电视的恢复性发展曾经起到过很好的促进作用,但是,四级办台带来的重复建设、功能单一、目标受众不明确等问题,也成为制约媒体发展、扰乱广告投放的重要因素。这些问题都需要通过缩减合并、专业方向调整等方式予以逐步解决,重复建设所浪费的资源也需要重新优化配置。在这种媒体发展背景下,广播频率专业化成为一种必然。

同时,在媒体市场竞争日益激烈的情况下,总量扩张成为各媒体在竞争初期抢占市场份额的必由之路,而广播增加更多的专业频率则成为最直接的总量扩张方式,这一点与 20 世纪 90 年代中后期中国报纸的扩版热、电视台的频道热如出一辙。

面对报纸、杂志、广播、电视、网络等众多的信息传播渠道,受众享有越来越多的媒体选择自由,受众的收听状态也越来越随意。听众需要不同的专业化频率,以满足个性化需求。而媒体也需要专注收听的有效听众。与媒体和受众的变化相对应的是广告客户也逐渐趋于理性,在进行广告投放时,要求媒体有更准确、更专业、更细致的受众定位。基于上述媒体、受众和广告投放方面的原因,频率专业化成为改革开放以来广播媒体的最大改变。

(二)广播频率专业化的现状

截至 2008 年底,全国共有电台 263 家,广播电视台 1993 座,其中省级电台共有 32 家、拥有 378 个频率。[①] 数量较多的频率是音乐、新闻、交通、经济、文艺、娱乐、都市、生活频率。数量相对较少的频率有资讯、健康、农村、少儿、旅游、体育、女性、教育、

① 王兰柱主编:《2008 中国广播收听年鉴》,中国传媒大学出版社 2008 年版,第 3 页。

戏曲、老年频率等。

从最初的珠江经济频率开始，中国广播频率在专业化进程中表现出自己鲜明的特点：

首先是各地的文艺频率、音乐频率和交通频率交替兴起，表现出广告资金在电台投放的效益选择。进入21世纪后，交通频率一家独大。例如，北京交通广播自2000年起连续8年蝉联全国广播单一频率广告创收冠军。交通频率的崛起，一方面得益于我国大中型城市私家车保有量的快速增长，另一方面也得益于准确定位受众移动收听状态所带来的巨大经济效益。

其次是专业化频率适应市场生存所带来的经济效益至上的现象。虽然所有的广播频率都承认社会效益和经济效益需要均衡发展，但是在残酷的市场竞争条件下，只有经济效益优先，才谈得上社会效益的实现。例如，在频率专业化的发展过程中，有的电台药品甚至是假药广告数量激增；不少电台用成本较低的直播节目大量取代成本较高的录播节目；传统的高成本艺术创作型节目全面萎缩，而较低成本的信息传播型节目呈现迅速膨胀的态势。

据相关听众收听率统计数据[①]表明，1995—2004年十年间，全国受众接触最多的节目主要是新闻、天气预报、音乐、曲艺相声、信息类。而地方戏曲、广播剧、少儿、教育等节目则排在末尾。这个统计结果从某种程度上反映出广播节目传播和接受的互动现状，因为收听节目是一个电台提供与听众选择互动的过程，有些收听率低的节目并不一定是听众不喜欢的节目，而有可能是电台提供较少、质量较差、播出时间较边缘的节目。总体来看，制作成本低、制作周期短的信息传播型节目占据了电台收听率前列。而以广播剧为代表的制作成本较高、制作周期较长的一些传统的艺术创作型文艺节目则落在了靠后的位置。

在所有听众中，55－60岁、16－24岁两个年龄段听众的广播接触率最高。其中，16－24岁年龄段听众最喜欢的节目主要是流行音乐和曲艺相声等娱乐性较强的节目。55－66岁年龄段听众最喜欢的节目类型主要有新闻、戏曲、医疗保健和天气预报等。

相关调查表明，“听众喜欢收听的节目类型”[②]依次为新闻、生活服务、音乐和故事（传统文学类广播节目）。

《2008年中国广播电视产业发展报告》表明，2007年，全年播出的广播节目达1127万小时。在播出的广播节目中，综艺益智类节目为326万小时（占28.9%）、专题服务类节目为253万小时（占22.4%）、新闻信息类节目为223万小时（占19.8%）、广

① 邓忻忻、黄京华：《广播频率专业化研究》，中国传媒大学出版社2006年版，第46页。

② 王兰柱主编：《2008中国广播收听年鉴》，中国传媒大学出版社2008年版，第23页。

告类节目为103万小时(占9.1%)、广播剧类节目为48万小时(占4.3%)、其他节目为172万小时(占15.3%)。新闻和文艺类节目仍然是电台节目播出与收听的重点。

在受众频率选择方面,省级频率占据收听份额的一半以上,市级频率占三分之一,中央频率占收听份额的十分之一强。其中,市级频率在凌晨4点到5点时段表现较好,而中央级频率在老年和高学历群体中有良好的收听表现。

据统计,2008年中国GDP总值为300670亿元人民币[①],其中,广电广告收入为695[②]亿元,广播广告为65.39亿元。而2008年美国GDP总值约合969993亿元人民币,其中,美国的广电媒体广告收入约合3154.5亿元人民币。两组数字比较,中国广电广告收入占GDP的比值仅为美国的70%左右,还有较大的潜力挖掘空间。

2014年,中国GDP总值为636139亿元人民币。全国广播电视广告收入为1464.49亿元,同比增长5.59%,增幅比2013年下降3.6个百分点。其中,广播广告收入155亿元。相对于全国广播电视广告总收入,广播广告收入近两年来持续稳定在前者的10%左右,但增幅保持连续下降。

广播广告收入通常集中在少数竞争力较强的专业台或频率中。例如,据国家广电总局发布的信息,2007年度全国广播广告收入为65.39亿元,其中,交通广播71家会员单位的广告收入为17.4亿元。2009年全国广播广告收入为96亿元,其中,全国交通频率贡献29亿元,将近三分之一,而仅北京交通广播频率一家的广告收入就突破4亿元。2014年,北京交通广播单频率创收达到4.969亿元,同比增长9.28%。北京交通频率在全国范围内的一家独大,反映出目前广播广告收入在不同频率间的分布还很不均衡。

全国范围内除交通频率外,其他广告收入较好的频率则是各台的新闻、音乐等频率。这说明,目前广播电台的广告创收仍然集中在信息传播类型的频率,而以深加工节目为主的艺术创造类型的频率(如文艺广播等)仍有较大的发展空间。

二、广播节目形态的变化

(一)整体思路由节目向频率的变化

对比曾经拥有的强势地位,今天的广播媒体已经成为多元化媒体竞争格局中被边缘化的一员。人们收听广播的态度也有很大改变,即便是广告效益和收听率处于系列

---

① 《2008年中国各省、直辖市、自治区GDP》,http://www.keyia.net/finance/chenshipaiming/2009/3982.html。

② 《2008年广播电视广告收入695亿元 2009年重点发展新媒体》,http://media.people.com.cn/GB/8673655.html。

台前列的交通频率，也很难拥有忠实、主动的听众，听众相当多的收听行为其实是一种被动选择的结果。例如，司机在开车时无所事事又需要关注路况信息，只能选择收听交通台。这样的消极收听者往往缺乏耐性，传统的以半小时为单位的单一内容节目形式，已经很难吸引听众保持持久的注意力。吸引这样的听众就只能依靠频率整体，而不是某单个节目。同时，广播为了能在激烈的媒体竞争中生存下来，必须谋求短时间内快速发展，必须有足够的节目量和更多的节目类型来满足听众需求。在这样的背景下，传统的新闻、文艺、教育、服务等节目形式已经限制了广播发展。只有打破传统节目类型界限，才能够选择其中合理的元素重新排列组合，形成不同的新节目产品、新的频率类型。

（二）直播和录播的结合

直播形式是中国广播第一轮改革的重点，从珠江经济台开始就有大量的电台广泛采用直播形式。直播一方面给听众一种即时传播的真实感，另一方面又可以把传统录播节目的若干工作环节压缩为一次直播过程，从而大大节省了节目成本。所以直播成为电台各频率在市场竞争初级阶段实现节目总量扩张的一个王牌武器。但是应该警惕的是，市场竞争不可能永远停留在总量扩张这样一个初级阶段。

在电台和广告商的交易中，广告商支付广告费，真正想要购买的不是电台的节目时段，也不是虚幻的受众人数，而是受众购买力。所以笼统的收听率指标已无法满足广告商精确投放的要求，传统的开机收听率会被更精确、更有效的受众购买力指标逐渐取代。例如，现在有些成熟时尚类杂志的订户也不过十几万人，但是杂志每年吸引的广告投放量就有一两亿人民币，抵得上一家有几千万听众的广播电台的年广告投放量。所以如何优化收听率结构、优化听众结构，就成为广播市场竞争走过总量扩张阶段后的第一需要，而单纯依靠现有的直播形式信息传播类节目，显然无法满足这一需要。直播节目较粗糙、不耐循环播放的特点会逐渐显露出来，而各台、各频率间又必然寻求新的竞争力，传统的制作精致的艺术创造类录播节目仍然有巨大的发展潜力。理性发展的广播频率节目结构应该是直播与录播形式的有机结合，从过去单纯追求听众数量的最大化，改变为追求听众结构的优化。

（三）传播和创造的结合

现在各频率广播节目从内容构成上分析，传播性内容占主要成分，例如以新闻、音乐内容为主，这两类内容都并非电台原创性内容，而是来自报纸、电视、通讯社以及音乐出版发行产业。甚至现在的一些频率中，收听率较高的娱乐节目、谈话类节目也都只是网络资源的花样翻新。这使得广播节目在与原创性媒体的激烈竞争中处处被动、受制于人。听众在这种情况下选择通过电台接收有关信息，并非广播具有内容上的独创性优势，而只是出于收听形式上的限制。所以可以这样说，现在的广播相比其他媒体，只有收听形式上的优势，而没有内容上的优势。而这种收听形式上的优势，在多媒体技术不断发展的条件下，必将逐步减弱，直至消失，是一种不稳定的优势。

西方广播媒体“新闻＋音乐”的模式也许短期内对我们仍有模仿价值，但是应该注意，他们的模式是建立在长期以汽车为载体的移动收听状态上。达到这样一种稳定的收听状态，西方走过了将近一个世纪。而在多媒体和网络技术迅速发展的背景下，我们的广播面临的是一个变化更快的传播环境，“广播是唯一的移动收听媒体”已成为历史。

在这种情况下，广播要想不被淹没在新的网络媒体的浪潮里，就必须不断发掘广播自身的内容资源，这就要求广播人把目光从目前那些看似火爆、但实质上只是传播其他媒体信息的节目类型上移开，看到更广阔的广播世界。这时人们应该注意到，广播不只是一个信息传播的媒体，而且还是一种独特的听觉艺术形式的创造工具。基于广播的听觉艺术内容恰恰是其他媒体所不具有的。那些在广播媒体迅速扩张、抢占广告市场阵地时，曾被视为“老弱病残”的高成本、精细制作的艺术类录播节目，例如广播剧、影剧录音剪辑、专题节目、广播特写等，也必将重新成为广播高扬媒体个性的一面旗帜。

(四)综合版块与专业版块

综合性、版块化的节目，其实质是传统节目新闻、文艺、教育、服务、广告等内容元素的分解和重新组合。它也是1986年珠江经济台改革时的利器。它首先打破了传统节目以半小时为基本单位的模式，采用不同内容元素的大时段组合，然后以主持人贯穿其中，形成一个完整的节目外形。作为目前众多频率的首选节目编排形式，综合版块节目的特点是亲切随和，灵活多变，时长较长(通常为两到三个小时)。

综合版块节目的弱点是：有效信息量密度较低；主持人发挥因素较多，比较难维持稳定的节目水准；主要以直播形式为主，影响到节目的精细程度。所以也有不少听众抱怨版块类节目粗糙无味，无效信息太多，穿插过场多，实际内容少，影响收听效果。而在发展实践中，内容庞杂的综合版块节目也与频率专业化目标形成尖锐矛盾。可以预见，传统的新闻、服务、文艺内容杂糅在一起，试图以此吸引最广泛听众的综合版块节目的道路会越走越窄，而以专业性为第一要求、内容相对单一的版块式节目，将会受到专业频率受众群的喜爱。

(五)互动

互动是吸引听众注意的一种方法。但互动应该不只是节目中打进的热线电话、网络或是短信交流,更深层的互动应该延伸到一次节目之外。BBC 第四套广播之所以能够开办长盛不衰的广播剧节目,原因就在于与听众之间的不断交流,由电台提供基本的剧本写作规范和专业的剧本写作技能培训,听众可以把自己业余创作的剧本交给电台,由电台对其进行评估,然后选择其中优秀的作品创作成广播剧。这样的互动过程既培养了业余爱好者对于广播剧的兴趣,也为广播剧培育了自己忠实的听众。

三、频率专业化对未来广播节目的要求

(一)艺术创作与信息传播类节目并重

广播与电视媒体一样,既是信息传播的工具,也是艺术创作的舞台。在目前的媒体竞争态势下,各广播媒体纷纷以减少成本较高的艺术创作型节目、采用直播形式降低节目成本,甚至不惜以降低节目质量为代价快速占领受众市场,实行粗放式的发展战略。但是,一旦竞争在量上趋于饱和之后,竞争重点必然会转向提升节目内容质量的轨道上来,而听众的需求也会不满足于现有的粗糙节目形态,以文艺节目为主的艺术创作型节目仍然有巨大的发展空间。所以专业化频率的未来仍然需要依靠文学广播、戏曲广播、曲艺广播、广播剧、影剧录音剪辑等高成本的创作型节目来提升频率的竞争力。

(二)寻求节目价值的最大化实现

1. 节目播出的循环化

广播节目的播出循环,类似于电视节目播出的循环机制,是指一个制作完成的节目会在播出平台上反复播出多次。例如,一部经典的电影会以一定的时间间隔在电影频道播出多次。这种播出循环机制可以有效解决几个问题:一是有效弥补广播不可回复、稍纵即逝的线性传播方式的局限;二是促使制作单位制作能够经得起时间检验的精品节目;三是有效降低节目的投入产出比,使同样的制作成本经过节目反复播出,得到多轮的广告回报。

2. 节目播出的多平台化

目前,广播节目的播出平台有广播、区域性的广播联合体、互联网、音频制品的出版发行平台等。如果说节目播出循环化是谋求最小节目成本在时间上的最大化实现,

那么，节目播出多平台化则是力图使节目成本在空间上得到最大化实现。目前已经有一些电台尝试在网络上计次销售经典节目的CD。

3. 上述两个趋势的联合

以电影为例，一部好莱坞影片制作完成后，首先在美国国内影院放映，两三个月后在海外影院放映，然后在计次付费的数字电视台放映，六到九个月后开始向全球发行录像带和DVD，一年之后接入普通家庭的有线电视网播出，两年以后在主要的免费电视频道或是公共电视频道播出第一轮，再过两年在免费电视频道播出第二轮。[①] 这样一部电影在多个播出平台反复播出若干次，实现了节目经济效益的最大化。寻求节目价值的最大化，对于广播节目的未来形态也必然产生巨大影响。可以预见的是，那种以信息传播为主要特征的节目内容很难进入节目价值的循环实现。

(三)关注听众的收听状态

当前的电台专业频率，多数是以专门人群或是内容特性为标准进行划分的。例如，新闻、音乐、文艺、戏曲、体育、健康等频率是以内容特性划分的，而少儿、老年、女性、农村等频率是以目标受众的人群特性为标准划分的。

在现有的频率类型中，比较特殊的是交通频率，它是唯一以专门的收听状态为标准划分出来的专业频率。这就决定了交通频率在内容和受众人群选择方面排他性较小，同时又有独家面向“在路上行驶”这样一种特殊收听状态的鲜明特色，这使得交通频率实际上成了每家电台新闻频率之外的又一个准综合频率。交通频率的成功也从侧面提醒我们，广播频率设置或是节目的创作应该关注听众收听状态的专业划分。在网络广播业界，也用“场景”一词来描述运动、工作、旅途、宅等不同的收听状态，并注重开发适应不同收听状态的配套节目。

(四)自觉成为产业链的一环

只靠广播媒体的一个频率或是一个节目，要想形成规模经济效应、获得良性循环非常困难，所以频率或是节目应该从最初的策划和设置就寻找相关的产业链条，并自觉成为其中的一环。例如，频率专业化以来的音乐频率、交通频率，也都是凭借着各自相对完善的产业链条，才得到良好的发展的。

---

① 胡正荣:《难与变——当前市场格局与广播产业转型》，载《广播的创新与发展》，北京广播学院出版社2004年版。

第一章　广播特写

广播特写(Feature)可以看作是广播中的纪录片。它是以各种声音元素为素材，以再现真实的声音场景、刻画典型的声音形象为主要方式，兼具广播新闻和艺术特性的一种节目体裁，也是一种被广泛运用于新闻、艺术、教育、服务类广播节目中的创作方式。广播特写是广播新闻节目中时效性最弱的一种，它基本摆脱了新闻报道的时效性限制，但仍以记录真实的人和事为主，兼具记录的真实性和表现手法的艺术性，是广播新闻节目与广播文艺节目之间的一种边缘性类型，也是最能发挥广播媒体特点、最能体现广播节目编导综合能力的一种节目创作形式。

国际广播特写会议(International Feature Conference，IFC)①的创始者、著名广播特写专家彼得·莱昂哈特·布朗②认为："广播特写是一种传播和阐明信息的形式，一个总的名称……广播特写不拘泥于某一特定形式。它可以利用一切适合自己需要的手段……是传达信息的一种方式，同时又是传播信息的一种艺术。广播特写是一个报告、一个评论，是一个冲突、一个解说，可以是诗歌、是音乐……"③此外，布朗特别强调音响是广播特写不可或缺的部分，甚至是主要的部分；广播特写的魅力在于它的贴近性；广播特写的形式应该根据时代、听众的需求而不断改变。

英国学者约翰·泰奥卡里斯认为："广播特写是一部音响作品，它充分利用广播音响取之不尽的各种可能性，使真实信息的传播引发了听众的想象力和兴趣，使听众得到享受，感到满足，使他们对世界和人类的感知、理解变得更加尖锐、强烈。"④

---

① 创立于1974年，是欧广联主办的全球性广播节目的交流研讨大会，发起人为彼得·莱昂哈特·布朗。每年召开一次，每次在不同的国家举办。全球各地的广播特写制作人在一起赏听评论节目，共同交流探讨广播的发展。

② 彼得·莱昂哈特·布朗(Peter Leonhard Braun)，1929年生于柏林。欧洲奖和国际广播特写会议主要创始人。曾做过广播特写自由撰稿人、制作人，自由柏林电台广播特写部主任。多次赴中国讲学，为推动广播特写在世界范围的发展做出了卓越贡献。代表作有《鸡》《不择手段》《8点15分，第三手术室，髋关节整体更换》《鬣狗——为一种受鄙视的食肉动物申辩》《欧洲的钟》等。

③ 李宏：《致敬！布朗先生——以广播的名义》，《中国广播》2012年第4期，第74—77页。

④ 魏凡：《浅析网络时代广播特写的发展尝试》，《中国广播》2011年第6期，第57—59页。

“Feature”一词最初指报纸上刊登在突出位置上的一种注重趣味性和故事性的新闻报道形式，在20世纪20年代，由BBC开始用来借指广播特写。这种创作形式逐渐为世界各国广播电台广泛采用。最初主要以文学性、传记性内容为主，后来出现大量的虚构内容。广播特写这一形式一度非常接近广播剧，但是到了20世纪80年代以后，随着国际广播界交流的逐步深入，非真实性的广播特写被逐渐废弃，获得国际性奖项的很多广播特写节目也大多以真实性内容为主，用声音讲述一个非虚构的故事，成为广播特写的主流。总体来看，广播特写基本包含了电视节目中的纪录片和专题片（或将两者统称为非虚构性节目）的题材范围。在美国也将广播特写直接称为“Documentary”。

就电台的节目实践而言，广播特写与其说是一种固定的节目形态，不如说是一种综合使用语言、音乐、音响元素的声音化创作方式。在很多新闻、文艺、教育、服务类的广播节目中，我们都能看到特写的名字，如录音特写、音响特写；而另一些节目，如文学专题、配乐广播、音乐专题、特别报道等，虽然没有使用特写的名称，但其在创作中仍然体现了广播特写的创作风格。我们可以比对电视节目中纪录片与纪实风格的关系去理解广播特写作为节目形式和作为创作风格的关系。20世纪50—80年代，上海人民广播电台记者蒋孙万曾经制作过大量颇具影响力的录音报道节目，如《好啊，外滩》《人民广场的故事》《生命的最强音》《纳凉晚会》《上海，不夜城》等，其创作的核心观点就是强调录音报道要以音响实况为主，文字叙述为辅。由此可见，国内广播特写概念的规范和统一虽然较晚，但是作为一种创作风格，却有着较长的历史。

中国的广播特写在国际上有一定的影响力，尤其是改革开放后，有不少作品获得国际性奖项，如《难以忘却的歌声》（中央人民广播电台，与上海台、山西台合作，蒋孙万、谢文秀等，获1987年柏林未来奖特别推荐提名）。此外，在历年亚广联广播节目评奖①中，也有不少广播特写节目获奖。例如，1987年获亚广联信息节目特别推荐奖的《你会吃吗》（中央电台杜嗣琨、刘方），1989年获亚广联信息节目特别推荐奖的《在废墟上》（中央电台任捷、林如、傅成励等），1993年获亚广联信息节目奖的《一场特殊的音乐会》（上海电台汪永晨，中央电台胡培奋、王敏），1999年获亚广联信息节目奖的《走向正在消逝的冰川——寄自长江源头的家书》（汪永晨、高桂英、王青、田建伟），2001年获亚广联信息节目奖的《一个人的渡口》（盛坚毅、朱彪军、华岩、汪永晨等），2006年获亚广联广播专题节目大奖的《沙漠人家》（中央电台张小艳、吕秀芬、王敏、刘

① 亚洲—太平洋地区广播联盟（ABU，Asia-Pacific Broadcasting Union）广播电视节目评奖，创立于1964年。旨在促进亚太地区广播、电视节目制作的质量，从而提高各成员国的教育、文化水平。目前，亚广联奖广播类设有广播特写、广播剧、新闻报道、互动节目、公益广告、最佳播报6个类别。

芳)，2011 年获麦鲁利奇奖的《梯田人家》(中央电台乐艳艳)，2014 年获年亚广联奖纪实作品类推荐奖的《草原人家》(中央电台呼布钦、李宏、娜仁格日乐、王敏)等。

目前，设有广播特写相关奖项的国际性评奖活动主要有：欧洲奖(Prix Europa)①、国际广播特写会议(International Feature Conference，IFC)、第三海岸国际音响节(The Third Coast International Audio Festival，TCIAF)②、麦鲁利奇广播节(Prix Marulic)③、亚广联奖(ABU Prize)、伊朗国际广播节④等。此外，在意大利奖(Prix Italia)⑤、英国广播学院奖(The Radio Academy Awards)⑥、美国马可尼奖(NAB Marconi Radio Awards)⑦的评比中，广播特写类节目也都占有一席之地。

这里以 2001 年获亚广联信息节目奖的《一个人的渡口》为例：

一个人的渡口⑧

盛坚毅、朱彪军、华岩、汪永晨、高桂英、傅成励

【汽车行驶在路上——喇叭声——】

【车内三人】

中央台男记者盛坚毅：110 岁的老太太能干什么呢?

中央台女记者汪永晨：喘气?

安徽台男记者朱彪军：要是以前，我想能下地走走就不错了。

盛：可是你告诉我们，这 110 岁的老太太还能摆船。

---

① 1987 年开设。由欧洲委员会、欧洲文化基金和欧广联共同举办。每年 10 月第 3 周在柏林举行。1997 年与柏林未来奖(始创于 1969 年)合并。设有广播特写、广播剧、广播音乐节目等奖项。

② 美国芝加哥电台于 2000 年开始创办的国际广播节，旨在鼓励世界各地广播人创作广播特写类音响纪实节目。设有最佳专题(特写)奖、主管选择奖、广播影响力奖等。该广播节每年 5—11 月间还组织命题广播特写比赛。

③ 创立于 1996 年，是欧广联的 IFC 与克罗地亚国家广播电视公司联合举办的国际广播节。该奖项鼓励以多元创新的广播手段向听众展现各国的古典文学和文化传统。

④ 创立于 2000 年，由伊朗声像组织(IRIB)主办、亚广联协办。目前为两年一届，包括信息娱乐节目、特写、广播短剧、公益广告、短特写、创意节目等主要类别。中国广播界从 2006 年第七届开始参加，至今共有 10 个作品获奖。

⑤ 意大利广播公司(Radio Audizioni Italiane，RAI)于 1948 年创办的广播节目国际评奖活动。1957 年增加电视节目比赛，是最早的国际广播电视节、世界规模最大的国际性广播电视节目评奖活动之一。每年 9 月在意大利举行。设有广播、电视、音乐、戏剧以及网络媒体等方面奖项。

⑥ 英国广播界最具声誉的评奖，包括音乐、新闻、广播剧、戏剧、体育等方面评奖，创立于 1983 年。因赞助商冠名为索尼广播奖，2013 年改为英国广播学院奖。

⑦ 由美国“全国广播工作者协会”(National Association of Broadcasters)每年负责颁发。该奖以发明无线电电报的诺贝尔奖获得者格列尔莫·马可尼(Guglielmo Marconi)的名字命名，始创于 1989 年，一直被称作是美国广播业界的“风向标”。

⑧ 载扬波主编：《倾听中国——中央人民广播电台获国际奖作品》，北京广播学院出版社 2003 年版，第 317 页。本节目获 2001 年亚广联信息节目奖。

汪：还能吃三大碗米饭，大块大块地吃肉。

盛：还能喂猪、种田呢！

汪：哎，朱彪军，80岁以上的中国老太太可都是小脚，那个时代，讲究的是叫“三寸金莲”。

朱：今天我们要去见的老太太没有裹过脚，穿的鞋跟我一样大，39码。

汪：39？比我还大，这在中国可不多。

盛：110岁的老人，她还能摆渡，我看全世界也没有多少。

朱：要不我怎么拉你们二位中央台的跟我一块去呢。

【汽车喇叭声——】

汪：耳听为虚、眼见为实吧。

【当地地方小调：我思啊，我想啊，我思思想想再想想……压混】

解说：1891年2月12日，光绪十七年，安徽西部乔王寨一个姓李的老实巴交的农民，年过“而立”终于当上了爸爸，让他遗憾的是，生了个丫头。按照当地的习俗，丫头是人家的人，所以连名字也没取。3岁时，一场伤寒，夺去了这孩子妈妈的命，从此孩子和父亲相依为命。没了娘的孩子，日子是怎么过的，没多少人知道，倒是她的那双脚，成了清末汉族女子极为罕见的天足。

【羊叫——牛叫——流水声——】

【老人从船舱里往外舀水声——】

盛：奶奶，我们坐您的船来了。奶奶……

老人：啊？

盛：身体好吗？

老人：好，身体好。你从哪儿来的？

朱：从北京过来的，到对岸去。

【自行车铃声——过河人上船嘈杂声　】

汪：您是做完生意回家了？噢，收废品哦。

老人：瓶子也贵了，2毛4还是2毛？

男过河人：酒瓶2毛钱一个。

汪：酒瓶子2毛钱一个。老奶奶都知道，天天在河上，什么都知道。

【桨声——】

汪：您今年有多大年纪了？

老人：啊？

汪：您今年多大了？

老人：今年一百零十岁了。

汪：一百一十岁了？

老人：零十岁了，一百一了。

汪：摆河摆了多长时间了？

老人：摆河啊？那摆了不少年了。一二十岁就来这儿摆了。

汪：摆了快一百年了，九十多年了。还摆得动吗？

老人：摆得动。(人家)还叫我摆呢。

男过河人：(我)几岁的时候，她就是老奶奶了。【笑】

【桨声——】

汪：那个时候摆和现在摆有什么不一样吗，老奶奶？

男过河人：身体好像有一点点变化，原来不驼背，现在已经驼背了。

汪：都认识你们？

男过河人：都认识。我们讲话她都知道是哪一个。

汪：他是谁啊，老奶奶？您认识他吗？

男过河人：我是谁啊，你知道不知道？

老人：他，小三子。

男过河人：哈哈哈……

女过河人：他小时候的小名。

老人：摆了一辈子，哪个认不得哪一个，把小孩都摆成老家伙了，怎么认不得？

盛：你认识老奶奶吗？

小男孩：认识。

盛：你知道她多大年纪吗？

小男孩：一百多。

盛：你多大了？

小男孩：11岁。

女过河人：【笑】哈……

汪：世纪老人。

男过河人：她一百多岁了，她身体好。我为什么说她身体好，不就她还摆呢嘛，【笑】有时候俺们跟她讲笑话，说老奶奶可能摆到二百岁。【笑】

【桨声——】

【当地地方小调：二月里来暖洋洋，双双燕子回画梁。燕子成双又成对

……压混】

解说：老人和老伴周本转成家后一直没有孩子。老人63岁那年，一个夏天的深夜，老两口正在睡觉，突然有人敲门，并且用很低的声音喊着："摆河，摆河！"周本转把人家送过了河。哪知道这人正在被追捕。第二天中午，一直受人尊重的周本转被罚跪在渡口，受不了这份羞辱的他，寻了短见。

【桨声——】

汪：要是没有这船的话，你们就得绕多远啊？

女过河人：要没有船就得绕十几里路，到大桥头。

汪：您这晚上要摆到几点啊？

老人：摆到几点？黑了就不摆了。

男过河人：有时我们晚上做生意，回来都夜里十一二点的时候，找到她，她就去。

老人：喊。

汪：喊能听见？

老人：有时有看病的，有生孩子的，下雪、闪电你都得摆人家。

汪：下雪也要摆？

老人：下雪也要摆。俺都穿衣睡。

汪：睡觉的时候都不敢脱衣服？

男过河人：老奶奶睡觉几乎都没脱过衣服。

【桨声——】

汪：再见！

男过河人：你们在。

汪：那您不摆了？

老人：天黑了。

汪：穿上鞋。

老人：穿上鞋。

汪：洗洗脚，您小心点。

【老人坐在船帮上，脚伸到水里，洗脚声——流水声——】

汪：水凉吗？

老人：凉。

汪：水凉啊。

盛：您的脚有多大尺码？

老人：39号。

盛：有这么大？您这个岁数，那时候不都缠小脚吗？

老人：俺没小脚。

盛：为什么？

老人：俺没有，俺没裹小脚，俺没娘，俺要是小脚就毁了。

盛：有小脚就毁了？

老人：有小脚不照(行)。俺们这一天要挖地、摆渡什么的，又要打猪草，哪走得动？

【流水声——牛叫声——老人下船，拄着拐杖爬坡——拐杖一下一下落地声——】

【狗叫——猪叫——由远及近】

汪：回家。

老人：(学)回家。

汪：Go home.

老人：(学)Go home.

汪：Go home.

老人：(学)够，够，够。【笑】

汪：Bye，Bye.

老人：(学)拍，拍。

汪：再见。

老人：(学)再见，再见。

【猪、牛、群鹅叫——】

汪：猪都认识你了？

老人：猪认识我。天黑了，我要是没来家，它就去找我。猪、狗都认识我，都去找我，上船找，都去找。我回家，就跟回来。狗，猫，猪。狗叫，汪、汪、汪；猫叫，阿呜、阿呜……【笑】猪叫，哼啊，来找我。

盛：老奶奶，到家了。

老人：给我开门。

【开门声、拉电灯开关——】

老人：没电……

汪：今天没电。

老人：点蜡烛……拿火柴……

汪：有蜡吗？点蜡烛……

老人：不点蜡烛咋弄？

【划火柴声——】

【当地地方小调：夫妻双双大门外，有句话儿要交代。要交代……压混】

解说：1960年闹饥荒，一天下午，在船上等客的老人忽然发现从河上游漂来一只木桶，桶里隐隐传来猫一样的哭声。老人摇动双桨，赶紧划过去。原来木桶里放着一个襁褓中的男婴。

老人收留了这个孩子，给孩子取名"水生"。水生3岁那年，一天中午，一对中年夫妻上了船。那女的看着水生目不转睛。原来，这对夫妻是沿河来找自己3年前在河中"放生"的儿子的，水生就是他们的孩子。老人含着泪给客人做了饭。从做饭到吃饭，整个中午，老人没说一句话。该出门了，水生抱着老人的腿，说什么也不走。那对夫妻见这样，双双向老人跪下了。那女人含着泪说：3年前我们养不活水生，把他送到河里放生。您老人家菩萨心肠，救了水生，也救了我们夫妻。老人拉起那对夫妻，脸背着水生说，还是走吧。送出门的时候，老人偷偷将那夫妻给她的100块谢恩钱塞到水生的衣兜里，算是尽了一段母子情分。

【公鸡打鸣——小鸟叫——流水声——】

【河边小学的孩子们读书声……和太阳比赛早起，当森林和大地还在沉睡，当小鸟和白兔还在梦里，我们是欢迎太阳的仪仗队……看着它照遍山河原野，看着它走进村庄果园，看着它唤醒千家万户，它的脚步是多么轻盈矫健……压混】

汪：老奶奶，这么早就来摆河了。

老人：今天起西风。起西风，风大。回家吧，冷！

汪：您回家吗？

老人：我不回家，我摆河。

【风声——河水拍岸声——】

【自行车上船声——】

男过河人：上不去了，哟，上不去了。

盛：你们过河一次给多少钱？

女过河人：我们不给钱，给粮食。

汪：给多少粮食？

女过河人：（一年）一人给12斤粮食。

汪：12斤啊。

【桨声——】

男过河人：那时我和那个小丫头在大河边上玩。

盛：跟谁啊？

男过河人：就跟那个小丫头。她比我大一岁，不过两三岁，刚刚会走。第二天才知道，奶奶救了我们了。

老人：他都快没气了，在喝水。

盛：那个小女孩也掉下去了？

男过河人：她没有，她看我掉下去，回家了，吓跑了。

盛：您现在当爷爷了吧？

男过河人：我孙子都6岁了。【笑】

老人：我要不走那儿，那他就淹坏了，那就没有他了。

【桨声——】

汪：你们知道老太太最高兴的事是什么？

女过河人：奶奶就摆河高兴。一年到头地摆河，能讲能笑。

【桨声——雷声——风声——下雨声——雨中的桨声】

老人：你看这浪好大，走，回家吧。你不能摆了，风浪大得不得了。来吧，浪太大了，今儿预报有风，俺回家了，不管了，你把人掀到河里就照(行)了吗？我讲实话，你看这浪好大。

【风声——雨声——在河里洗水桶——从河里打水——】

【老人家里：河水往缸里倒——】

汪：哦，明矾，用明矾洗一洗。它就能给澄清了，是吧？

养女婿：搅一搅，混水就沉下去了。

汪：每次都是这样。

【搅水声——剁鸡肉声——】

老人：老了就跟小孩一样，你可知道？

汪：老了就跟小孩一样？

老人：跟小孩一样，鼻涕邋遢的，眼泪八叉的。

汪：眼泪八叉的。【笑】

【舀水——涮锅——】

汪：您是要过河的？

过河人：对，回家的。

老人：好，好好，我给你摆。

汪：这么大风……

养女婿：不要去了，该吃饭了。

【热油炒菜声——】

盛：一直跟奶奶住一起？

养女：对，跟奶奶住一起，一直住到跟婆家。

汪：从多大就跟老奶奶住一块儿？

养女：你没听老奶奶讲，8个月（大的时候）嘛。【老人笑】

汪：老奶奶，当时你怎么……她8个月大的时候，您怎么给她抱过来的？她妈妈不要她了？你给她抱过来了？

老人：8个月大的时候别人送过来的。我在摆河，他们用被子包好送过来的。她父亲死了……

养女：她说我父亲死得早，死掉了。我8个月大的时候，我母亲把我的奶给断了，上人家喂奶去了，过生活去了。

【倒水声——炒菜声——】

汪：您不愿意上闺女那儿去啊？

老人：俺不上那儿去，我就待尚台这儿。俺不上那儿去，俺待俺家，俺不上她家去。

汪：哪儿都不去？

老人：俺哪儿都不去。这是县长给我盖的房子。县长，俺们寿县的县长给我盖的，包工包料6600。包工包料6600啊！

汪：6600元。

【母鸡打鸣声——压混】

汪：这要是刮风下雨的，老奶奶就让人在这儿吃，在这儿住？

养女：天黑了，风雨大了，过河的过不去了，她就让他们在这儿吃，在这儿住。

老人：一床睡9个人。

汪：老人要是有了钱，最想买什么、最想干什么？

养女婿：她就喜欢吃肉。

汪：哦，就喜欢吃肉，有钱就想买肉吃！

盛：【开玩笑地】我真想偷只鸡给您补补身子。

老人：俺不吃人家的，你好好的人，哪能去偷人家啊？俺们这儿有派出所，有派出所。

【老人打喷嚏——狗叫——】

老人：你给我找个外孙媳妇？

养女：她讲你帮她找个外孙媳妇？

老人：找一个。

盛:找像你年轻时那么漂亮的?

老人:像我漂亮的当然好啊。

盛:我自己都没有,你给我介绍一个。

老人:我上哪儿给你找啊?农村的你又不要,俺又不认识城里的人,俺上哪里找呢?【笑】

【老人喝水声——鸟叫声——】

汪:您希望这修桥吗?

老人:修桥?谁给修桥?没人修桥。这是背路,不能修桥。这不是阳光大道。

盛:您知道中国现在谁当家吗?

老人:中央,江泽民。解放后是毛主席,然后是老邓。老邓好,搞责任田啊。毛主席死了,俺们还戴孝。

盛:秘密是什么,你觉得她为什么能长寿呢?

养女:她为什么能长寿啊?我讲她一辈子心好,做好事。无论谁来,一碗饭是不金贵的,无论谁来,吃的、喝的,哪个用到她的,没有讲不照(行)的。她心眼好,所以她长寿。她一天到晚搁外头摆船,空气也好,人来人去的也多,她一天到晚开心。虽然她有点累,但她开心。

老人:我不像人家老奶奶,不能吃凉的,不能喝凉的。俺喝大河水,长流水,我没瞧过病,我也没吃(过)药,我没打过针,我也没吊过水,医生要靠我,他就吃不上饭了。【笑】【开电视声——电视杂音——电视里流行歌曲——唱戏】

老人:我都上电视了,报纸不都登上去了?俺没看到,俺外囡(孙女)看的,说俺老爷爷①(在电视上)摆河呢【笑】,电视都跑(传)外国去了,报纸(也)都跑外国去了。

【倒猪食在桶里——】

汪:晚上10点钟了,老奶奶还去喂猪?

【提桶——老人的拐杖拄在地上走出家门——】

汪:那她平时就自己拎着啊?

养女:就是。

汪:哇,还能拎动那么沉的桶!

【倒猪食声——猪吃食声——】

养女:你找什么?

---

① “老爷爷”是当地人对四代以上的女性长辈的称谓。

老人：夜里冷，找点东西给猪盖上。

养女：她说天冷，她说她找点东西给猪盖上。

汪：怕猪冷。

养女：哎，对了。

【猪拱食吃——】

【当地地方小调——压混】

解说：1991 年，中国华东地区连降暴雨，淠河水位疯涨，一夜之间，河西大坝轰然崩塌。顿时，河西一片汪洋，沿河房屋全被淹没，求生的村民们纷纷涌向屋顶等待援救。老人的土房子也被洪水吞没，但这位整整 100 岁的老人，却摇起小船，参加了救援队伍。小船只能载 8 个人，老人就一趟一趟地把乡亲们送到河东大坝上。

【蛙鸣、虫鸣声——压混】

盛：你记得她摆河这么多年中，有几次比较危险？

养女：1968 年、1969 年连续两年涨水，她夜里干活，上船一下子掉进水里去了。你想那水有好深，她扒着这个船，下边脚不沾地。

老人：上不去。

养女：要像咱们年轻人，扒着船不是一下就上去了。

老人：扒着有 3 个小时，半夜三更哪里有人啊！一夜就满河水，滚瓜一样的水。呼啦一家伙，呼啦一家伙，山裂，山崩……

【门在风雨声中咣当——咣当——】

汪：这门关不上啊？

朱：关不上。

养女：那 1991 年她屋都淹掉了，我接她到我家，俺俩用塑料薄膜给她搭了个庵子，把老奶奶接回来了。她想要回去，非哭，她不搁俺家，一顿一顿地不吃饭。

老人：尚台渡口，就是俺的渡口。摆了一辈子了，俺的渡口摆一辈子没出过危险。大人小孩没出过危险，大水小水，风再大，俺照摆，俺没出过危险。哪个渡口都淹坏过人，俺的渡口没有，俺尚台渡口没有。我这渡口不是一年、两年的渡口，你去问问，你去打听打听，尚台渡口，出名的！

【蛙鸣、虫鸣声——】

汪：她觉得这辈子最苦的是什么？

老人：哪有不苦啊？

养女：刮风，船刮跑了。哭呀，找呀，一路找到正阳关，都几十里路，就顺着河边找，找到以后就往家拽。这是她遇到的最大的一件事，她哭。她一辈子流了不少泪，她自己就说，我一辈子眼泪都哭了几水缸。

【蛙鸣、虫鸣声——】

【当地地方小调：我思啊，我想啊，我思思想想再想想……压混】

解说：1999 年，地区河道航运管理局负责人获悉有位老人在摆渡大发雷霆："简直是开玩笑！一百多岁了还摆渡，出了问题谁负责？"紧急电话当夜打到县里，于是老人被强迫停止了摆渡。停摆以后老人病了，这一病就是一个多月。108 年以来，老人是第一次生大病，不想吃饭，只是咳嗽，谁也说不清老人得的是啥病。没办法，有人出了这样的主意：渡船交给老人的养女和堂侄，作为交换，两人每年都交给老人 300 斤粮食。由于养女家远离渡口，所以轮到她摆河的时候，实际上多半是由老人代劳；而堂侄一家在河西，时间来不及的时候，老人也去帮忙。

【电视里广告声——】

朱：老奶奶，今天晚上我们就在这儿睡了？

汪：两张床怎么睡？

老人：【笑】打点糨子粘在墙上，打点面糨子粘在墙上，哈……他不懂，哈……

盛：粘墙上不成画了吗？

老人：打糨子把你粘墙上不行啊？你咋不懂？哈……你咋不懂？哈……

【关电视声——】

老人：你们坐坐，我要睡了。

汪：你要睡了？

老人：今天老早就起来摆河了。

汪：今天老早就起来摆河了。

老人：嗯，嗯……

【老人打鼾声——】

【桨声——】

朱：怎么样，二位，信了吧？

汪：我在想，我这辈子能活多少岁？

盛：110 岁还能摆船……说不定真能活到 200 岁呢。

汪：要是真的，看咱仨谁能坚持到那一天！

【桨声扬起——渐隐】

第一节 广播特写的选题

一、源于声音形象而非抽象概念

广播特写的选题通常由具象的声音感受出发，然后创作者再进一步考虑声音的实现，带着声音的思维去挑选和研究要表达的内容与形式。

布朗在谈《欧洲的钟》的创作体会时，提到这个选题来自于他在瑞士苏黎世的一条河谷，突然听到附近的很多教堂一起鸣响钟声，就像身处一个声音的海洋。他由此开始思考如何以声音的形式来表现钟的主题，并在进一步的研究过程中，逐渐确定了钟与战争的双重主题。

获 2008 年欧洲奖广播特写类提名奖的《乡下别墅——农村音画》，其选题灵感来自于制作人哈里·胡赫塔马基在一个夏日的夜晚，坐在自家别墅里所听到的远近交织、若隐若现的各种自然音响。作者由此想到芬兰文化中亲近自然、崇尚体力劳动的传统，以及现代文明对芬兰文化传统潜在的改变，这些思考最终构成了节目的主线。

美国诗人派克·马利诺夫斯基创作的广播特写《十三种方式》，获 2004 年美国第三海岸国际音响节主管选择奖。派克第一次了解到纽约作家萨姆·斯沃普正在教一群五年级孩子读诗的事情时，就立刻意识到这个由诗歌、尊重、天真和创造力组成的题材的声音价值。经过沟通和准备，派克录制了萨姆教孩子们朗诵美国著名现代诗人华莱士·史蒂文斯的《十三种方式看黑鸟》，并启发孩子们模仿原作手法进行诗歌创作的全过程。萨姆的教学活泼、生动，充分呵护了孩子们的艺术想象力和创新思维；孩子们的反应也极具诗意和听觉特点。整部特写作品没有解说，只有现场的声音和后配的音乐共同营造出诗的氛围，为听众创造了一个可供想象力自由驰骋的空间。

而有些节目从选题开始，其创作原点并非声音方面的灵感，而是抽象的概念。例如，创作者先由宣传主题入手，开始阅读文字底本，“被字里行间洋溢的浩然正气所震撼，被大量可歌可泣的感人事迹、中华民族优秀儿女无私奉献的可贵精神所感动”。“由天安门广场人民英雄纪念碑碑座浮雕中‘虎门销烟’的场面，引出 1840 年的鸦片战争……前后跨越了中国近代、现代和当代共 150 年的历史，具有深刻的思想内涵。”与《欧洲的钟》相比，这样的创作是在用音响去做抽象概念的注解，而《欧洲的钟》是用抽象的概念去丰富和解读声音形象的内涵。两者的出发点有根本不同，一是抽象的概念，一是具象的声音形象。当然不可否认的是，由于广播节目的目的不同，面向受众不同，风格也应多元发展。但是，从声音出发的作品显然更符合广播艺术创作的规律，也更利于听众的接受。

二、声音思维主导创作

广播特写《鸡》的选题来自于作者布朗乘坐飞机时读到的关于制造动物的机器的一篇文章。文章介绍美国人发明了机器来养鸡，喂食、喂水、作息都由机器来控制，由此，一只鸡的年产蛋量提高一倍以上。布朗决定创作一篇关于“制造动物的机器”的广播作品。这是布朗的第一个广播特写作品。这个选题在申报时未获批准，因为编辑觉得“用立体声做一个关于鸡的特写，无非是让鸡叫声从左叫到右”。而布朗也明白“现代广播要求你不是从文字开始，而是从音响开始，做广播特写，只拿一个话筒去录别人的声音是不够的，你必须进入特定的环境去录这个环境里特有的音响”。① 于是为了这个选题，布朗开始深入研究鸡，他发现鸡并不像人们想得那么愚蠢，“它可以发出二十几种声音，有它的语言系统。有的声音是鸡与鸡之间交流用的，有的是对人用，还有的是对天空发出的声音”②。他还深入研究养鸡场的养殖设备，研究人们为什么用机器生产鸡，以及如何用机器制造鸡。

随后，他前往美国的养鸡场，实地感受十万个生命拥挤在一个有限空间里的感觉：“我进去的时候屋子里面完全是黑的，鸡正在睡，但是我能感觉到十万个生命在那儿。虽然你看不见，但作为一个广播特写制作人，我不是谈论鸡，而是把听众带到鸡的生命里而去……等按钮一动，灯亮了以后，几秒钟之间这些鸡就醒了，你突然之间就发现你生活在多少个生命当中。那一刻我突然意识到，必须要改变解说的方式，我要用短的语言，切中要害，要提供很多很多的信息；我要用很轻柔的声音讲，在播音室里录的解说也应该让人感觉是从鸡笼子里面传出来的。”③

在整个创作过程中，布朗都在思考如何将自己眼见的景象以声音的形式传递给听众，也就是如何用音响来讲故事，如何把听众带到鸡的生命里去。他始终坚持认为，音响是广播特写的心脏。最终布朗的处女作《鸡》获得了意大利奖，被译为 15 种语言在全欧洲播放，成为广播特写历史上的经典之作。

《听！——伊丽莎白时代英格兰的声音》④是一部受到声学著作《早期现代英国的听觉世界》的启发而创作的广播特写。创作者带着一连串的问题（四百年前，英格兰人听到的是怎样的声音？他们听到的声音是否依然存在？他们听声音的方式是否与今天不同？我们能否进入他们的听觉世界？），开始了颇具广播特色的声音之旅。

节目以三位学者的讲述来贯穿丰富的音响场景，并保留节目录制时的一些工作音

---

①②③ 彼得·莱昂哈特·布朗著，黄炳琦译：《音响，广播特写的心脏——谈广播特写〈鸡〉的音响录制和运用》，《中国广播》2012 年第 5 期，第 72—76 页。

④ 加拿大炮台电台（Battery Radio，Canada）和英国垂树（Falling Tree）公司制作，获得 2009 年麦鲁利奇国际广播节广播特写类大奖。

响，如不同人声说的“正在录音”和录音设备准备时发出的音响，提醒听众这是一场真正的声音之旅。节目还充分调动了听众的创造力，制作者通过随机拨打伦敦地区的电话，告诉接电话的陌生人：“我们在录制伦敦不同地方的声音，请问你能不能把你手中的电话对着外面？这样我好记录你那边的声音，只要30秒。”制作者还会要求受访者，“请你闭上眼，不管你听到了什么声音，都告诉我，好吗？”“你能否想象一下，四百年以前，这里能听到什么样的声音？”就这样，通过不同的受访者各具特色的回答，听众感受到了今天和四百年前伦敦的声音形象以及连接两者的文化传统。

三、准确选择表现对象

策划一个特写节目时，可听性是一个重要的标准。布朗曾说：“如果你把采访对象选准了，你的节目就成功了一半。”①

理想的采访对象应该是善于口语表达、富于声音特征的人。例如布朗的《第三手术室》的主人公——病人诺瓦克小姐和主刀医生勃朗特，一个是个性直率、快人快语甚至是口无遮拦的老太太，她会向作者讲述自己的经历、病痛、烦恼、对幸福的感受和甜蜜的梦境；一个是乐天幽默又尽职尽责的医生，他在做手术时会情不自禁地自言自语、和同事交流、说笑话、唱歌、吹口哨，享受着工作的乐趣。对于广播特写而言，这样的人是可遇而不可求的珍宝。

凯西·涂的《战斗机飞行员》，获2014年奥克·布洛姆斯特伦纪念奖（Ake Blomstrom Memorial Award）。主人公迈克尔·麦基是一名退役美国空军中校，他内心世界细腻、敏感，又非常善于言谈，语言生动，富于感染力，而且表达冷静、快速，带有典型的职业军人的气质。在不到7分钟时长的节目中，迈克尔讲述了自己在海湾战争期间一次对地攻击作战时亲自操纵战争机器杀人的经历。一个富于声音特征和语言天赋，以及具有特殊人生阅历的受访对象，成为这个节目撼动人心的关键。凯西·涂认为，整个创作过程中耗时最长、最困难的部分就是寻找选题。找到一个好的故事、一个会讲故事的人，节目就已经成功了一大半。

第二节 广播特写重在真实

一、关注人的命运

能够凭借直观、可感的听觉或是视觉形象复原物质现实的动感，进而反映动态的

---

① 黄炳琦：《好像信手拈来 实则别具匠心——广播特写〈第三手术室〉点评》，《中国广播》2012年第6期。

生活现实，是广播、电影、电视等现代电子传媒手段区别于文学、音乐、戏剧、绘画、舞蹈、建筑等传统艺术形式的根本点。所以使用声音形象来讲述故事，成为广播证明自身价值的一个重要途径。这个重要途径有两条分支：一个是广播剧用表演的方式讲述；一个是广播特写用纪实的方式讲述。

以纪实的方式讲述非虚构的故事，是今天国际范围内广播特写创作的主流。所以关注真实的生活状态，成为很多广播特写创作时题材选择的标准和指导整个创作过程的思路。纵观获得国际大奖的中国广播特写作品，也几乎无一例外都是在叙述人的真实的生活状态。

例如，《难以忘却的歌声》以黄土高原上山西河曲民歌为主线，讲述了民歌手刘巨仓、王永茂、尹占才、辛礼生等人的故事。《一场特殊的音乐会》讲述钢琴教师范大雷对于音乐的痴迷和对音乐教育事业的挚爱。《一个人的渡口》讲述一个百岁老人的人生经历。《白发的期盼》通过对几位老人真实生活状态的描述，向人们提出了被忽视的老人精神赡养问题。《走向正在消逝的冰川》则使听众通过记者的话筒，经历了一场寻找长江源声音的探索。所有这些节目都有一个共同点就是记录了某种真实的生活状态，并通过这样的记录，给听众一种意义或价值的追问。通过这样的追问，我们可以了解或是重新确定某种积极向上的价值观念。

国外的优秀广播特写作品也几乎毫无例外是聚焦人物内心世界、关注人物命运的。

2004 年欧洲奖最佳广播特写奖获奖作品《来自“魔鬼”》，讲述的是挪威北方少数族裔萨米人歌手玛丽的故事。玛丽为了保护和传承萨米音乐和文化，不惜与清教徒背景的父母家人决裂。虽然她在内心渴望得到父母之爱，但直到父母去世，也未能达成心愿，这成了她永远无法弥补的遗憾。

2006 年欧洲奖最佳广播特写奖获奖作品、岩斯・亚里许的《生活方式——越南人为什么不穿阿迪达斯鞋?》，从邻居女孩到超市买一双阿迪达斯的运动鞋入手，由标签上鞋子的产地开始聊起，就一双鞋的生产过程、谁在生产、生产者的生活等问题进行了深入调查，展示了全球经济一体化对不发达地区人民生活的巨大冲击，深刻揭示了跨国公司虚伪、贪婪的逐利本性。

2006 年欧洲奖最佳广播特写奖获奖作品《再见，玛莉安》，讲述了挪威女性玛莉安在和加拿大著名歌手里昂纳德・科恩[①]狂热的爱情中迷失自我，又在痛苦中逐渐体味

---

① Leonard Cohen，1934 年生，加拿大著名诗人、歌手。其小说《美丽失落者》被评论家誉为 20 世纪 60 年代的经典之作。1960—1967 年曾与节目女主人公 Marianne Ihlen 热恋，为之创作歌曲《再见，玛丽安娜》（*So Long Marianne*）。

人生的意义，最终走出阴影的过程。

广播特写《兰卡》[①]所关注的是问题少女兰卡从13到22岁的成长经历。因为母亲的死和寄宿学校的生活，少女兰卡在一种不正常的状态中走过童年。她吸毒、偷窃、逃学，在城市底层流浪，惩罚和管制只会引起兰卡更剧烈的反抗。在生活的磨砺中，兰卡逐渐坚强起来，独立生活的经历使她意识到，除非对自己负责，否则无人能帮助她。从此她试着把生活中的磨难看作一种动力而非消极的压力，最终蜕变成为一位成熟的女性。

此外还有关注族群命运的《布哈拉百老汇——移民的音轨》[②]。节目展示了犹太人传统的古典音乐作品《6部木卡姆》的历史与传承，客观再现了布哈拉犹太人在故乡乌兹别克斯坦的生存危机和在美国遭遇的被同化命运。

布朗的早期作品《鸡》，用拟人化的手法将工业化养鸡场里鸡的生存状态忠实记录下来，虽然关注对象是动物，但实际上也投射出作者对人类在工业时代被异化命运的忧虑和思考。

获2008年欧洲奖广播类特别推荐奖的短特写《一分钟》[③]节目，每周两次在荷兰VPRO电台的早间黄金时段播出。节目的宗旨是用一分钟时间讲述一个小人物的真实故事，引发听众关于人生、世界的重大思考。这里以其中的两期节目为例。

明信片[④]

制作人：杰尼弗·彼得森

【音乐】

女人：我21岁那年的夏天，买了一张明信片准备寄给我热恋中的男友戴恩。

他在索马里工作，给路透社当摄影师。

他23岁的生日快到了。

所以……我想，给他寄一张明信片吧。突然，又冒出了一种抑制不住的想法：没必要这么做。

过了一星期，我在新闻里听到，他死了。很奇怪，电视节目主持人还展示了戴恩被愤怒的群众用石头砸死的那块地方。

---

① 布朗尼斯拉瓦·耶尼奇科瓦制作，获2011年波米西亚国际广播节目比赛二等奖，捷克广播电台特写部。

② 珍·克劳德·库纳制作，获2013年亚广联(ABU Prize)广播类广播特写项目大奖，德国RBB电台(Rundfunk Berlin－Brandenburg)。

③ 贾尔·斯坦因、杰尼弗·彼得森等制作，获2008年欧洲奖广播类特别推荐奖，荷兰VPRO电台。

④ 黄炳琦：《广播特写〈一分钟〉》，《中国广播》2013年第1期，第75—76页。

美国兵为了追捕一个帮派的头目，轰炸了一所医院，炸死了好几百人。当地人怒不可遏。可是美国人早乘直升机跑了。只有……摄影师留下了。

最近，我在找东西的时候发现了这张明信片。它正面是一张落日的照片，背后写着："亲爱的戴恩"……没了。

情　书

制作人：斯代夫·维斯伍格尔

【拆信声】

女孩：(念信)大卫寄给亨德里克耶："亲爱的亨德里克耶，我们能不能……在一起睡一觉？请回信。"

下面画了一幅很漂亮的画。

【叠信声】

男孩：(念信)亨德里克耶公主写给大卫王子。(吸气)"我还……还……在爱你。献上22个吻。亨德里克耶。"

记者：你们俩在一起有多久了？

女孩：正好……两年半。

男孩：对，两年半。

女孩：加5天。

男孩：没错！

(音乐)

关注真实生活状态、关注人物内心、关注命运等等，最终都是关注人的存在状态，尤其是个体的存在状态。一个以人为载体的时间流程，一个由人来体现的变化运动过程，这是广播特写以及所有纪录性媒体艺术形式共同的创作核心。在艺术创作中，越是剧烈的人生变化或命运转折，越是能够激起受众的关注，例如关于成长的痛苦、爱情、死亡等主题。其中最具震撼力的就是与死亡有关的题材。而且越是个体生命的逝去，越能给听众以震撼。不少获得国际奖项的广播特写作品都与此有关。

二、大量的素材积累

广播特写的创作不同于现场报道和录音报道，没有严格的时效性限制；同时广播特写又是最讲究艺术技巧的一种节目形式，所以很多广播特写就是在大量的素材采集的基础之上，不断地雕琢完成的。也只有通过这样一个素材的积累过程，编导才有可能从原生态的生活中发现本质的东西，发现最具代表性的声音场景、人物语言和音响形象。

例如，获 2000 年亚广联信息节目奖的作品《白发的期盼》，就是建立在大量的采访和素材积累的基础上。编导温秋阳在确立了节目主题是老年人精神赡养问题之后，花了半年左右时间进行了大量采访，从专家到老年工作者，从老人到年轻人，共采访了 60 多人，整理的素材近两万字。编导最初想找一个生活孤单但是又有一些特别的音响的老年人，为此她找过弹钢琴的老人，也找过养狗的老人，后来找到了节目中养鸟的高大爷。编导先后四次到高大爷家和他聊天，不仅录制到了高大爷养鸟的种种音响，例如给小鸟洗澡，和小鸟说话，小鸟的叫声、扇翅膀声、抖动羽毛的声音等，也录到了高大爷的心里话，“我想孙子，特别想。现在，把鸟当孙子养了”。

获 1987 年“柏林未来奖”特别推荐提名的《难以忘却的歌声》，也是在积累了大量素材的基础上，获得了创作上的自由发挥。节目主创蒋孙万、谢秀文和张敬民等在晋西北五台山区采访，行程 2000 多公里，采录了 20 多小时的实况音响和人物采访，最后从几十位采访对象中选择出了几位颇具代表性的民歌手。

讲述钢琴教师范大雷人生最后轨迹的广播特写《一场难忘的音乐会》，也是编导汪永晨从长达几个月的采访和 660 分钟的录音素材中逐渐提炼出最后的 26 分 40 秒的节目来。

讲述聋哑孩子周婷婷奋斗经历的《东方的神话——从哑女到神童》，是从近 20 个小时的录音资料中筛选和编辑出 28 分 35 秒的节目。

而汪永晨在制作广播特写《走向正在消逝的冰川》时，跟随中国首支女子长江源探险漂流队，于 1998 年的 8 月和 9 月在长江源头地区徒步行进 40 天，先后采录了 20 多个小时的声音素材，最终形成了半小时时长的节目。

三、良好的沟通

广播特写要求编导充分挖掘言语背后的真实状态。言为心声，就在于言语表达不仅仅是传递文字的含义，它还透露出讲话者最真实的心理状态。一句完全相同的话，不同的时间、地点，不同的人物、心态，讲出来就会给人不同的感觉。

《白发的期盼》就善于在交流中营造良好的谈话范围，使受访者能够进入放松的自我表达状态。占节目时长一半以上的人物谈话部分，摆脱了做作和虚假的痕迹，自然传达出谈话者的情绪，给节目带来动人的感染力。节目中，无论是等待越洋电话的母亲、养鸟排遣的爷爷，还是冷漠淡然的大学生、追悔莫及的中年人，或是理性分析的社会学专家和苦苦思索的“我”，都表现出言语背后真实自然的状态。该节目之所以得到国际评委的认可，其中的重要原因就在于，编导捕捉到了言语背后的真实自然的动作和心理状态，这种真实感带给听众很强的感染力。

而《一个人的渡口》之所以得到亚广联评委的青睐，就是因为编导和被采访对象进行了非常有效的沟通，使得受访对象（一百多岁的摆渡老人）能够以真实自然的面貌面对话筒。

好采访的前提是取得受访者的充分信任并使之放松到自然表达的状态。《再见，玛莉安》（*So Long, Marianne*）的受访对象玛莉安曾是加拿大著名歌手里昂纳德·科恩（Leonard Cohen）的情人。作为科恩众多情人中的一个，为了维护科恩的声誉，在此之前，玛莉安在媒体面前已经保持了45年的沉默。而这个节目的作者凯莉·海斯塔玛尔[①]运用女性天然的亲和力，与玛莉安进行了深入的交流并赢得了采访玛莉安的机会。在采访中，玛莉安不仅回忆了过去的岁月，还朗诵了科恩没有发表的诗作。玛莉安的动情朗诵与科恩吟诵同一首诗的音频被制作者精心地交织在一起，产生了感人的效果。应该说这种效果正是基于良好的沟通与采访。

《来自"魔鬼"》打动听众的关键就是萨米裔歌手玛丽内心独白式的缓缓诉说。为了让玛丽能够面对话筒进入自然诉说的状态，节目制作者比尔格·阿门德森做了充分的准备，他精心选择了采访地点、时间，营造自然、坦诚的对话氛围。"2003年受难节，在克托基诺。深夜，满月。""萨米人居住区郊外的小河边。在冰雪覆盖的小河边，有几所小房子。""玛丽·波依娜坐在驯鹿的毛皮上，身旁是燃烧着的白桦木。"[②]

据制作者迈克尔·奥凯恩介绍，获2009年欧洲奖特别推荐奖作品《大力士盖尔》，其制作过程持续了一年半时间。作者先后进行了12次采访，录制了5个多小时的素材。录音前，制作者还多次拜访盖尔，进行充分沟通，让盖尔了解采访的目的、技术细节、日程安排等。大力士盖尔不仅是爱尔兰家喻户晓的优秀举重选手，在生活中也是成功的古董家具修理商。制作者甚至把自己的一个老式沙发送到盖尔的修理厂修理，并在交往中建立互信，了解到盖尔作为普通人的更多侧面。在这样的交流中，迈克尔·奥凯恩也特别提醒"必须保持一定的距离和客观性，否则节目就会变成一种宣扬"。[③]

要想通过电话随机与陌生人进行有效交流而不被挂断，《别挂电话》[④]的两位主创

---

① 凯莉·海斯塔玛尔，曾在挪威广播公司NBC和挪威NRK电台特写部工作。其特写作品曾获得挪威最佳广播节目奖、两次意大利奖、两次墨西哥国际广播节特别提名和三次欧洲奖。

② 李宏：《为获得灵魂的自由而歌——广播特写〈来自"魔鬼"〉赏析》，《中国广播》2013年第8期，第96—97页。

③ 李宏：《建立信任：观察式广播特写的成败关键——关于〈大力士盖尔〉的创作问答》，《中国广播》2013年第12期，第89—94页。

④ 马可·波尔曼和艾伦·戴恩制作，英国BBC广播。《别挂电话》（*Don't Hang Up*，后改名为*Don't Log Off*）曾获得2007年"欧洲奖"和"意大利奖"。

人员马可·波尔曼和艾伦·戴恩探索出一整套的交流技巧。

首先，在每次通话的开始，艾伦·戴恩都会告知对方："这里是 BBC，我们将对通话进行录音，但不是直播。如果你不想挂断电话，就可以跟我们谈谈你的生活。"这番话暗示受访者的采访过程将是专业、隐私和轻松的。通话结束前，主持人还会向对方保证，不公布姓名，并留下了自己的联系电话和电子邮箱。

其次，艾伦·戴恩建立了一套适合节目电话采访的交流模式。这个模式通常分为三步。

第一步，以轻松简单的问题入手，让受访者顺利进入状态。这一步最常问的问题就是："我打到哪里了？您能告诉我电话亭外面的景象吗？"这个问题不涉及隐私，对回答者来说没有难度，短小精悍，易于诱发对方大段的视觉化叙述。这些讲述有可能成为吸引听众的节目素材。

第二步，艾伦·戴恩经常会让接电话的人描述自己的形象："您能说说您的长相吗"？"您穿什么款式的衣服、梳什么发型？"或者艾伦凭借之前交流的感觉，直接描述对方的外在形象，然后请对方核实。这个问题的设置同样可以引起视觉化的讲述，弥补广播的短板，同时也有利于将问题引向对方的内心世界或引向更多的线索。

第三步，艾伦·戴恩会准备一些能够把谈话基调引向积极、正面的问题。例如，"五年以后你还会在这里吗？""你的生活状态会是怎样？""如果有一个梦想你希望能够在十年内实现，会是什么？""你希望你的孩子过一种什么样的生活？"以此激发对方改变现状的勇气、对未来的美好憧憬和向上向前的信念。这样的一个上扬曲线的交流模式会让听众感受到接电话的人内心所发生的变化，从一开始的陌生疏离到最后的温暖和感念，从而激发听众对未来生活的正面思考。

最重要的是，《别挂电话》节目主持人的每一次交流和采访，都秉承对受访者的尊重、平等、关爱和理解的心态，以此获得对方的信任和谈话欲望。

随着节目发展和 Skype 等互联网即时通讯软件的广泛应用，《别挂电话》的采访范围也扩大到全世界，随之节目的名称也改为更具网络特色的"Don't Log Off"，但是，节目中浓厚的人文关怀特色和温暖的采访风格却一直延续至今。这个跨越 13 年的广播节目得到了听众和专家的普遍认可，其成功的关键就在于，通过普通人的口述记录了现代人的心路历程。两位创作者也并不是单纯为了节目去探索别人的隐私，而是希望通过沟通，传递关爱，传递对生活的感悟，从而激发大家对未来生活的美好信念。

四、音响背后的真实

广播特写的音响应尽量使用真实音响，因为很多补录音响或素材库里的音响尽管逼真，但是无法再现真实音响背后的环境信息和动态信息。例如，很多音响资料库提供各种各样的脚步声，但是真正使用这些脚步声时，你会发现，这些音响往往是一些孤立的音响，无法与我们作品的情绪节奏衔接起来。

比如《一场特殊的音乐会》的后半段，当音乐会即将结束时，全场观众在孔祥东的带领下一起唱起《祝你生日快乐》，庆祝病中的范老师即将到来的 47 岁生日。因为当时听众的心情非常激动，演唱水平也参差不齐，使得录音效果并不理想。编导在后期处理时，曾经考虑找一位童声重新演唱这首歌，但是录完之后发现童声演唱虽然很美，但是和音乐会现场的氛围却难以吻合，就是因为补录的歌声缺少现场的环境信息，缺少情绪气氛上的感觉，心理节奏也并不合适。最后编导还是使用了来自音乐会现场那并不完美的原唱，在表达音乐会的高潮气氛时，这首现场原唱的《祝你生日快乐》非常完美、无可替代。

当然，有时现场声无法录制或录制不理想时，也需要补录完成，前提是无损真实。比如《一场特殊的音乐会》的前半段，记者在雨中叫出租车，汽车行驶到音乐厅门口，这些音响都是后来回到北京后补录，然后加上雨声制作而成的。首先，编导在采访过程中确实遇到下雨，只是因为在当时的环境和条件下，无法拿话筒在雨地里录音。其次，雨声与当时编导的心情也非常吻合，情景交融可以更好地渲染人物情绪，所以后期的补录并不是一种虚构，而是对生活真实状态的复原。

同样，这个节目中的“沉重的脚步声”“一声火车鸣笛驶近又渐渐远去”等音响也是出自补录。使用这些补录音响主要是为了增加节目的可听性。因为广播特写就是通过声音塑造形象和典型环境的，通过声音引发听众的想象和欣赏状态，所以对声音场景做合理的补充，对声音形象做必要的后期处理，也是广播特写创作的重要内容。例如，《一场特殊的音乐会》中有些采访是在房间内以静态形式完成的，声音缺少运动感，环境声也缺少变化。编导在后期制作时，根据采访中接触到的一些真实场景，增加了一些室外环境音响和效果，如“病房中听到的远处的电锯声”，这些音响细节的设计，也都是来自编导在前期采访中的真实经历。虽然具体到节目中的这场病房谈话，当时也许没有电锯声，但是出自补录的音响也确实有真实的生活依据。

第三节　广播特写的音响叙事

一、音响与解说词的关系

利用音响形成叙事段落的主干，是广播特写区别于录音报道的创作特点，也是广播特写所追求的一个目标。所以在处理音响与解说的关系时，应该首先注意发挥音响叙事的作用，然后再考虑解说词的配合。

布朗在写作广播特写《鸡》的解说词时，打破常规，使用简短句式，甚至是单个的词或简单的词组。他把这些短句、词组和词镶嵌在音响的间歇，与音响紧密衔接起来，或是衬播在音响之上，使解说词依附于音响段落，依附于某一个声音场景，与音响一起产生音乐般的美感和节奏感。例如：

解说：(耳语般，衬着养鸡车间寂静的声音)……第5室……你的鞋子要消一下毒……打开门的时候要小心……别吵醒它们……走路要慢，别出声……站在那儿不动……夜，一片黑暗……有肉体的味道……温暖、潮湿……沉睡着的生物在挥发着水分……还有它们的食物散发出干燥、辛辣的香味……这里有生命……到处都充满了生命……甚至形成了压力……这屋子有多大？多长？多宽？①

《难以忘却的歌声》也是打破传统的先写出文字稿，再安排音响的创作方法，而是采用以音响叙事为主的方法，先选择好典型的实况音响，然后再考虑文字串联。这样虽然节目解说部分的文稿看起来有些松散，但是听过之后却并没有这种感觉。原因就在于，音响素材之间的逻辑关系非常紧密，自然就形成叙述的结构，无需太多的文字作辅助说明。

由于解说是依附于声音场景的，因此语句简短而断续，经常会暂停下来，让听众能够听清楚音响的部分。有时，为了保持音响部分的完整性，编导也采用镶嵌的方式，把解说词填在音响的间歇之中。例如《欧洲的钟》里，有一段炮声和钟声依次显现的复调式结构，每个轮次的炮声与钟声之间有11秒半的固定间隙。制作者就严格将解说词控制在11秒半之内，避免影响音响的主体地位。

相比较而言，有些作品首先考虑的是解说词的完整表达，然后才是在较长的句子中插入音响。例如：

(男)五月，春光明媚的五月。首都北京，雄伟的天安门广场。在五月的阳光下，显得更加壮丽。

(鼓号声，少年儿童在纪念碑前过队日实况)

(女)广场南部那高入云霄的人民英雄纪念碑前，是青少年们怀念先烈、

---

① 彼得・莱昂哈特・布朗著，黄炳琦译：《音响，广播特写的心脏——谈广播特写〈鸡〉的音响录制和运用》，《中国广播》2012年第5期，第72—76页。

表达志向的神圣场所。这座高大的丰碑是中国人民取得政权之后，为在1840年到1949年这109年的人民革命中牺牲了的所有先驱者立下的一座永久性纪念碑。让中华民族千秋万代记住他们！

二、音响场景的设计

《欧洲的钟》从一口钟的诞生开始讲起，作者布朗提到文字稿的写作可以直接写"一口钟诞生了"，但是用音响来表现钟的诞生才是广播特写的创作方式。他采用了在铸钟厂录制的熔炉的三个阶段的声音，除了这些金属熔化的巨大声响外，还加上了现场录制的铁链、铁铲甚至门把手的声音来丰富场景的层次，不断递进，配上简短的解说，创作了一个连续运动的声音场景，让听众直观感受到钟的诞生。

《一场特殊的音乐会》节目开头，编导用音响来表达具体的场景：街上、大雨、出租车，作为记者的"我"上了车后，雨水落在车顶的声音。然后是剧场门口挤满了等退票的人，其中一位求"我"帮他找张票。在这个将近一分钟的开头里，编导只设计了一句模仿节目中记者内心独白的解说词："那天雨真大，我刚刚离开范老师住的医院，赶着来到了剧场。"雨声敲打在伞上、车顶上，出租车在街道上疾驶，这些音响共同完成了对一个场景的描述和气氛渲染，也很好地揭示了节目中记者的心情。等退票的吵闹声和向记者要票的人声是编导在采访中遇到的真实情况。这个吵闹声既营造了场景的真实氛围，又把叙事自然地引向了音乐会；既带给听众现场实感，又省去了不必要的解说词，充分体现了编导利用音响叙事的功力。

在《走向正在消逝的冰川》中，作者也从采集的声音资料中，精选了有代表性的音响来构建精致的音响场景。首先，在节目的开头部分，作者用高原的马嘶、牧民的歌声、小羊的呻吟、探险队员的喘息声，共同构筑了一个富于高原特色的音响场景，用声音的感染力紧紧吸引了听众。在节目中有一段高原清晨的场景，时间通常是广播节目难以表现的对象，而广播特写则需要用音响来为听众描述这个极富特色的场景。编导选择了高原清晨最典型的音响：挤奶的噗噗声、奶水落在桶里的嗵嗵声、小鸟的鸣叫、藏族妇女的笑声夹杂着打酥油茶的咚咚声，这几种音响交织在一起，渲染出宁静辽远、粗犷壮美的高原景象，同时给听众以巨大的想象空间。

音响场景的设计不是以惟妙惟肖地模仿自然状态为最高目的，而是以唤起听众的想象，使听众进入主动欣赏状态为主，所以没有必要对场景中的音响"有言必录"，而是要从中选择最能带给听众环境感、动感的典型的音响形象。

《走向正在消逝的冰川》节目开头和结尾的一滴一滴的水声，是为了向听众展示冰川的样子；牧民赶着牦牛，边走边吹口哨，牦牛沉重的脚步声，是为了描述高原的辽阔无际。节目中，光是牦牛走在路上的音响，编导就录制了好几种，有牦牛过河时的水声，有牦牛腿陷在沼泽里的声音……而节目结尾处，由水滴到冰川断裂，到滴水成河的一系列水的音响，则是在真实素材的基础上，经过精心的加工处理，混合交织在一起的。编导的用意就是让听众听到丰富的音响层次的同时，也产生一种对于生态环境恶化的深刻思考。亚广联专家对《走向正在消逝的冰川》的音响设计给予了高度评价："完美的音响是节目的特点。"

在音响场景设计思路的实现过程中，如何用高品质声音向听众展现具有真实感的场景，是很多广播特写创作者重视的问题。例如，在录制《欧洲的钟》所必需的枪炮声时，布朗争取到了军队的帮助，由军官指挥 20 辆坦克一遍一遍地从他面前开过，以供录制出最好的声音效果。经过反复的实验，布朗发现，录制手榴弹的音响需要离开它投掷的地方 6 到 8 米，这样才能获得良好的爆炸声和空间感。录制机枪的声音要离开 50 到 60 米，录制炮声应当离开 450 米。正是在这样的努力下，布朗才获得了节目中那些震撼人心的真实音响。

同时，由于运动是现实世界的本质属性，所以用声音来表现场景时，如何体现这一场景所包含的运动感，也是创作中的重点。布朗在作品中就非常重视声音场景的动态表现。例如，他在录制广播特写《鸡》时就反复跟随养鸡场屠宰线的移动，不断尝试改变录制的角度、方位、距离和运动方式。他认为，应该像掌握电影的画面技巧一样去运用话筒录制音响。

由于不少欧洲国家的听众有去影院听广播特写的习惯，所以欧洲广播制作人在录制声音时，喜欢选择电影录音设备，以获取高质量的立体声或环绕立体声素材。

反映芬兰乡居生活的《乡下别墅——农村音画》[①]，其制作者哈里使用了电影的录音设备，几乎录制了他从开车离开城市直到从乡下别墅返回城里的全过程。他以度假者的身份和别人交流，并录下全部的对话。他还采录了大量的环境音响，如鸟叫、流水声、雨声、雷声以及林中脚步、摩托车飙车、伐木、蚊子飞舞等音响。高品质的录音成为这个节目最富吸引力的部分。

讲述布哈拉犹太人移民经历的《布哈拉百老汇——移民的音轨》[②]，制作人使用了 5.1 环绕立体声的录制技术，创造出全方位、层次丰富清晰的音响效果，给听众以真实的临场感，使选题中原本较为枯燥的政治历史内容也变得富于听觉上的美感。

---

① 《乡下别墅——农村音画》，获 2008 年欧洲奖广播特写类提名奖。作者哈里·胡赫塔马基，芬兰国家电台广播特写工作室负责人，有十多部作品获得柏林未来奖、欧洲奖、麦鲁利奇奖、意大利奖和亚广联奖。

② 《布哈拉百老汇——移民的音轨》，获 2013 年亚广联（ABU Prize）广播类广播特写项目大奖。作者珍·克劳德·库纳，德国 RBB 电台（Rundfunk Berlin-Brandenburg）。

三、环境音响与细节音响

环境音响是由多种声源构成的，可以展现环境的时空特性以及文化属性的整体性音响。环境音响在音响场景的设计过程中，经常被用来构筑环境的声音背景，有时也被称为背景音响。细节音响指环境中从属于具体动作细节、能唤起对具体事物的听觉想象的音响。与环境音响相比，细节音响通常具有更高的听觉辨识度，可以被更清晰地辨识，也具有更多的叙事功能。环境音响与细节音响两者之间并没有截然的区分，有时随着创作者的创作意图和叙事焦点的变化，两者之间存在一个边界不断变化的交集。环境音响与细节音响相互配合，共同构建声音场景。

在《一场特殊的音乐会》中，听众第一次跟随记者来到范老师的家，场景中有自行车铃声、楼道里的练琴声，这些典型的音响形象使听众对范老师生活的环境有了直观的了解。在范老师的病房中，听众能够听到外面修建房子刺耳的电钻声，病房外是从海外赶回来的范老师中学同学的哭泣声，这些音响本身就已经具有了胜过文字太多的感染力。

在范老师家中的一段，编导选用范老师母亲的一段叹息声和一段笑声。当这位母亲说"他身体不好的时候就躺着给学生上课，孩子很努力，病中还想该做什么事情，还想再教几个学生"时，伴随着一声轻轻的叹息。而说到老师床头挂着学生在国际比赛中获奖的奖牌（一把剑）时，则是淡淡的笑声，"这是在西班牙得的呀，西班牙不是斗牛吗？"这里的叹息和笑声也同样给听众留下深刻的印象，这是一位母亲的内心深处发出的最真实的声音。

《走向正在消逝的冰川》在反映藏族向导一家相聚的段落里，编导录制了小狗摇尾巴的声音，一家人在一起时倒茶的声音，甚至喝酥油茶时的吸溜声，这些细节音响充满了生活的气息，特点鲜明，富于感染力。

由于听众的注意力变化，声音录制的角度、距离的不同，以及多个声源强弱对比改变等原因，有些环境音响会变成听众注意的重点，转换为细节音响，或者是具有了某些细节音响的功能。

在广播特写《生活方式》中，有一个场景是作者岩斯采访居住在低矮棚户区的越南工人。岩斯安排受访者在其熟悉的环境中自由表达。在录音时，他采用全指向性话筒，人们在听到前景的人物交谈时，也会听到背景中闲逛的人、嬉笑打闹的孩子、笑声、叹息声以及车辆驶过的声音。这些环境音响不仅赋予对话真实的环境感，也丰富了声音场景的层次。随着多声源的交错变化，或听众注意力的选择，其中有些音响也会转化为细节音响，引发听众对于工人生活环境的思考。岩斯在录制这一段内容时，还曾经因为影响采访的原因，把背景声中电视机里邓丽君的歌声关掉了，进行静场采访，但在后期制作时，又感觉这段歌声对渲染氛围和描摹环境的文化特性有所帮助，于是他又找到这首歌曲的素材，经过对音色的处理，模拟出电视播放的感觉，营造“真实”的生活场景。[①]

四、语言表现形态的多元化

对于听众而言，广播特写的采访和解说部分除了负担语义功能以外，也是一种考验听觉的音响形式。而对于制作者来说，如何将音响意义上的语言部分富于变化、悦耳动听，也是创作时的一个重点。

广播特写《鸡》采用对话的方式来处理解说的部分，把解说词转换为多种对话形式表现出来，如作者与自己内心的对话，与专家的对话，与鸡的对话，与工人的对话，与音响的对话等，以此消除太长或过分抽象的解说词所带来的单调感，并由此产生一种人际交流的亲近和私密感。同时也利用对话过程常有的形体动作，赋予解说部分一种自然的动态。

广播特写《兰卡》表现了主人公兰卡长达九年的生活经历。节目的主线采用成年兰卡的讲述和幼年兰卡的日记相结合的形式，但是节目制作者并没有 2006 年之前小兰卡的录音资料，为了避免声音形象的单调重复，制作者请一个 13 岁的女孩来扮演小兰卡“读日记”。“读日记”的童声与成年兰卡的讲述相互穿插起来，形成听觉上的变化。

哈里·胡赫塔马基的《乡下别墅——农村音画》，是由声音形象而引发的关于现代与传统交流冲突的抽象思考。作者采用“男女两人或对播、或交谈、或问答、或朗诵、或白描、或议论的多种方式处理解说，像角色扮演。让男女播音员根据解说词的内涵确定表达方式，有的地方还重复、叠加，或加上混响，使特写听起来丰富、生动，充满吸引力”[②]。多种语言形式的混合，掩盖了作品解说词文字量过大的缺陷。类似的还有《蒂姆·基和果戈理的外套》[③]，作品尝试从人性的角度剖析果戈理名篇《外套》的深刻内涵。制作人蒂姆·基一方面请人朗诵《外套》的精彩片段，一方面模仿果戈理式的荒诞与夸张，设计出与小说内容相关联的情节把自己也纳入其中，从对外套漠不关心到开始关注，再到最后追求定制衣服并穿出去炫耀，蒂姆以自己的亲身经历来解读外套对每个人的影响。蒂姆还在节目中设置了“妻子”的角色与自己交流，用一种剧情化的方式对古典作品进行深入解读。

---

① 孙峥：《营造生动的声音世界——浅谈广播特写录制理念》，《中国广播》2012 年第 12 期，第 52—55 页。

② 李宏：《创新广播特写音响的采录与制作——广播特写〈乡下别墅——农村音画〉赏析》，《中国广播》2014 年第 4 期，第 88—93 页。

③ 蒂姆·基(Tim Key)等制作，英国广播公司(BBC)。获 2013 年麦鲁利奇国际广播节大奖、2013 年意大利奖、2013 年欧广联新人奖。

广播特写《母亲的影子——在父母家大扫除》①则采用了三个“我”的形式来丰富语言的表现力。节目通过主人公在打扫父母房间时对过去时光的追忆来反思“我”成长中的快乐与忧伤，与父母的亲情和对父母衰老的哀伤。作者劳伦兹·罗尔霍伊塞设计了三个“我”的声音形态。首先是现实的“我”，客观叙述作者的所见、所感、所为。其次是主观的“我”，代表作者的内心。然后是客观的“我”，代表主观的“我”的对立面。客观的“我”总是不断质疑、反驳主观的“我”，以此来显现主人公内心的矛盾。作者在节目中用自己的声音来表现现实的“我”，用男演员的声音来代表主观的“我”，用女演员的声音来代表客观的“我”，三种不同的声音形象用来表现主人公多重复杂的心理感受，将故事的主题推向深入。

也有的作品，例如《战斗机飞行员》采用对同一个讲述者的声音进行不同的音响效果处理的手段来获取变化。由于整个节目主要由飞行员迈克尔·麦基的单人讲述构成，所以，为避免单人大段独白的单调感觉和持续的快语速节奏，作者凯西·涂采用多种手法来处理主人公的独白。例如，让主人公的声音出现在立体声场的不同位置上，采用声音弱化、叠加(类似于跳切)、回响、声相位移等多种方式，呈现主人公复杂的内心状态。

五、沉默

布朗提出要学会用音响讲故事，必须学会使用四种声音元素：语言、音乐、音响和沉默。他认为，一个恰当的停顿或片刻的沉默是非常有力量的一种表现手法。

他在介绍自己的工作方法时还特别提到：“我每次在现场录完音，一定会要求在场的人还坐在原位，不要说话，保持沉默，我再录一分钟的音响。因为这一分钟‘空白’的音响，仍然保留了这个场景一种内在的力量，我在合成节目的时候会把它混在解说的后面。这样解说在进行，这个音响所蕴含的那个场景的内在的力量和解说一起形成了一种特殊的力量的磁场，创造出这个节目需要的一种氛围。”②

思考犹太人命运与文化传统的《布哈拉百老汇——移民的音轨》，在祈祷场景、吟诵歌词和人物访谈中都有对于沉默的娴熟运用，一方面起到诱发思考和收束听众注意力的作用，另一方面也是对整个节目节奏的有效调节。

此外，沉默还可以用作转场，用来连接两个反差较大的声音场景。

六、音响的转场

转场的方式通常有音乐转场、语言转场、音响转场和无技巧转场等。其中，在叙事

① 劳伦兹·罗尔霍伊塞制作，德国北德意志电台。获 2008 年欧洲奖最佳广播特写奖。

② 彼得·莱昂哈特·布朗著，黄炳琦译：《音响，广播特写的心脏——谈广播特写〈鸡〉的音响录制和运用》，《中国广播》2012 年第 5 期，第 72—76 页。

性广播节目中用得比较多的是语言转场，因为语言转场简单清楚，能够较好地表达一些抽象信息，如时间信息、场景中的动态信息等。但是，语言转场通常有较强烈的创作者主观色彩，容易使听众脱离想象状态。所以，很多广播特写也都在尝试转场时尽量少用较为主观的解说语言，而多使用感觉更为自然的音响。

例如在《一场特殊的音乐会》中，所有的转场都是用音响实现的。节目开头，音乐会场外进入剧场中音乐会的氛围，用的是雨声接掌声。音乐会上介绍范老师时，节目需要从音乐会转至“今年1月我第一次见到范老师”时的生活场景，于是插进自行车铃声、上楼的脚步声和楼道里练琴的声音；介绍完范老师，则使用了音乐会现场的琴声和掌声转场回到音乐会现场。当节目中的记者“我”再次从音乐会中转场到病房时，则使用了病房里听到的附近盖房子的电锯声。从病房内到病房外，使用了走廊里的说话声和收音机里的声音转场，从医院走廊里和范老师中学同学顾国权的交谈，转回到音乐学院宿舍里与范老师母亲的谈话，中间使用了上楼脚步声和宿舍楼里的练琴声。转回剧场时，使用了掌声接孔祥东在音乐会现场的讲话。这样的音响转场自然顺畅，难以察觉，听众往往会跟随音响自由往返于多个叙事空间，而不会被带出叙事情境，产生被动收听的感觉。

从某种意义上讲，广播节目的听众也需要一种主动的尊严，如果被解说词生硬地拖进拖出的话，听众就会有一种很不舒服的感觉。所以广播节目创作者要做的就是给听众更多的主动，给听众一个尽量真实的声音场景，然后让听众自己沉浸其中，去发现、去感受。

第四节　广播特写的发展趋势与创新

随着媒体环境的不断变化，广播特写的创作也在不断做出适应性的调整。由一些获国际性奖项的作品，我们不难感受到广播特写发展的几个趋势。

一、碎片化

随着互联网受众不断向移动互联终端转移以及自媒体的迅速崛起，广播等传统媒体能够获取的受众注意力资源越来越有限。传统的传播效果理论不断被改写，预约式、大时段、高忠诚度的节目收听模式不断受到注意力资源稀缺的挑战，广播特写在播出形态和节目结构方式等方面也显现出碎片化的尝试。

例如，BBC从2002年开始播出的《别挂电话》(*Don't Hang Up*)，曾于2007年获得“欧洲奖”和“意大利奖”。创作者马可·波尔曼和艾伦·戴恩都是从事口述历史研究的学者。节目的初衷是做成一个即兴的口述历史节目，采访者和受访者都不做准备，没有计划和采访提纲。他们在晚间随机拨打伦敦的公用电话和陌生人聊天，然后把收集到的素材按照主题的相似性编排在一起形成15—30分钟的节目。

英国垂树(Falling Tree)广播节目制作公司创办人艾伦·豪尔[①]推出的《微特写》(*Short Cuts*),旨在探索在数码空间里,如何让传统广播节目变得更加吸引人。《微特写》采用简短的讲故事的形式,尝试着将广播和多媒体融合,包括音频的和视频的、线性的和互动的元素结合起来。目前,《微特写》每星期二下午在BBC播出。艾伦·豪尔坦承这些巧妙又迷人的尝试在新的发现和失败之间徘徊。但是他说:"今天,若要吸引新的听众,没有别的途径,只能不断尝试。"[②]

二、非叙事

受到网络媒体抢夺注意力资源的影响,广播特写在叙事策略方面也做出了相应改变。一方面,强化此类节目一些固有的叙事特征,例如较长的时间线、较复杂的情节、起伏较大的命运波动等;另一方面则是以非叙事或反叙事的叙事形态适应碎片化传播的媒体趋势。这种非叙事特征的广播特写节目,很难对选题作复杂思考和细致分析,而是将精心选择的生活片段罗列出来,供受众产生情感的共鸣与思考。非叙事的策略,一方面可以减轻节目编创方面的工作,以适应网络媒体快速传播的需要;另一方面也能充分调动受众参与,有其适应碎片化传播的一面。同时我们也应该注意到,非叙事策略的广泛运用也将造成广播特写的编导或制作人的工作重心由艺术创作转向信息传播。

《别挂电话》最初的形式是按顺序把每次通话的内容连接在一起,一个故事接着另一个故事。后来随着素材的不断积累,节目逐渐打破了原有的顺序,按照话题的逻辑关联,将不同的电话内容按照一定的主题剪辑在一起;每个片段之间采用直接切换的方式连缀,不采用音乐音响或是语言的间隔,仅凭对话者的个性化的音色和表达特点予以区分。由于直接切换会造成听众在人物识别方面的迟滞和反复,这种反复确认的过程,反而会加深听众在人物形象区别方面的理解。每个人所讲述的内容与简短的配乐一起,相互承接、印证、对比或转折,形成极具意味的互文关系。

例如其中的一期节目,三个受访对象分别是英格兰东部小镇的问题女孩、在新西兰从事色情行业的变性人阿莱沙以及佛罗里达警察罗恩。三个人的讲述涉及青春、成长、酗酒、性、色情、犯罪、监狱、地区治安等多个话题。在某些具有共性的话题上,这种声音蒙太奇会使听众产生一种这三个人的生活交织在一起的错觉。

警察:许多执法人员会谈自己的情况,不过考虑到自己的形象,比如硬汉

---

① 艾伦·豪尔(Alan Hall),1990年开始广播节目创作,曾多次获得意大利奖、英国广播学院奖、麦鲁利奇奖、欧洲奖和第三海岸奖。1998年从BBC离职后创立垂树(Falling Tree)广播节目制作公司。

② 李宏:《广播,看似贫穷实乃富足的媒介——2014国际广播特写会议综述》,《中国广播》2014年第7期,第89—92页。

啊，英雄啊，往往避免披露自己的内心感情和自己软弱的一面。很不幸，相当多的执法人员离了婚，甚至自杀了。

阿莱沙：我现在只剩两个妹妹了。我有过一个兄弟，可是他死了。

戴恩：噢，真遗憾！

阿莱沙：是的。好多事情同时发生了。我哥死后，我没有真正对谁谈起过他。我还是很想他的。我接受了这样的事实，就是人最终总是要死的。我希望他现在生活的地方比我这儿强。

戴恩：你愿意你的孩子将来也像你现在这样生活吗？

女孩：不。我不会让他们变得像我现在这样。

戴恩：那你……

女孩：我现在对什么都不在乎，等我长大了，我会后悔的。我希望能快点长大，否则我会一无所有，什么也剩不下了。我不止一次说过，得想办法摆脱这场噩梦，可我知道我办不到。

警察：我有个女儿，对执法工作很感兴趣。可是她看问题用的是一种犯罪分析家的眼光。我实在不想让我的孩子去经历我亲身经历过的一切——心理上和肉体上的痛苦和折磨。

戴恩：从好的一面看，你已经服满刑期出来了，你的男朋友也快出来了。如果过了5年我再给你打电话，你觉得那时你会在做什么呢？

阿莱沙：5年后，我希望能学到点本领，走正道，不吸毒了，不在性行业里混了。

戴恩：你不会去当新西兰的驻外大使吧！

阿莱沙：不会。不，不，我当不了。正相反。

戴恩：新西兰的反大使！

阿莱沙：对，那就是我。可是现在我要接着去搭车旅行了。

戴恩：那我送你吧。

【音乐，《深夜》轻轻地奏响**】**

阿莱沙：非常感谢！[①]

同样是基于短素材创作，具有反叙事特征的还有荷兰VPRO电台的获奖节目《一分钟》[②]。这个节目由若干个小特写构成，例如2008年获欧洲奖特别推荐奖的一期节

① 李宏：《播音室里史诗般的心灵之旅——广播特写〈别挂电话〉赏析》，《中国广播》2013年第2期，第79—84页。

② 贾尔·斯坦因、杰尼弗·彼得森等制作，荷兰VPRO电台。获2008年欧洲奖广播类特别推荐奖。

目就是由10个小特写构成的。这些小特写大都以第一人称"内心独白"的方式讲故事,直接从故事主角的内心切入,省去所有的外在描写和交代,让故事主角在节目的一开始就直抒胸臆。这种坦诚、真挚的内心独白吸引人、感动人,能够直抵听众的心灵深处,引起听众灵魂的震动。与《别挂电话》不同的是,《一分钟》的常态播出形式仅有一分钟左右的长度,而不像《别挂电话》由若干个素材穿插编排而成。

这种节目为了适应网络化播出和碎片化收听的实际情况,改变了欧洲广播特写节目一个小时左右的习惯长度。虽然短小如微博,但是《一分钟》却保留了广播特写最核心的价值——真实,真实的人和事、真实的讲述、真实的音响。该节目每周两次在荷兰VPRO电台的早间黄金时段播出,由一批独立广播制作人提供素材,贾尔·斯坦因进行统一编排和配乐。节目的宗旨是通过一分钟小特写的形式讲述一个小人物关于人生、世界的重大思考。制作者希望通过一分钟的节目,让听众感受到震撼,从而引发深入的思索。

三、新技术支撑的网络化生存

依托网络媒体的互动优势、多媒体优势,不断改善音频节目受众的用户体验,比如,不断提升用户参与节目、影响节目进程的互动体验,同时发掘音频节目占有的网络注意力资源,以此固化移动互联网媒体条件下听众的收听习惯。

在2014年国际广播特写会议上,与会各国媒体人纷纷展示了自己基于网络平台的互动作品。这些作品大大丰富了广播特写这一创作形式的内涵,甚至突破了广播特写的边界,引起了广播特写制作群体的深刻思考。其中,以《炮台内外徒步探险》和《M10号电车上的乘客》最具网络媒体特色。

炮台区是加拿大东部港口圣约翰市内的一个社区,保留有殖民时代的要塞和炮台,有丰富的旅游资源和历史文化遗存。2013年10月,加拿大Battery电台推出的基于LBS(Location Based Services)技术的《炮台内外徒步探险》(*Inside Out-side Battery*)就是针对Battery的文化特色量身定制的互动节目。制作人克里斯·布鲁克斯称之为"景观特写"(A Landscape Documentary or a Place-based Feature)。

听众在收听这个节目时,需要携带智能手机并下载相应的App应用。利用智能手机所附带的GPS、电子罗盘、加速传感器和三轴陀螺仪等(类似的还有触摸、距离感应装置、气压、光线传感、湿度感应)传感装置,跟踪定位用户的位置、朝向、角度、位移等信息。

听众,也就是该APP用户在炮台区自由行走,所到之处,耳机会根据传感器提供的位置、角度、高度等信息,精确定位并播放相对应的音乐、歌曲、文学、诗歌、时事新闻、调查报告等各种类型的节目。节目内容可能是某条街道的历史,也可能是某位艺术家的经历。例如走到码头时,听众会听到克里斯·布鲁克斯2003年制作的广播特写《禁捕鳕鱼十周年》。如果不想听，只要转过一定角度、换个方向，节目就会自动转换。①

由岩斯・亚里许主创、德国 RBB(Rundfunk Berlin-Brandenburg)制作的多媒体节目《M10 号电车上的乘客》，凭借高品质声音、时尚话题以及融合视频优势和广播特点于一体的新形态，受到德国年轻听众的喜爱。这个节目以柏林 M10 电车作为网页互动的舞台，"乘客"们可以随意谈论，网页提供大量短特写。每个特写故事只有 5 分钟，按照 21 个关键词被划分在相应的专题里，如陌生、帮助、海港、日常、无能为力、怀疑、信念、性爱、画像、拥挤、黑夜、愤怒等。用户可以任意选择在线收听。与传统广播节目不同的是，在网页上，每个故事都配有黑白照片，突破了传统广播节目的纯听觉接收方式。节目设计人员采用黑白照片、回避面孔、局部特写等方法来缩减视觉方面的影响力。

在这次会议上，与会者还就广播是否需要视频化以及未来广播的发展方向和趋势展开了激烈讨论。

以瑞士学者托马斯・威贝尔为代表的一派观点认为，目前，广播节目进入数字化领域的进程受到了传统广播制作人缺乏对网络媒体深刻理解和积极响应的限制。"没有谁会忽视目前这个超媒体世界。它规模大、多样化、格式新，多学科交叉，社会覆盖面广。我们中的许多人在广播这个行业中工作的时间太久了，即使没有任何障碍，他们也很难想象什么会变成可能。"②

而德国独立广播节目制作人海尔默特・科派茨基的声音则代表了另一个群体。他认为广播的可视化并非广播特写发展的解决之道，相反，以画面来丰富广播的表现力不过是一种艺术上的自杀行为。尽管互联网已经深入到人们的日常生活，但是不论在哪一个媒体平台上操作，广播这一行的基本价值——以听觉化作为核心——决不能丢弃。

虽然就广播视觉化等具体问题存在争论，但是多数广播人都对媒体融合的趋势有充分认识。例如，之前 BBC 的广播工作者就提出"我们做的不再是广播，而是音频；电视部门做的不再是电视，而叫视频；制作出来的不叫节目，而称为内容"③。换言之，作为媒体的广播有可能在媒体融合中逐渐消解，但是作为音频内容的广播，仍然有长期存在于更先进的媒体平台的合理性，所以音频内容创作不断进行改进和调整，以适应媒体环境的变化，是"广播"未来发展的必由之路。

四、UGC 内容的发展

自媒体传播的一个显著特点就是人人都是内容的提供者。以广播特写为代表的

①② 李宏：《广播，看似贫穷实乃富足的媒介——2014 国际广播特写会议综述》，《中国广播》2014 年第 7 期，第 89—92 页。

③ 魏凡：《浅析网络时代广播特写的发展尝试》，《中国广播》2011 年第 6 期，第 57—59 页。

传统广播节目，目前尝试较多的就是从内容角度吸纳更多的受众群参与，在获取个人提供资料的同时也获取潜在的收听资源，将来的发展也必定会在制作模式上开放更多的空间给受众，不断提高受众群体在节目制作过程中的主体地位。

五、多元化的探索①

为应对网络媒体的冲击，较为传统的奥地利广播公司(ORF)不仅开设了所有播出节目的在线收听网站以及 IPTV，还开办了纯新闻内容的网络广播。FM4 是奥地利广播公司主要播出音乐、教育和文化内容的频率，广播特写节目主要在此播出。

根据奥地利现行法律规定，从网络媒体下载节目需要付费，播客时长上限为 5 分钟，此外还有版权方面的限制。以音乐、教育、文化为主要内容的 FM4 更倾向于传统广播平台和内容模式。但是，网络媒体给 FM4 也带来不少新的变化，制作方通过网络掌握听众的收听偏好。例如，FM4 的听众年龄段主要在 35 岁以上，其中以老年听众为主，喜欢听相对熟悉的事件制作的特写节目，节目节奏偏缓慢，可接受 45 分钟时长，不喜欢剪辑痕迹过重、刻意编排的节目等。特写节目部据此策划和设计节目内容。

美国的广播特写制作呈现出多媒体平台资源共享的趋势。独立制作人通过签订合约的形式向不同的广播机构提供节目。这种合约压力使得独立制作人必须保持对节目市场前沿动态的灵敏嗅觉。而许多广播机构也要求制作人提供多媒体作品。独立制作人除了要提供传统广播节目外，往往还需要通过 Facebook、Twitter、Youtube 以及智能手机终端等进行节目推广。例如，一次采访所获得的节目资源，可能被以文字、音频、视频的形式发表于杂志、广播和网站。这些来自市场的要求不断改变着广播特写节目的面貌。

爱尔兰广播公司(RTE)较重视网络用户数量增长所带来的扩大听众市场的机会。其网络中心为爱尔兰广播公司 Radio 1 建立了专门播出广播特写的网站 Documentary on One。该网站年点击量已经接近 RTE 调频的收听人数，并且为 RTE 带来了新的受众群。此外，网站还通过智能手机端的 App 应用 Stitcher 等吸引移动媒体的收听人群。

为了适应听众在多媒体平台的增长，RTE 特写部规定：节目播出前会将预听版有针对性地发送给评论家、自由撰稿人和记者等专业人士，保证节目的相关评论会及时出现在至少一家全国性报纸的报道中。据悉，仅此一项即可带来 3 到 4 倍的收听率增长。RTE 还授权爱尔兰的 22 家非营利性社区电台可以免费下载并播出他们的广播

---

① 魏凡：《浅析网络时代广播特写的发展尝试》，《中国广播》2011 年第 6 期，第 57—59 页。

特写节目。此举除扩大了听众的数量外，还增加了节目的网络访问量。

英国广播公司BBC侧重于从用户体验的角度提升广播特写在多媒体竞争中的特殊地位。BBC创意总监西蒙·埃尔姆斯(Simon Elmes)认为，视频节目限制了人们自主探寻自己想要了解的信息。在这一点上，广播的听觉化传播与网页的主动点击相结合，可以向受众提供更好的自主探寻的体验。例如，BBC和大英博物馆联合制作的大型考古文化多媒体特写节目《世界历史上的一百件物品》(*A History of the World in 100 Objects*)就是这种新观念的代表作。这个节目通过讲述文物的故事，让听众了解人类不同历史时期的面貌。除了每期一个50分钟长度的广播特写以外，节目组还建立了一个互动网站，用户可以通过网页自由选择感兴趣的文物，浏览简单的介绍，观看图片，并以点击播客的形式收听和下载节目的音频。

上述国家广播特写网络化发展、多媒体生存的实践证明，广播特写更主要的是一种音响纪实的创作手法，而基于此所产生的节目内容、形式、风格、播出和收听的方式等都可以有多元化的探索。

第五节　广播特写实例简析

表1.1　广播特写《李子花瓣上的雪——来自日本的春天故事》

广播特写： 李子花瓣上的雪——来自日本的春天故事(节选)① 【德】独立制作人玛尔特·雅司朴生② 【音响：融化的积雪。滴水声】 男声一：(日语)那天是春天的第一天，已经能感受到阳光的强度了。雪有膝盖那么深，枝头上垂下的冰柱在消融，任何时候都能听到水滴声。那是美妙的声音，你可以听到一切都在运动之中，那就是我所知道的春天。 【音响：积雪融化的变奏】 男声一：当午餐时间到来的时候，雪已经化没了。到处都是曾被雪遮掩的绿色，简直太美了。 【音乐：Isezakicho蓝调音乐】	与中国广播特写的纪实性不同，很多西方的广播特写偏重于主观感受和心理状态的声音化表达，是一种诗化的广播特写，也有人称为“音画”。这个作品正是这类创作观念的典型代表。 作者是旅居日本15年的德国人，他对日本春天的美好意象有着准确的把握，同时又非常善于通过唯美的音响形象来表现这种意象。

① 2005年国际广播特写大会上德国电台选送的节目，由独立制作人玛尔特·雅司朴生采制。转引自《中国广播报》网络版节目欣赏栏目。翻译：刘川；译审：黎晓蕾。

② 玛尔特·雅司朴生(Malte Jaspersen)，常住日本的德国独立制作人。2006年3月16日，他在中央人民广播电台举办了一期“倾听世界”讲座，介绍了广播特写《李子花瓣上的雪——来自日本的春天故事》和《地震》的创作过程及感受，并就如何采制广播特写与中国同行进行了交流。

续表

【出特写题目:《李子花瓣上的雪——来自日本的春天故事》,玛尔特·雅司朴生(Malte Jaspersen)采制】 【音响:日本女声】Umasona,Yuki ga fuwari,Fuwari kana. 女声一:多美妙啊!飘扬的舞蹈!那飘扬的雪呀! 【音响:一群祈祷的牧师吟唱的 Shomyo,铜锣】 旁白:在日本,春天是从仲冬开始的。	作者采用积雪融化时节奏和音色各不相同的滴水声,引入春天的第一印象。这是一个跨越文化传统和语言障碍的春天的声音形象,赋予整个节目一个纯净浪漫的基调。
【音响:日本女声】这是一年中最冷的时节。天经常下雪,但是在撒豆节,你或多或少能感受到春天的临近。雪让这快乐的愿望变得更加强烈了。 旁白:撒豆节,是一个下着雪的春天的节日。人们 2 月初在神社和庙宇里举行仪式,用米酒和豆子庆祝这个节日。 【音乐:鼓】 【音响:日本男女声】魔鬼出去,好运进来! 旁白:魔鬼在一片豆子雨中落荒而逃。我给自己倒上一杯热米酒,终于,我的身子开始暖和起来。李子花上覆盖着一层雪。	接下来作者以"春天"为主题的日本音乐、歌和诗来表现早春的美好感受,带领听众逐渐深入日本文化中的春天。与春天节日的庆祝、叫卖、祈祷等生活场景相互交织在一起,构成一个亦真亦幻的听觉世界。
【音乐:三弦琴】 【音响:日本女声】 春风细语—— 好运进来! 李花飘香—— 远离魔鬼! 这是在下雨? 还是在下雪? 我都不在乎—— 就在今夜,就在明朝, 我们要喝淡黄色的米酒啦! 【音响:卖面条汤和米酒小贩的叫卖声,贝壳号角,铜锣,祈祷的牧师】 【音乐】	语言在这里也被当作一种音响,因为听众无法理解日语的具体含义,但是能够感受女声说日语时的柔美。
旁白:起初是一封来自高官的信。2 月 15 日,财政部部长出现在电视上,身旁站着一个漂亮的电视明星。她打着官腔冲摄像机说,很高兴能够缴纳她的所得税,如果那钱能用到有益的事业中去,她会更开心的。财政部部长温和地笑了。税收声明将在 2 月 15 日到 3 月 14 日之间完成。税务局都在全力工作。很多日本人没有会计,只好靠自己尽力挽救自己的财产。财政部部长的出现确实也对我产生了些影响。 【音响:税务局,一个大型办公室的声音,电脑,电话,人声】 【音乐】	从浪漫的氛围中走出,日本的春天也是一个开始纳税的季节。日本民族注重集体、稍显呆板的另一面通过纳税的典型音响场景表现出来。
【音响:日语男女声】Wasurejimo— oborozuki— shungyo— tori kumo ni iru— shuncho— haru no yama— neko no koi— haru no yo— hatsune. 德语男声女声翻译:残霜——朦胧的月——春天的黎明——云间的鸟儿——春日的正午——春山——发春的猫儿——春夜——夜莺的第一支曲儿。 【音响:鸟鸣声,日本女声,德语翻译混入】	作者把日语中描述春天的意象词、后面段落中还有描述 4 月的词摆放在一起,用轻柔的声音喃喃念出,衬以恰当的音响、音乐,形成独具魅力的音韵美。
女声二:在我们房子后面,洗手间窗外那里有一棵李子树。冬天洗手间里特别冷。到初春时,天慢慢地好起来。身后没了那寒冷的气流,人能忍受的时间就长一些。我能透过窗户听到李子树上夜莺的叫声。那是很有趣的一件事儿,因为那时它们的嗓子还没预备好呢!夜莺的叫声实际上听上去是这样的: 【日本女子滑稽地模仿着夜莺的声音】	夜莺的叫声在许多文化中都与爱情相关。早春的女子学夜莺的初鸣,充满了异国情调和别样的风情。

续表

但是在二三月份夜莺开始鸣唱时，它们还非常小。它们唱的不过是： 【日本女子模仿了一只小夜莺初学唱歌的样子】 ——就是这样了。小夜莺要唱出很长的曲子来还要一段时间。那个时候，我坐在马桶上就知道，春天已经来了。 【音响：模仿夜莺的日本女声，混合蓝调音乐】 【日本女声】春天已经开始，糊涂事又变成了糊涂事。 【音响　街道的声音：盲人专用的声音信号，风钻的声音，车辆声，噪音】	
旁白：塔那卡先生是个盲人。平时，他在他那个小镇生活得很自在。很多公共场所都有盲文。通往地下通道的入口，有声音信号能给他指明方向。交通灯在变绿允许通过时，会发出鸟鸣声或者播放民歌。然而，有一个月份是塔那卡先生所害怕的，那就是3月。突然之间，人行道上到处都是绳子，还会出现沙子堆，施工机器制造出很大的噪声，空气里有种热焦油味儿和潮湿的泥土味儿。因为日本年度财政预算到3月31号就截止了，各个建筑队都蜂拥出来把还没花掉的钱花出去。塔那卡先生徒劳地寻找着他的车站。车站已经改位置了，被"紧急地"替换了。 【音乐：Darie】	重新回到极具日本特色的世俗生活场景。为了花掉上年度的经费而大兴土木，街道变成充满噪音的工地，盲人在美丽的春天迷失了方向。
男声一：在过去，4月有很多名字。 【音响：日本女声】Ingetsu— hananokorizuki— seiwazuki— sekichou— chingetsu— rikuki— uzuki— junyou— etorihazuki. 德语女声翻译：影子之月——残花之月——完美和谐之月——足迹之月——平静之月——善感之月——丢茄花之月——纯洁的太阳之月——鸟生羽之月 【鼓点、音乐一直伴随，飞鸟振翅的声音】	展现日语音韵美的段落。
旁白：根据道教的教义，万物都是在不断变化之中的。4月初，万物的变化对每个人来说都完成了一个轮回。在月初，火车和汽车的时间表都会如期做一些调整，熟悉的电台和电视台的节目也都找不着了。经济也有一个新开端，4月1号就是新一轮财政预算的开始。在管理楼层，表情坚决的经理主管们发誓说，他们最终会理顺收支的。他们楼下的员工们则是在4月初照例得以提升职位，正忙着在新部门里找自己的门路。在底层，刚刚站稳脚跟的年轻人穿着黑色套装跑来跑去地出着汗。在学校里，我对面是一群刚上学的戴黄帽子的小孩子。	旁白的方式，描述春天的世俗生活。
【音响：孩子们唱着春天的歌】 【日本女声】Mi—botoke mo：Kochi muki tamau Sakura kana. 德语女声翻译：佛也在往这边看呢——看那樱花！ 女声二：当第一个花苞在枝头绽放，我无比欣喜，就像是一切都像花朵样在怒放。春天是如此美好，我都要陶醉了！	孩子们的歌声，引出日本人对樱花的情感，也是一种非常声音化的表达。
旁白：我在日本听说过许多关于樱花的故事。据说李子花是春的使者，而樱花则是春的精华。据说即使是心肠最硬的商人谈论起这些花也都会很动情。我觉得那太夸张了。樱花树和李子树是会开花，花也很美。本来如此啊！我就是不明白这有什么好小题大做的。 日本园艺师萨诺："几年前我在罗斯托克公园种了些日本樱花。德国人和日本人对待樱花的态度似乎截然不同。人们大概觉得樱花就是很普通的树。我想他们没有什么恶意，他们只是就了解那么多了。" 旁白：萨诺·托厄蒙是第16代园艺师，或许也是日本樱花专家之中最出色的。他多次获得日本政府和联合国儿童基金会颁发的奖项。如果哪棵树生了病，萨诺就是长途跋涉也要赶过去把它治好。他会用目测、放大镜还有显微镜给	音乐和音响映衬下，园艺师的独白与解说旁白。

续表

树做检查。他把花放在舌头上尝它的味道。萨诺说他的工作就是“和树在一起”。 日本园艺师萨诺：迷恋——魔力——我完全被它们所吸引了。这就是大自然的奇怪之处。人们没有的，大自然却有。自然的生存和形成，它们吸引着我。这就像是女人，她们各自也有不同的迷人之处…… 【笑声】 【音响：日本女声】Yuuzakura Oni no namida Kakarubeshi. 日本园艺师萨诺：傍晚的樱花树， 我打赌， 魔鬼见了也会落泪。 （片段完）	用诗化的语言讲述日本人的樱花情结，“用舌尖尝樱花”，“樱花们就像女人，各有不同的迷人之处”。 一个用声音描画的日本春天，相信日本听众听了也会有所动容。

第二章　文学广播

文学广播主要是指对小说、诗歌、戏剧文学、散文等传统文学体裁做有声化处理的一种广播节目类型，例如各种文学作品的朗读、播讲、表演、鉴赏和评介，也包括一些由作品衍生出来的，以相关文学知识、文学家、文学运动、文学思潮、文学现象等文学实践为主题的广播节目。常见的文学广播节目有文学专题节目和综合性文学节目。

在频率专业化的大背景下，国内的很多所谓专业频率都在争夺传统节目形式，尤其是传统文学广播的节目资源，以此支撑频率的播出时间。无论是交通、音乐频率，还是经济、体育频率，都采取变通的方式吸收小说、诗歌、戏剧文学、散文等传统文学体裁的精华，而以更低的成本传播出去。

由于文学节目的制作需要大量的人力、物力和时间的投入，制作周期长而成本较高，在当前广播仍然处于粗放式放量发展的阶段，传统文学节目显然无法满足电台的低成本、短周期、高产出的生产模式的要求，所以传统文学节目逐渐呈现萎缩的态势。例如，制作精良的录播型广播小说和广播散文、诗歌节目少了，取而代之的是直播间里主持人草草的播讲，以一种说故事或是讲故事的名义草率地传播文学节目资源，以一种杀鸡取卵的方式浪费文学广播的资源。同时在节目时间的安排上，传统的文学广播节目也逐渐被排挤到边缘地带，不少电台频率都把广播诗歌或是广播剧安排到了午夜之后。

电台片面追求节目运作的经济效益，期望以最小的投入获得最多的广告投放，所以主持人、直播和大时段组合成为降低节目成本的三大利器。而传统的讲究播音质量、演播效果的录制型节目，则因为成本过高而被恶性的市场竞争所迅速淘汰。这其中深受影响的就是文学广播和广播剧节目，其中有些节目类型甚至变成了只有参与评奖时才集中制作、专门面向专家和评委的节目，而普通听众则几乎难以听到。

然而，正如我们在第一章所分析的，粗放式放量发展只是广播发展的一个初始阶段，一味缩减制作成本、恶性趋同竞争，只能带来短期的收益。而谁要想真正在竞争中立于不败之地，就必须提高节目的质量，要从传统的节目创作中吸收有益的资源。

调查发现，中国广播网(http://sound.cnr.cn/)的一些经典的广播文学作品点击率都在20万到80万，这么大的点击率，足以说明传统文学广播的影响力。这给我们两个启示：第一，传统经典仍然有听众，可以考虑开发旧形式、新内容的广播文学作品；第二，当某个节目网上点击率超过一定数量（如超过 20 万次点击）时，可以考虑上文艺频率重新播出，并事先在网上做出评选、排行、播出预告等。甚至可以以这个过程构思一档经典重现的广播节目，选登点击率高的经典节目，使曾经的经典节目资源得到反复开发利用，这样做同时也能满足听众的怀旧心理。

第一节　广播文艺节目的类型界定问题

广播文艺节目的种类比较多，涉及文学、音乐、戏曲、曲艺、影剧录音剪辑、娱乐节目等内容，编排的形式也有专题和综艺等多种形式，播出方式有直播、录播和直播录播混合等。如果这些节目彼此界线不明确的话，就容易使编导忽视各类节目的独特个性，造成创作上的混乱。例如，一味地使用热门的制作元素或是制播方法造成趋同性竞争，不利于促进广播文艺节目生态的多元平衡发展。

一、文艺节目与社教类节目的界限

关于这个问题，专家提出，文艺广播是通过艺术的感性形象寓教于乐的一种文艺样式，而社教广播是通过广播直接为社会传播知识、实施教育的一种教育类节目。一个重在广播化的艺术创作，一个重在信息的传递。尽管文艺有教育功能，社教也可以借助文学艺术，两者之间很难画出一条明显的界线，但是，从广播节目创作和电台工作的实践角度来看，文艺广播与社教广播有明确的分工，含混和交错的状况不利于两者在探索各自创作规律的道路上走得更远。

专家特别提到文艺广播中的人物评介类节目，如果艺术化创作的比重太少，评述语言过多，新闻访谈过多，人物的命运与其在艺术道路上的发展不搭界，就会削弱作品的文艺性。

二、综艺类节目与文艺专题的界限

综艺类节目一般指包含至少两类以上不同类型文艺形式的作品。在创作实践中，有些专题节目因为规模大、时间长而混杂在综艺节目里。例如，在参加 1999 年度政府奖评选的综艺作品中，西藏的《牧歌音乐》、江西的《放歌神州》、广西的《声声不息民歌情》均属于音乐专题节目；而湖北楚天台的《唐宋诗词朗诵会》则应该属于文学专题节目，因为其中虽然出现了文学和音乐两种艺术形式，但是音乐是作为文学的辅助和陪衬而出现的，音乐相对于诗词来说只是起到烘托的作用，所以不应归入综艺类节目。

三、戏曲与曲艺的界限

一般来说，戏曲在塑造人物形象时是演员亲身进入角色的表演，而曲艺在塑造人物形象时是置身角色之外的"代言"，在演员自身和人物形象之间时进时出。多数情况下，凭借这一点，我们就可以很容易区分戏曲和曲艺的不同。但是在实践中，因为不同的曲种、剧种往往处于不同的发展阶段，有些较晚出现的剧种还处于曲种向剧种过渡的阶段，例如莲花落向评剧的过渡、二人转向吉剧的过渡等都是近几十年的事情，所以在参评时，类似这些内容的节目容易出现归属争议，究竟属于戏曲还是曲艺，较难界定。

四、戏曲故事与戏曲剪辑的界限

戏曲故事是为戏曲普及的目的而生产的一种节目样式。关于戏曲故事有两种看法：一种认为戏曲故事主要应该用文学的语言进行讲述；一种认为戏曲故事不同于普通的文学故事，应该尽量在讲述中加入唱段。

而比较折中的看法是，既然戏曲故事应该与纯文学性的故事讲述有所区别，那么就应该适当加入唱段，而加入的唱段也不宜过多，单独一个唱段不宜过长。从普及和推广的角度来看，戏曲故事类节目较合理的做法是应该把讲述与唱段结合起来，这样有利于不熟悉戏曲的听众欣赏与接受，有利于戏曲在听众中尤其是在年轻听众中的普及。

戏曲剪辑节目属于戏曲类节目与剪辑类节目的交集。由于这类节目的制作需要较好的传统戏曲艺术鉴赏水平，制作的难度超出普通的剪辑类节目或是以讲述为主的戏曲节目，所以这类节目在今天的电台广播中已经大大减少了。戏曲剪辑类节目应该在保持演出原貌的基础上，对原剧作进行裁剪和浓缩，并辅以必要的解说，起到描画、串联的作用。

第二节 小说广播与广播小说

小说广播与广播小说是在长期的广播节目创作实践中出现的两种既有密切联系，又有所区别的广播节目形式。因为广播媒体长期担负着向听众推介文学作品的职责，而文学作品的种类繁多，创作风格各异，仅就小说作品来说就有着非常大的差异，所以在文学广播节目制作中，也就出现了种种创作手法上的差别，由此产生了小说广播和广播小说的区别。

一、小说广播

小说广播一般由播音员或是演员播出，通常以叙述为主，辅以少量的表演。小说广播的叙述者和表演者（也就是旁白或是独白播音者与人物形象的表演者）通常是一个人，只是在叙述和表演时控制声音略有不同以示区别，而由这一个播音者略微转变音色来表现小说作品中的多个人物形象。有时仅仅为了区分小说作品中的男女人物形象，才会采用男女两个播音者对播的形式。所以小说广播中的表演并不是真正意义上进入角色的表演，而始终是一种游离于角色之外的“代言体”式的表演。小说广播一般不主动对文学作品的时空转换做广播化的处理。

小说广播从篇幅上，一般可分为短篇小说广播和中长篇小说广播。其中，中长篇小说广播又包含传统说书类节目（例如《评书连播》节目）和中长篇小说连续广播节目（例如《小说连续广播》节目）两大类型。

二、广播小说

广播小说通常由多个播音者来播出，一个人对应一个不同的声音形象，以叙述为主，辅以少量表演，而且这种表演只是一种“代言体”式的表演。广播小说会使用音乐或是文字等元素对于时空转换做简单、概括交代，这种处理在小说广播中几乎是不存在的。

三、小说广播、广播小说、广播剧的区别

从制作的精细程度或是广播化的程度来看，广播小说是介于小说广播和广播剧之间的一种节目类型，通俗来讲，小说广播就是小说通过广播这种媒体形式去传播，小说广播的最低级形式就是作品朗诵。而广播小说则是对小说做一些广播化的加工，它是叙述和表演并重的一种节目形式。但是，广播小说中的表演部分比重，较广播剧还是小很多。

表 2.1　小说广播、广播小说、广播剧的区别

	小说广播	广播小说	广播剧
来源	小说	小说	小说或戏剧
声音形象处理	一人代表多人，偶尔也有男女对播或是多个声音形象出现	多个演员“代言”多个人物形象，偶尔会一人“代言”多人	多个演员表演多个人物形象
讲述与表演的关系	多为讲述者讲述，有时辅以少量由讲述者进行“代言体”式的表演	讲述者讲述，辅以少量表演的成分	讲述者与表演者有明显区分
场景处理手段	语言	语言、音乐、少量音响或非常戏剧化的音响效果	语言、音乐、音响
制作成本	低	中	高

以同一段小说为例，我们将之做成小说广播、广播小说和广播剧时会有不同的表现侧重。

下面是从美国作家海明威的短篇小说集里选出的一篇，原文如下：

> 大家都喝醉了。整个炮兵连都带着醉意一路摸黑行进。我们正开到香巴尼去。中尉老是把马骑到田野里，还对它说，“我醉了，说真格的，我的老朋友。哦，我烂醉了。”我们通宵都一路摸黑行进，副官老是骑着马走在我的行军灶边，嘴里说，“你得把火灭了。这危险。会给人看到的。”我们离前线有五十公里路，可是副官却担心我行军灶里的火。在那条路上行军真有趣。那时我正当着炊事班班长。

如果是小说广播，一般会设置一位播讲者，用一种朗诵或是播讲的语气，有时也会用三种不同的语气来分别表现叙述部分、中尉的话和副官的话。除了个别听不明确、容易产生歧义的地方做少许改动外，一般不对原作字句和结构等做调整。

> 大家都喝醉了。整个炮兵连都带着醉意一路摸黑行进。我们正开到香巴尼去。中尉老是把马骑到田野里，还对着马（这里“它”改为“马”，因为听众听不明白这个“它”究竟是指代谁，改为“马”就清楚了）说，“我醉了，说真格的，我的老朋友。哦，我烂醉了。”我们通宵都一路摸黑行进，副官老是骑着马走在我的行军灶边，嘴里说，“你得把火灭了。这危险。会给人看到的。”我们离前线有五十公里路，可是副官却担心我行军灶里的火。在那条路上行军真有趣。那时我正当着炊事班班长。

如果是广播小说，可能会设置三个演员分别饰演“我”、中尉和副官三个人物形象，对几个人物形象的声音做风格化的处理。有时会加少量的音乐和音响，可以不要环境音响的处理，也就是说，可以不必用音响等手段塑造一个栩栩如生、富于真实感的声音场景。

> 旁白：大家都喝醉了。整个炮兵连都带着醉意一路摸黑行进。我们正开到香巴尼去。中尉老是把马骑到田野里，还对着马说：
>
> 中尉：（醉醺醺地）“我醉了，说真格的，我的老朋友。哦，我烂醉了。”
>
> 旁白：我们通宵都一路摸黑行进，副官老是骑着马走在我的行军灶边，嘴里说：
>
> 副官：（紧张地）“你得把火灭了。这危险。会给人看到的。”

旁白：我们离前线有五十公里路，可是副官却担心我行军灶里的火。在那条路上行军真有趣。那时我正当着炊事班班长。

如果是广播剧，应当设置三个演员分别饰演“我”、中尉和副官三个人物形象；必须使用语言、音乐、音响等声音素材，相互配合来进行声音场景的描绘，给听众一个身临其境的感觉，而不是听别人朗诵或是表演文学作品；可以对原作品的叙述顺序、叙事视角等做较为灵活的调整。

【音响：士兵和马匹在黑夜中行进。有人打着酒嗝。】

旁白：在那条路上行军真有趣。那时我正当着炊事班班长（考虑到广播线性传播声音信息的特点，在广播剧中宜将这些地点、时间方面的信息放在段首点明，给听众一个明确的环境感。但是在小说广播和广播小说中，为了保持作品原来的风貌，则不宜做这样的调整）。大家都喝醉了。整个炮兵连都带着醉意一路摸黑行进。我们正开到香巴尼去。中尉老是把马骑到田野里（这里删掉了“还对着它说”几个字，而改为通过中尉自己的话直接表现出来）。

【音响：马蹄陷在烂泥里的声音。】

中尉：（醉醺醺地）“我的马儿，我的宝贝儿（加入这两句以加强对象感），我醉了，说真格的，我的老朋友。哦，我烂醉了。”

旁白：我们通宵都一路摸黑行进，副官老是骑着马走在我的行军灶边，他似乎有点紧张（去掉“嘴里说”，因为这可以听到，加入“他似乎有点紧张”，对副官说话时的神态加以描画）。

副官：（紧张地）“你得把火灭了。这危险。会给人看到的。”

旁白：我们离前线有五十公里路，可是副官却担心我行军灶里的火。

我们应该根据所选文学作品的特点来判断它适合改编制作成哪一种类型的广播节目。一般来说，叙述部分较多、对话较少、声音场景较少、比较抽象、情节复杂或是时空转换太频繁的作品，适合制作为小说广播或是广播小说的形式播出，可以较好地保留原作的文学魅力。相反，叙述部分较少、有足够的对话、人物对话富于动作感、场景的音响丰富、情节相对集中、时空转换适度、人物形象数量不多的作品，则可以考虑制作成广播剧。

下面是奥地利作家海尔塔·克雷夫特纳的短篇小说《情侣》的第一段：

有一对伴侣要建立自己的家园却被非人的环境所阻。经过几个星期的悲观失望以及企图摆脱困境而毫无成效的尝试之后，他们只好听天由命。他们就到楼梯的平台、陌生的通道、堂屋、候诊室、公园的板凳这些地方去生活。他们慢慢地安置好并有计划地进行这种没有选择余地的约会生活。正如其他一些人在他们的住宅里养成某种习惯那样(他们在一定的时辰用膳，他们每天坐在同样那张椅子里看晨报，他们在规定的日期接待客人)，他们也照例表现出他们的共同生活是有规律的，而且是日常性的。

像这样的段落叙述性较强的作品，中间夹杂着议论，尽管文中提到一些场景，例如楼梯平台、陌生的通道等等，但都是非常抽象的，并不具体可感，如果想要利用声音再现出来还是比较困难的。所以这种类型的作品制作成广播剧就会有很多问题，不如直接做成小说广播的形式。

下面是美国短篇小说家彼得·汉米尔的《回家》中的一段，这个短篇也是日本导演山田洋次所拍摄的故事片《幸福的黄手帕》的原型：

车过新泽西时，他们发现车上有个人像被“定身法”定住似的一动不动。他叫温格——他坐在这帮年轻人面前，风尘仆仆的脸色叫人猜不透他的真实年龄。他身穿一套不合身的朴素的西装，紧咬着嘴唇坐在那儿，一声不吭。深夜，汽车开到一家名叫霍华特·琼森的饭馆门口停下，除了温格，大家都下了车。这些年轻人开始纳闷起来——他们很想知道他是什么人：也许是个船长？也许是个抛弃了妻子溜出来的？当然也有可能是退伍回家的。等他们再回到车上时，有个女孩子坐到他身边，跟他搭讪起来。

“我们去佛州，”姑娘朗声说，“您也去那儿吧？”

“我不知道，”温格说。

“我从没去过那地方，”她说，“据说那儿很美？”

“很美。”他低声说，脸上的表情使人觉得似乎有件他一直想尽力忘怀的事袭上心头。

这个小说的叙述部分较少，有六七个人物形象，主要的人物形象有三个，也有足够的对话，人物对话富于动作感，场景的音响比较丰富，情节也相对集中，时空转换适度，比较适合制作成广播剧。

除了根据文学作品的特点判断外，小说广播、广播小说、广播剧这三种节目类型在具体制作中花费的时间和精力也有所不同，我们可以根据制作经费和周期等因素来选择最合适的方式制作节目。

第三节 小说连播

中国人有听故事的传统,传统曲艺当中的北方评书和南方评话有着悠久的传播历史、丰富的篇目和广泛的受众群。文学作品中,中长篇小说的广播形式——小说连播(包括评书连播),也延续了评书、评话的口头讲故事的传统,深受听众的喜爱。

小说连播作为电台的一种节目形式,它的出现最早可以追溯到1947年东北解放区一些电台的传统长书节目,而有文字记载的则是1949年4月25日天津人民广播电台开播的《吕梁英雄传》。在新中国发展史上,小说连播有过两次繁荣。第一次是新中国成立初期至"文革"前,也就是中国当代文学史上提到的前十七年阶段。这个阶段涌现出《吕梁英雄传》《新儿女英雄传》《青春之歌》《铁道游击队》《林海雪原》等一大批有广泛影响力的作品。第二次是20世纪80年代初,这是中国长篇文学作品创作的一个繁荣期。这个阶段的代表性的小说连播作品有《许茂和他的女儿们》《李自成(第二卷)》《黄河东流去》《平凡的世界》《穆斯林的葬礼》《上海的早晨》《超越自我》等。20世纪90年代以后,随着文学创作领域长篇作品的减少,小说连播也逐渐走向衰落。

小说连播的曾经辉煌,一是因为中国人有悠久的讲故事、听故事的传统;二是得益于文学创作的繁荣和无数广播编导的辛勤努力;三是因为小说连播主要以语言演播的艺术水平见长,不需要太复杂的广播化的音乐、音响加工,高水平的编导和有经验的播讲者或是评书艺人相互配合,往往在一天之内就可以录制几个小时的节目,节目产出量比较大,能够满足长时段的播出需要,所以深受电台欢迎。

小说连播对节目编导的要求主要有以下几点。

一、有超群的文学作品鉴赏能力

小说连播的编导要能够及时发现并且准确评价新近出现的文学作品,尤其是长篇文学作品。这要求编导自身要有良好的文学修养,能够准确判断文学作品的价值。例如,中央人民广播电台长期主编小说连播的文学编导叶咏梅,就是这样一位具有敏锐的注意力和精准判断的优秀编导,许多后来在国内产生巨大影响力的优秀文学作品都是经过她主编的小说连播节目才开始为社会所熟悉的,如后来获得第三届茅盾文学奖的《平凡的世界》《穆斯林的葬礼》,以及《风流才女石评梅传》等作品,都是在小说连播后才开始被文学界重新评价。而叶咏梅本人也保持常年写作的习惯,笔耕不辍,这对她保持良好的创作状态也大有益处。

二、要有坚实的文字功底

小说连播虽然是以演播人员的艺术表现力来征服听众的，但是背后编导所要做的文字工作非常庞杂，例如结构上的删减、分段、设置悬念，还有书面语向口语的转换等。

作品在向小说连播转变的过程中，要进行叙事时态的转化、场景的衔接，对于视觉化元素的听觉表现，对于角色声音特点的分析、描述，这些都需要编导有较好的文字表达能力。

三、熟悉演播者的声音

如同演奏家要熟悉乐器、画家要熟悉颜料一样，小说连播的编导也要对不同演播者的声音特点了如指掌，并能够在录制时帮助演员准确把握角色的心理和声音特征，调动演员达到最佳声音状态。

近年来，受长篇文学作品持续"欠收"的影响，也因为电台节目分配、绩效评价体制的变化，录制播出的节目大多在成本方面无法与直播类型节目相抗衡，很多电台更倾向于把人力和物力投入到成本更低的直播类型节目中，导致录制播出的广播小说也深受影响。

第四节 广播散文与广播诗歌

广播散文与广播诗歌的创作，一般从保留原作文学艺术魅力的角度考虑，所做的广播化处理都比较少，重点的工作集中在这样几个环节：一是对原作文字稿的选择、删减和听觉化处理；二是演播播讲的环节；三是音乐音响的配合。

一、广播散文

广播散文的选材范围一般比较宽广，抒情、论说或是叙述类散文都可以选用，没有太多限制，一些小品文、杂文、报告文学和传记文学也都可以。因为广播散文的收听特性，节目时长一般在 30 分钟以内比较适合，所以编导对有些篇幅较长的散文作品还需要进行删减处理。

在散文创作中，作者往往会摆脱知觉对象的局限，无拘无束地自由驰骋自己的审美想象。如陆机所描述的"精骛八极，心游万仞""观古今于须臾，抚四海于一瞬"，刘勰所说的"思接千载""视通万里"，这些瑰丽的想象对于书面形式的散文来说，具有一种不可或缺的艺术魅力，但是对于靠听觉渠道传播的广播散文来说，有时会形成接收的负担或是障碍，因此编导应该根据具体情况予以删减处理。

广播散文的配乐主要起到以下作用：首先，引领听众进入情境，渲染场景氛围；其次，配合场景或是人物形象的塑造，让听众能够以通感的方式感觉到视觉的信息或是情绪。

广播散文中的音响处理不像广播剧，音响形象不会很多，并不以写实为主要目的，一般只起到渲染情绪、配合描写环境等作用。一般情况下，音响应该先于相应的语言描写出现，因为音响具有某种不确定性，先出现音响，然后再出现相应的语言描写予以解释说明或是呼应，容易被听众接受；反之，如果先出现语言描写，再出现相应的音响，则音响显得较为被动。

下面是根据刘白羽的《长江三日》改编的广播散文稿[①]的一部分，也就是三日当中的第一天的部分，从中可以看出广播散文与散文的不同。其中加下划线的部分是考虑到篇幅和听众的听觉接受特点而删掉的，主要是作者由景而生发的部分想象内容。括号里是增加的音乐和音响。

十一月十七日……

（江流声中，舒缓的音乐起）雾笼罩着江面，气象森严。十二时，“江津”号启碇顺流而下了。在长江与嘉陵江汇合后，江面突然开阔，天穹顿觉低垂。浓浓的黄雾，渐渐把重庆隐去。（音乐逐渐激昂）一刻钟后，船又在两面碧森森的悬崖陡壁之间的狭窄的江面上行驶了。

你看那急速漂流的波涛一起一伏，真是“众水会万涪，瞿塘争一门”。而两三木船，却齐整地摇动着两排木桨，像鸟儿扇动着翅膀，正在逆流而上。<u>我想到李白、杜甫在那遥远的年代，以一叶扁舟，搏浪急进，该是多少雄伟的搏斗，会激发诗人多少瑰丽的诗思啊！</u>……不久，（激烈撞击的浪涛声）江面更开朗辽阔了。两条大江，骤然相见，欢腾拥抱，激起云雾迷蒙，波涛沸荡，至此似乎稍为平定，水天极目之处，灰蒙蒙的远山展开一卷清淡的水墨画。（音乐渐隐）

<u>从长江上顺流而下，这一心愿真不知从何时就在心中扎下根子，年幼时读“大江东去……”读“两岸猿声……”辄心向往之。</u>后来，听说长江发源于一片冰川，春天的冰川上布满奇异艳丽的雪莲，而长江在那儿不过是一泓清溪；

① 广播散文《长江三日》修改稿转引自王雪梅《中国广播文艺广播剧研究》下卷，北京广播学院出版社 2003 年版。

可是当你看到它那奔腾叫啸，如万瀑悬空，砰然万里，就不免在神秘气氛的“童话世界”上又涂了一层英雄光彩。后来，我两次到重庆，两次登枇杷山看江上夜景，从万家灯光、灿烂星海之中，辨认航船上缓缓浮动而去的灯火，多想随那惊涛骇浪，直赴瞿塘，直下荆门呀。但亲身领略一下长江风景，直到这次才实现。因此，这一回在“江津”号上，正如我在第二天写的一封信中所说：

“这两天，整天我都在休息室里，透过玻璃窗，观望着三峡。昨天整日都在朦胧的雾罩之中。今天却阳光一片。这庄严秀丽、气象万千的长江真是美极了。”

下午三时，天转开朗。长江两岸，层层叠叠，无穷无尽的都是雄伟的山峰，苍松翠竹绿茸茸的遮了一层绣幕。近岸陡壁上，背纤的纤夫历历可见。你向前看，前面群山在江流浩荡之中，则依然为雾笼罩，不过雾不像早晨那样浓，那样黄，而呈乳白色了。现在是“枯水季节”，江中突然露出一块黑色礁石，一片黄色浅滩，船常常在很狭窄的两面航标之间迂回前进，顺流驶下。山愈聚愈多，渐渐暮霭低垂了，渐渐进入黄昏了，红绿标灯渐次闪光，而苍翠的山峦模糊为一片灰色。

（轻柔舒缓的音乐起）当我正为夜色降临而惋惜的时候，黑夜里的长江却向我展开另外一种魅力。开始是，这里一星灯火，那儿一簇灯火，好像长江在对你眨着眼睛。而一会儿又是漆黑一片，（水声）你从船身微微的荡漾中感到波涛正在翻滚沸腾。一派特别雄伟的景象，出现在深宵。我一个人走到甲板上，这时江风猎猎，上下前后，一片黑森森的，而无数道强烈的探照灯光，从船顶上射向江面，（电闪雷鸣的声音）天空江上一片云雾迷蒙，电光闪闪，风声水声，不但使人深深体会到“高江急峡雷霆斗”的赫赫声势，而且让你觉得你自己和大自然是那样贴近，就像整个宇宙，都罗列在你的胸前。水天，风雾，浑然融为一体，好像不是一只船，而是你自己正在和江流搏斗而前。“曙光就在前面，我们应当努力。”这时一种庄严而又美好的情感充溢我的心灵，我觉得这是我所经历的大时代突然一下集中地体现在这奔腾的长江之上。是的，我们的全部生活不就是这样战斗、航进、穿过黑夜走向黎明的吗？现在，船上的人都已酣睡，整个世界也都在安眠，而驾驶室上露出一片宁静的灯光。（电闪雷鸣，涛声）想一想，掌握住舵轮，透过闪闪电炬，从惊涛骇浪之中寻到一条破浪前进的途径，这是多么豪迈的生活啊！我们的哲学是革命的哲学，我们的诗歌是战斗的诗歌，正因为这样，我们的生活才是最美的生活。（一声汽笛长鸣）列宁有一句话说得好极了：“前进吧！这是多么好啊！这才是生活啊！”……“江津”号昂奋而深沉地鸣响着汽笛向前方航进。

二、广播诗歌

广播诗歌的处理手法基本上与广播散文相同，但是因为诗歌作品大多篇幅不长，所以诗歌节目经常遇到的问题是如何编排。常见的广播诗歌节目类型有：

(1)作品朗诵型：选择风格适合的播音员进行朗诵，有时也以配乐诗朗诵的形式出现。

(2)作品分析型：以作品的朗诵和赏析评介为主要内容。

(3)作品组合型：按照作品的某个共同属性予以分类组合，例如按照作品的形式、作品的时代、作者等因素进行组合朗诵，并对创作特点、风格流派、时代背景、诗人的创作成长经历等予以介绍。

广播诗歌应选择情绪、节奏与作品相吻合的乐曲进行配乐，而不应仅仅是作为背景音乐的形式出现。如果整个节目都被音乐铺满，或是一首乐曲反复播放来填充节目时间，这样的音乐就没有什么价值了，有时甚至会成为干扰节目的因素。

第五节　文学广播的解说、音响、音乐

在将文学作品转换为文学广播的过程中，编导需要做大量的加工处理工作，如加入对作家作品的介绍、赏析和评价，为作品选配合适的音响、音乐等。

一、文学广播中的解说语言

文学广播中的解说语言是一种广播化的口语，既要严格遵守语法，又要适合口头表达，而且还要讲究听觉感受上的音韵美。

要做到口语化表达，应该注意尽量改正不适合口语表达和听觉接受的语言习惯。例如，少用文言词汇，包括文言文中的一些单声词，如“该”“乃”“均”“故”等，音节简短，读时不易上口，听起来不够明显，可以改为“这个”“就是”“都是”“所以”等。

尽量避免长句、复合句。长句、复合句在书面表达中，可以有效组织句子结构，形成语势，但是在广播口语表达中，有可能会因为太长、太复杂，而使听众听到后边，忘了前边，所以不符合广播稍纵即逝的、不可回复的收听特点。

尽量避免使用同音不同义的词，如“全部”和“全不”“油品”和“邮品”，或是听起来有歧义的表达，如“几个学校的同学”，究竟是“几所学校的同学”还是“几位学校的同学”。

在写作文学广播解说时，还应注意尽量少用一些在口语中难以表达的标点符号，

如括号、引号、破折号等。

文学广播语言不同于普通口语，应该讲求规范，注意使用符合语法规则的表达，尽量少用或不用方言、土语。

要做到解说语言的音韵美，第一，应注意选字时元音、辅音的搭配，元音发音响亮，辅音发音较弱，所以元音结尾时会感觉句子明亮一些；第二，要注意句中字词的平仄搭配，尤其是一些对仗形式的句子，更应注意句尾字的平仄搭配，这样比较符合中文口语表达的传统习惯。

二、文学广播的音响处理

广播音响虽然不像影视画面那样能给人具体的视觉形象，但是在声音方面，也有一定的具体再现能力，听众可以通过音响以及音响的组合运用来了解场景的时空信息、基本的动作状态以及人物的特征等。所以，在广播特写、广播剧等以描画声音场景、塑造声音形象为主要表现手段的广播节目类型中，音响起到非常重要的作用。但是，文学广播与广播特写、广播剧的不同点就在于，文学广播的节目主体是文学作品，其仍然保留了文学作品的基本审美特征，例如，以语言作为基本的创作元素，主要用语言而不是音响去再现场景、刻画人物等。过于写实的音响，因其较强的具体再现能力，容易使文学作品最看重的审美想象变得具体而实在，而使文学作品的意境变得呆滞和僵死，所以在文学广播中，不宜太突出音响的具体再现作用。

（一）唤起想象

通过简短的典型音响唤起听众对场景的想象。这时的音响并不是具体而形象地去描绘场景的时空信息，而是希望通过场景中最具典型性的声音形象，迅速唤起听众对场景的想象，辅助其进入文学作品的意境。

例如，在内蒙古电台播出的介绍散文作品《昭君墓断想》[①]的一期文学节目中，有这样的一段描述：

> 几丝萧瑟，几许苍凉涌上心头，我想此时古都长安一定是春意盎然的另外一番景象，思绪不禁又穿越时光的隧道，飘落在两千年前的西风古道上……

---

① 内蒙古人民广播电台2000年8月20日首播，获第八届（2000年度）中国广播文艺奖文学节目二等奖。

这是散文作者登上塞外青冢后发出的一段感慨，接下来的一段是作者描述昭君出塞的路线艰难曲折。在两段之间编导加入了风声、驼铃声，然后是一段笛子曲，衬播“从古长安出发，沿着秦始皇时开筑的古道辗转北行……”

编导在这两段之间加入音响，不是为了准确再现具体的场景，而是为了通过典型的音响形象唤起听众的想象，使听众跟随作者的思绪走上出塞的路途。同时，这处音响的使用也有助于听觉化地表现场景在今、古两个时空之间的转换。这种唤起想象的音响，在具体运用时应该点到为止，不宜太多。

（二）抒发情感

音响有时是情感的最好的表达方式，“感时花溅泪，恨别鸟惊心”，“蝉噪林欲静，鸟鸣山更幽”，也都是音响对于人物心境外化的完美写照。文学作品以情感表达见长，在转换为广播作品时又有了音响的辅助，变得更加立体。

在福建电台的文学节目《太平湖随想》[1]中，有一段通过舒乙的回忆文章，讲述文学家老舍先生在1966年含冤投湖前与天真的小孙女道别的场景：

【音乐，压混】

【播音员：舒乙的回忆】

“……她对爷爷，真的，说了‘再见！’还向他摆了摆手。她太小了，她实在太小了，随着这一声‘再见’，爷爷永远地走了，再也没有回来。”

【音乐渐隐，起北京早晨街道各种音响，音乐起混】

晨曦出现在了北京的天空，护城河边有了晨练的人们，大街上的行人多了起来，不少人在骑着自行车赶早班。崭新的一天开始了。

这一段讲述衬着音乐，讲述的结尾，音乐渐隐，然后出现北京早晨街道的音响。在舒乙淡淡的回忆背后，蕴藏着巨大的情感力量。如何让这种情绪释放出来？编导通过音乐以及音乐渐隐之后北京早晨街道的音响，让听众在生活复归平静的音响中，反复体味情感的冲撞。恰当的音响可以以这样的方式来辅助情感的抒发。

（三）帮助转场

特定的音响可以成为某个时空的标志，所以音响形象也经常在文学广播中用作转换时间、空间的暗示。

---

① 福建人民广播电台1999年2月8日首播，获第七届（1999年度）中国广播文艺奖文学节目一等奖。

海峡之声广播电台的文学节目《英子的乡愁》[1]，讲述的是自幼在北京生活的台湾著名女作家林海音与大陆割舍不断的情缘。节目中，林海音的回忆作品和主持人的叙述交织在一起：

【音乐渐隐】

【播音员：《北平漫笔》片段】

离开北平的那年，曾赶上最后一次看红叶，冰鞋来不及拣出，我便离开她了。飞机到了上空，曾在方方的古城绕个圈，协和医院的绿琉璃瓦给了我难忘的最后一瞥，我的心颤抖着，是一种离开多年抚育的乳娘的滋味。

【海浪，海鸥声】

英子，你跨越千山万水地回来了，回到了你朝思暮想的台湾……

这里的海浪、海鸥声是对跨越海峡的声音暗示，同时也通过这样的暗示，提醒大家叙述空间或叙述方式的转换。

三、文学广播的音乐处理

音乐的再现能力较弱，一般不会与文学的审美意境产生虚实感觉的冲突。同时，音乐主要靠声音直接作用于听者的情感，也是表现人物情感的最佳方式之一。我国最早的音乐理论作品《乐记》中就有“乐者，音之所由生也；其本在人心之感于物也”的说法，认为音乐是心感于物的结果，所以才会出现“其哀心感者，其声瞧以杀；其乐心感者，其声蝉以缓；其喜心感者，其声发以散；其怒心感者，其声粗以厉……”的感应现象。文学广播中的音乐恰好可以帮助编导揭示，同时也是帮助听众了解作品中人物情感的变化。

（一）情感表达

文学作品的情感表达需要在阅读的过程中被反复咀嚼，而在广播中，听众可能在短暂的收听时间里，难以对作品或是节目中的动情点一一做出反应，这就有了利用音乐来提示、配合表达情感的必要。而音乐的抒情能力又使这种需要成为可能。要做到熟练利用音乐配合表达情感，编导应该非常熟悉作品或节目中的情绪变化，同时也需要熟悉不同乐器、不同旋律的情感特点。

---

① 海峡之声广播电台1999年首播，获第八届(2000年度)中国广播文艺奖文学节目一等奖。

例如，浙江人民广播电台的《我这样写歌——记诗人食指》[①]节目开头，在诗人郭路生低低的吟诵声中，压混木管乐器以低沉、阴郁的音色奏出低回的旋律，给人一种压抑的感觉。一方面表现诗人的精神状态，一方面表现诗歌中孤独、清冷的情怀。节目中，翻译家戈宝权的女儿戈晓丽留着泪水回忆插队时郭路生站着朗诵《相信未来》的情景说，“我现在一闭上眼睛还记着他当时……”大提琴的旋律随之缓缓升起，传递出那种难以用语言表达的感伤与怀念。节目中，大部分诗作的朗诵也都伴有音乐旋律，以此来辅助传递诗作中深沉、强烈的情感。

(二)节奏处理

广播节目中通过音乐来进行节奏处理，主要有两种方法：一是靠音乐与其他声音元素的连接或是音量对比来实现节奏变化；二是靠音乐自身的节奏变化来实现。

通过连接语言间隙的缓急实现节奏变化，这时的音乐往往与静默的长短和音量的强弱配合起来使用。例如，在解说词之后，需要根据节目的情绪选择不同长度的沉默，然后渐渐引入音乐；或者不待解说词完结，就接入大音量的音乐，然后在音乐中引入下一段解说或是朗诵；或是在音乐渐隐之后予以适当的停顿再进入语言部分，通过这样调整配合，来形成段落间的节奏变化。

现在有些节目的配乐比较随意，例如，有些文学节目采用单元式结构，顺序讲述四五段内容，编导为每一段内容配一段背景音乐，每一段背景音乐都从头至尾铺满整个段落的叙述。这样整个节目的节奏就全都靠音乐来体现了。实际上，讲述中的语言也有丰富的情绪、节奏变化，如果能配合语言表达，有选择地使用音乐进行局部的必要配合，可能节目的节奏感觉会更丰富。

用音乐自身就具有的或舒缓、或紧凑、或平淡委婉、或波澜壮阔的节奏，带动影响节目整体的节奏，可以为节目的语言部分带来丰富的节奏感。靠音乐节奏来带动节目节奏，需要编导自身有较好的音乐经验积累，而且要能够准确感受语言的情绪、节奏变化，要能够准确把握音乐和节目之间共同的节奏特点，而不只是简单地“铺”或者是“贴”一段音乐。

例如，黑龙江人民广播电台的《赤子乡愁》[②]，介绍的是台湾诗人余光中创作的乡愁主题。节目的中后段，在女播音员喃喃的解说中，衬播女声低低回旋的无词咏唱，歌声与解说此起彼伏；解说词缓缓停止时，突然出现整个交响乐队宏大壮烈的合奏，仿佛溪水聚成大河，奔腾入海，恣肆狂放。然后音乐旋律力度减弱，渐渐隐去，开始男声浑

---

① 浙江人民广播电台2001年首播，获第九届(2001年度)中国广播文艺奖文学节目一等奖。

② 黑龙江人民广播电台2001年首播，获第九届(2001年度)中国广播文艺奖文学节目一等奖。

厚的诗朗诵，音乐重又变成女声吟唱。节目中，音乐与语言部分的配合，表现出编导对语言和音乐节奏互动的深刻感悟。

(三)氛围处理

具有时代、地理特色的音乐，可以配合叙事内容展现时代背景或是环境氛围，有利于听众迅速进入叙事情境，拓展听众的想象空间。

例如，《我这样写歌——记诗人食指》在介绍诗人郭路生的代表作《这是四点零八分的北京》时，采用了手风琴演奏的乐曲《大海航行靠舵手》和口号声、火车汽笛等音响，迅速将节目引入当时的时代氛围。然后在远去的汽笛声中，管风琴和长笛相继奏出音乐的主题部分，进入到《这是四点零八分的北京》的朗诵。编导准确选用具有时代感的一段音乐旋律，配合音响，使听众一下子沉浸到 1968 年的北京火车站的别离氛围中。

(四)陪衬语言状态

文学节目以朗读播讲形式为主，但是也包含丰富细腻的语言状态变化。例如，节目中会有采访录音，有播音员的播读、主持人的讲述等演播形式；有描述未来，也有回忆过去等不同的叙事时态；有自述、转述、客观讲述等人称形式变化；有喃喃自语、直接表白等不同的对象感。如果单纯靠语言表达，对于听众来说，有时理解起来比较费力。所以编导可以使用音乐来配合表现不同的语言状态，给听众丰富的听觉感受。例如，很多由解说词讲述和作品朗诵结合而成的作品，通常会为作品朗诵部分配上专门的音乐，使讲述与朗诵能够明确分开。有时音乐也可以弥补和连接演播失误带来的语气、情绪上的断裂，给听众连贯顺畅的感觉。

音乐在广播文学节目中起着十分重要的作用。不过，在节目的制作过程中，如果无视节目的内在规律和艺术要求，随心所欲地使用音乐，则效果往往会适得其反。因此广播文学节目中的配乐一定要注意：

第一，音乐的情感表达要恰当。音乐在广播文学节目中不是独立存在的，而是作为节目的有机组成部分，与其他元素共同服务于所要表现的思想主题。因此，音乐语言与节目文本的有声语言在情感的表达上一定要和谐一致，音乐的情绪不能游离于节目主题之外。

第二，音乐的节奏表现要恰当，所选择音乐的节奏应该与节目中的对白或是解说等有声语言的节奏相一致或是相互协调，而不应有较大反差。

第三，尽量避免全篇配乐的情况。全篇配乐往往会使节目的节奏、情绪变化湮没在背景式的音乐中，使音乐成为节目的背景噪声。合理的配乐应该基于对文学节目的语言节奏、情绪变化的深刻理解和准确把握。

一般来说，节目中的文学作品部分可适当多配一些音乐，评论和介绍性的串连语言应尽量少配音乐。而当语言部分情绪高潮出现时，音乐应先以较小音量压混其下，然后与语言高潮同步或是稍后爆发，音乐应该持续足够时长以宣泄情感。如果节目中涉及人物采访的同期声，采访之前的配乐应谨慎，避免音乐影响听众收听采访部分的内容，而采访后可以适当配乐，来对采访做一种情绪上的总结或是升华。

第六节　文学节目实例简析

表 2.2　文学专题《英子的乡愁》

海峡之声广播电台，听众朋友好，现在是文艺节目时间，请听文学专题《英子的乡愁》。 【歌曲《送别》】 长亭外，古道边， 芳草碧连天。 晚风拂柳笛声残， 夕阳山外山…… （压混） 18年前，曾经有一部叫《城南旧事》的电影，讲述了半个多世纪以前，一个台湾小女孩林英子在北京的故事。她跟随着爸爸妈妈漂洋过海来到北京，住在城南的一个小胡同里…… 【音乐渐隐，混入电影《城南旧事》片段】 电影《城南旧事》于1983年荣获马尼拉国际影展最佳影片奖，这是中国电影首次在国际上获奖。一夜之间，“长亭外，古道边，芳草碧连天”这支插曲变得家喻户晓，耳熟能详。然而，这部电影给人们带来的心灵冲击并没有随着光阴的流转而消逝，许多年过去了，人们总也忘不了小英子那双清澈、明亮、对世间万物充满疑问的大眼睛，很多人也因此知道了小说《城南旧事》的作者——台湾著名女作家林海音。 【乐起，压混】 林海音1918年出生于日本大阪，5岁那年随父母返回故乡台湾，随后举家迁往北京。在那里，她度过了童年、少年和青年时代。25年间，她经历了背井离乡的辛酸、少年丧父的痛楚、求职谋生的艰难，所有这一切都被岁月的风沙磨蚀了，唯有那些童年的琐事，点点滴滴印刻在她的心头，就像一壶陈年的老酒，愈久愈醇，愈久愈香…… 【驼铃声起，音乐，压混】 【朗诵作品《冬阳·童年·骆驼队》】 骆驼队来了，停在我家门前。 它们排成一长串，沉默地站着，等候着人们的安排。天气又干又冷。拉骆驼的摘下了他的毡帽，秃瓢儿上冒着热气，是一股白色的烟，融入干冷的大气中。 ……	由大家熟悉的电影开始，介绍《城南旧事》的作者，衬以电影主题歌，自然流畅。

续表

爸爸已经和他们讲好价钱了。人在卸煤，骆驼在吃草。 我站在骆驼的面前，看它们吃草料咀嚼的样子，那样丑的脸，那样长的牙，那样安静的态度。它们咀嚼的时候，上牙和下牙交错地磨来磨去，大鼻孔里冒着热气，白沫子沾满在胡须上。我看得呆了，自己的牙齿也动了起来。 骆驼队伍过来时，你会知道，打头儿的那一匹，长脖子底下总系着个铃铛，走起来，"铛、铛、铛"地响。 "为什么要系一个铃铛？"我不懂的事就要问一问。 爸爸告诉我，骆驼很怕狼，因为狼会咬它们，所以人类给它带上铃铛，狼听见铃铛的声音，知道那是有人类在保护着，就不敢侵犯了。 我的幼稚心灵中却充满了和大人不同的看法，我对爸爸说： "不是的，爸！它们软软的脚掌走在软软的沙漠上，没有一点声音，你不是说，它们走上三天三夜都不喝一口水，只是不声不响地咀嚼着从胃里反刍出来的食物吗？一定是拉骆驼的人，耐不住长途的寂寞，所以才给骆驼带上了铃铛！" 爸爸想了想，笑笑："也许，你的想法更美些。" 冬天快过完了，春天就要来，太阳特别地暖和，暖得让人想把棉袄脱下来。可不是吗？骆驼也脱掉它的绒袍子啦！它的毛皮一大块一大块地从身上掉下来，垂在肚皮底下。我真想拿剪刀替它们剪一剪，因为太不整齐了。 …… 夏天来了，再不见骆驼的影子，我又问妈： "夏天它们到哪儿去？" "谁？" "骆驼呀！" 妈妈回答不上来了，她说： "总是问，这也问，你这孩子！" 夏天过去，秋天过去，冬天又来了。骆驼队来了，但是童年却一去不返。冬阳底下学骆驼咀嚼的傻事，我也不会再做了。 可是，我是多么想念童年住在北京城南的那些景色和人物啊！我对自己说：把它们写下来吧，让实际的童年过去，心灵的童年永存下来。 就这样，我写了一本《城南旧事》。 我默默地想，默默地写。看见冬阳下的骆驼队走过来，听见缓慢悦耳的铃声，童年重临于我的心头。 【音乐起，渐隐】 林海音的少年时代，她的故乡台湾已沦为日本的殖民地，而她的祖国正在遭受着日本侵略军铁蹄的践踏。1929年，林海音的叔叔林炳文因在大连参与抗日活动，被日本人秘密杀害，从此，家仇国恨便深深地埋在她幼小的心田。13岁那年，林海音的父亲病故，全家人失去了生活来源，其祖父自台湾来信，要她们早作"归乡之计"。身为长女的林海音在给祖父的回信中写道： 我们现在是失去了故乡，但是回到故乡，我们便失去了祖国。想来想去，还是宁可失去故乡，让可爱的故乡埋在我的心底，却不要做一个无国籍的孩子。 就这样，林海音坚持留在了北京，靠着变卖家产和亲友的接济，与母亲和弟妹们艰难度日。15岁那年，她考入北平新闻专科学校，半工半读，毕业后成为《世界日报》的一名记者，小小年纪便挑起了生活的重担。终日为生计奔波使她几乎忘却了思想的痛苦，可是每到夜深人静之时，故乡那摇曳多姿的槟榔树、祖父那慈祥的笑脸，总是在梦中与她不期而遇。芳草年年绿，何日是归期？已经长大成人的小英子盼啊，盼啊，她望穿秋水，终于盼到了可以回到故乡的那一天。	把对节目主人公——林海音的介绍融入到她的文学作品中，形成解说与作品朗诵的自然交织，避免了有些文学专题节目学术论文般的单调感，增强了节目的可听性。

续表

【音乐起，压混】 这是林海音1945年写给在台湾的堂兄林汀烈先生的一封信：	家国主题是节目的关键，后面还会一再提起，用来贯穿和统领全篇。
阿烈哥哥： 给您写这封信是怀着怎样的心情，真是形容不出来！哥哥，您还认得出妹妹的笔迹吗？自从故乡大地震的那一次，您写信告诉我，家人已无家可归，暂住在搭的帐篷里，算起来已经十年不通信了。这十年中，您会以为我忘记故乡了吗？实在是失乡的痛苦与日俱增，岁岁月月都像是在期待着什么，又像是无依无靠无奈何。但是真正可期待的日子终于来临。八月十五日的中午，所有的日本人都跪下来，听他们的"天皇"广播出来的降书。我在工作了四年的藏书楼上，脸贴着玻璃窗向外看，心中却起伏着不知怎样形容的心情，只觉得万波倾荡，把我的思潮带到远远的天边，又回到近近的眼前！喜怒哀乐，融成一片！哥哥，您虽和我们隔着千山万水，这种滋味却该是同样的吧？	解说语言的文学色彩浓厚，比较注意表现中国语言传统中的音韵美，使得解说与作品朗诵部分相得益彰。
让我来告诉哥哥一个最好的消息，就是我们预备还乡了。从一无所知的童年时代，到儿女环膝地做了母亲，这些失乡的岁月，是怎样挨过来的？我们受了多少委屈，都单单是为了热爱故乡、热爱祖国。这一切都不要说了吧，这一切都譬如是昨天死去的吧，让我们从今抬起头来，生活在一个有家、有国、有根、有底的日子里。 哥哥您知道吗？最小的妹妹已经亭亭玉立了，我们五个之中，三个已为人妻，两个浴在爱河里。妈妈仍不见老，人家说年龄在妈妈身上是不留痕迹的！而我们也听说哥哥有了四千金，大家见面都要装得老练些啊！ 哥哥，千言万语，不知从何说起，您就准备着欢迎我们吧！对了，您还要告诉认识英子的那位阿婆英子还乡的消息，我要她领着我去到我童年玩耍的每一个地方，我要温习儿时的梦。好在这一切都不忙的，我会在故乡长久、长久、长久地待下去，有的是时间去补偿我二十多年间的乡恋。哥哥，为我吻一下故乡的泥土吧！再会，再会的日子是这样的近了！	从林海音众多作品中，选择最能表露心迹的家信，既是对林海音活动的介绍，也是对作品的展示，而且与解说配合形成互文效果。
【音乐渐隐，出作品《北平漫笔》片段】 离开北平的那年，曾赶上最后一次看红叶，冰鞋来不及捡出，我便离开她了。飞机到了上空，曾在方方的古城绕了个圈，协和医院的绿琉璃瓦给了我难忘的最后一瞥，我的心颤抖着，是一种离开多年抚育的乳娘的滋味。 【海浪，海鸥声】 英子，你跨越千山万水地回来了，回到了你朝思暮想的台湾。你的故乡和亲人都好吗？宝岛上温暖的阳光、和煦的春风，是否可以抚平你多年漂泊的创痛？慰藉你思乡的愁绪？ 你满怀喜悦地开始了新的生活。你说从今以后，可以生活在一个有国、有家、有根、有底的日子里，然而天有不测风云，当你蓦然回首，却发现你身后那条窄窄的海峡，仿佛突然间变成了悬崖百丈冰，阻断了你的归路。北京，这个有如乳娘般抚育你成长的第二故乡，已经是可望而不可即。从此，另一种乡愁开始在你的心中滋长。 【音乐起，压混，出作品《苦念北平》】 不能忘怀的北平！那里我住得太久了，像树生了根一样。童年，少女，而妇人，一生的一半生命都在那里度过。快乐与悲哀，欢笑和哭泣，那个古城曾倾泻了我所有的感情，春来秋往，我是如何熟悉那里的季节啊！ 春光明媚，一骑小驴，把我们带到西山。从香山双清别墅的后面绕出去，往上爬，大家在打赌，能不能爬上"鬼见愁"的那个山头！我常念叨"鬼见愁"那块地方，可是我从来不知道它究竟在哪里。	"有家、有国、有根、有底"的期盼，既是作者生活的追求，也是作者无限乡愁的根源。

续表

春天的下午，有时风沙也很大，风是从哪儿吹来的呢？从蒙古那边吹来的吗？从居庸关外那边吹来的吗？春风发狂，把细砂送进了你的眼睛、鼻子和嘴里。……有时一夜狂风肆虐，把牡丹糟蹋得不成样子。几阵狂风就扫尽了春意，寻春莫迟，春天在北平是这样的短促呀！ …… 蝉叫，是难忘的夏季的声音。家家院子里都有树，蝉叫声不断，都是在闷热的下午。北平夏季也时有"说时迟那时快"的暴雨。西北天空突然乌云密布，一阵骤雨洗净了世间的污浊，有时不到一小时，太阳又出来了，土的气息被太阳蒸发出来。这时胡同里又传来了小孩子叫卖"五香豌豆"的声音。原来雨过天晴，小住家儿的妇人就煮了五香豌豆，放在浅筐里，叫男孩子沿街叫卖，小男孩卷起裤脚光着脚，在还没消失的雨水里走着喊着，一会儿豌豆就卖完了。 西来顺门前，如果摆出那两面大镜子的招牌——用红漆一面写着"涮"，一面写着"烤"，便告诉人，秋来了。从那时起，口外的羊，一天不知要运来多少只，才供得上北平人的馋嘴咧！ 北平的秋天，说是秋风萧索，未免太凄凉。如果走到熙熙攘攘的西单牌楼，远远地就闻见炒果子香。向南移步要出宣武门的话，一路上都是烤肉香。羊肉的膻，果子的香，在我的回忆中，是最足以代表北平季节变换的气味了？ 我很记得，北平的初冬，落雪的夜晚，我们踏雪归来的情境。肩上扛着冰鞋，脚下的毛窝踏着厚厚、松松、轻轻的积雪，发出噗嗤噗嗤的声音。脸上迎着飘来的雪花，并不寒冷，却很舒服。快到家的胡同里，可以遇见卖萝卜的，他提着灯，背着木筐子，在雪的、静的胡同里喊着："萝卜啊！赛梨啊！"我们停下来，买一个回去。听见切萝卜的清脆声，就知道我们赶上一个绿皮红瓤、脆甜赛梨的"心儿里美"了！ 这一切，在这里何处去寻呢？像今夜细雨滴答，更增我苦念北平！当年我在北平的时候，常常幻想自小远离的台湾是什么样子，回到台湾，却又时时怀念北平的一切，不知现在变了多少了？总希望有一天飞机把大陆和台湾两个地方连接起来，像台北到台中那样，朝发而夕至，可以常来常往，那时就不会有心悬两地的苦恼了。人生应当如此，我相信早晚会做到的…… 【音乐渐隐】 1990年，林海音应中国现代文学馆的邀请，到祖国大陆做学术访问交流。她风尘仆仆地从台湾转道香港，登上了中国国际航空公司飞往北京的班机。 上了中国民航，在几位北京大姑娘的空中服务下，我找到了座位。刚坐下，马上空中小姐的"京味儿"就出来了，只听见站我不远的小姐冲着前面喊："行李箱子别摞着放！"她喊了两声没人理，乘客还是各自往头上的柜子里塞东西。此机是波音747，全机满是台湾、香港的乘客，我也不知道有谁听得懂她这"别摞着放"的意思。 一声乡音入耳，年近七旬的林海音忍不住老泪纵横。四十二年了！四十二年不见的乳母啊，你可曾记得你的小英子，那个在城南的胡同里背着书包，跳着方格儿的小英子？今天，她就要回来了！ 香山的红叶依旧，故宫的琉璃瓦依旧，简朴温馨的四合院依旧，弯弯曲曲的小胡同依旧，而当年的小英子如今已是两鬓繁霜，这一切又怎能不叫老作家感慨万千！ 林海音在台湾生活了四十多年，一口纯正的北京话却丝毫未改，这使她一回到北京，便如鱼得水。短短的六天时间里，林海音马不停蹄地走访了她的小学、中学时代的母校，拜访了许多文坛前辈和亲朋故交，还忙里偷闲逛了一回天桥，连看戏带吃北京小吃，过足了一回老北京人的生活。临别前她还依依不舍地写下了这段文字：	再次提起"家、国"。 解说剖析"家、国"主题与乡愁之间的关系，准确而犀利。 此时出作品《苦恋北平》是一种乡愁的宣泄，也是情感的升华。 可听性很强的乡音细节，开启老人回乡之旅，作为林海音1990年北京之行的开端非常恰当。

续表

明日赋归矣！在北京过了六天"京味儿"的日子，也许兴犹未尽，但是所获颇多，也过足了说京味儿的话、听京味儿的戏、吃京味儿小吃的瘾。这要感谢北京中国现代文学馆给我赴京的这次机会，和大家"京味儿"相处，不管外头多冷，心里可真暖和呀！两岸的文化交流，应当不仅止于此，以后会永远永远地下去，直到有一天，不分彼此地合而为一，我是这样地期待着。 台湾海峡的坚冰正在一天天融化，英子的期待终有一天会变成现实。至少，两岸的作家们已经携起手来了。2000 年 10 月 25 日，海峡两岸林海音作品学术研讨会暨《城南旧事》发表四十周年纪念大会在北京举行，与会代表充分肯定了林海音女士几十年来为弘扬民族文化、推动两岸文学交流所作出的贡献，并一致认为：一个作家创作出一部好的作品，不仅会丰富我们的文坛，更会丰富我们的心灵，而林海音女士就是这样一位优秀的作家。 因健康方面的原因，八十二岁高龄的林海音未能出席此次研讨活动，但她向大会捐赠了大量个人作品及台湾文学出版物。墨香流韵，字字生情，众人掩卷之余，都为这位文坛名宿笔下那浓浓的乡情感叹不已。中国现代文学馆馆长舒乙先生还给大家讲述了一段十年前林海音女士初回北京时在南来顺喝豆汁儿的情景： 【出舒乙录音】 喝豆汁儿，老北京人喝豆汁儿啊！连喝九大碗！一边喝一边批判：豆汁儿不能喝温的，要喝滚烫的，去换来！然后又挑咸菜丝的错：豆汁儿不能就咸菜丝儿，要就咸菜末儿！搞得那个经理呀，跑堂呀，招待得特别紧张：不是说来的是一位台湾客人吗，怎么典型的北京姑奶奶来了…… 【录音止，音乐起，压混】 "慈母手中线，游子身上衣。临行密密缝，意恐迟迟归。谁言寸草心，报得三春晖。"有谁不爱自己的家乡？有谁不爱自己的母亲？乡愁是一支中华民族唱了几千年的歌谣，而只有当乡愁与祖国之爱、民族之恋紧紧联系在一起时，这支歌谣才能唱得更加隽永、绵长。 林海音的心中就有这样的一支乡愁之歌。她的经历，她的文学创作，注定了这支歌将伴随着她，直到生命的终点。 【音乐起】 长亭外，古道边， 芳草碧连天。 晚风拂柳笛声残， 夕阳山外山…… 【音乐渐隐】 听众朋友，以上您收听的是文学专题《英子的乡愁》。撰稿：姚文辉；播音：马艺、逢苹；监制：钱峰。这次节目播送完了，谢谢收听，再会。	用抒情性排比，优美而不冗长。 简单概括行程。 老人的愿望，"不分彼此地合而为一"仍是点题之笔。 这两段稍显繁复，流于事务性介绍，缺少文学美。当然"善读增色"可以有所补救。 点题稍欠含蓄。 首尾呼应，这支歌可以看作是林海音作品的浓缩，引领听众重回作品情境，渐行渐远，余音不断。

第三章　音乐广播

欧美的音乐广播是以频率专业化特征为核心运作的。例如，全美的商业性音乐台可以细分为几十个各具特色的专业类别：播放20世纪五六十年代摇滚乐经典的怀旧音乐台、面向成年人的成人音乐台、面向年轻人的流行音乐台、摇滚主题的摇滚音乐台、爵士音乐台、古典音乐台、乡村音乐台等。

目前，国内的音乐广播频率仍处于由音乐综合频率向类型化模式过渡的阶段，多数音乐频率兼具古典、流行等多种专业内容，有些台是包含大量交通信息服务、新闻资讯等非音乐性内容的交通音乐频率或新闻音乐频率。而频率之中主要的音乐节目形式，按照不同的分类标准，如按照播出形式是直播还是录播，主要内容是民乐、古典还是流行，节目功能是资讯、欣赏、娱乐、情感还是点播，时段是早晨、中午、晚上和午夜等，可以分出上百种之多。较有代表性的则有音乐点播节目、音乐资讯节目、排行榜节目、音乐娱乐节目、音乐情感节目、类型音乐专栏、直播栏目、演出实况直播等。

在众多的分类标准中，制播形式可以较清晰地将音乐节目分为特征鲜明的两类：一类是直播音乐节目，一类是录播音乐节目。直播音乐节目多采取主持人串联若干版块构成节目主体直接播出的形式，一般伴随有短信、热线电话、网络平台即时互动等环节。而录播节目多采取音乐专题节目的形式。

音乐专题是音乐广播中较传统的一种形式，它最能体现编导的功力，同时它也是各级广播艺术节目评选中的一个重要类别。几代广播人在这一领域辛勤耕耘，创作出一大批为广大听众所喜爱的艺术精品，并积累了丰富的实践经验。

第一节　类型化音乐广播

一、类型台模式

自1986年珠江经济台创立以来，主导中国广播发展的系列台模式在20世纪90年代中后期已经逐渐显露弊端，尤其是进入2000年以后，系列台模式开始遭遇发展的瓶颈。其中，最受诟病的就是各系列台特色不够鲜明，所谓的"专业频率"，在市场压力下，经过多年的趋同性竞争又逐渐发展为各自领域里的小综合台，频率功能和节目内容都表现出高度同质化的倾向。其中，面向汽车司机、对应驾车场景的各交通台吸引了大多数广告投入，其余频率创收则相对薄弱，不少电台靠虚假医药广告支撑，导致电台广告环境恶化并加剧了听众和优质广告客户的流失。

为了破解系列台模式下的广播频率专业化发展困局，2002年12月，中央人民广播电台将原有的第三套文艺调频改为"音乐之声"(Music Radio)，建立国内第一个类型化音乐电台(Format Radio)，覆盖全国64个地区和城市，力图引进国外已经发展较为成熟的类型化电台模式，打造国内首个专业流行音乐频率。2003年4月，中国国际广播电台国际流行音乐频率正式全面改版为劲曲调频HIT FM，之后又陆续在广州和上海落地。HIT FIM采用所谓的"Pure Format Radio"模式，24小时滚动播出国际流行金曲。在此之后，北京、上海、云南、湖南、湖北、浙江、江苏等地的音乐广播也陆续引进或借鉴了Format Radio的运作模式。

2004年，上海东广新闻台转型为国内首家纯新闻类型电台，以20分钟为单元滚动播出。2005年9月，国内第一家全国性类型化新闻电台——中国国际广播电台环球资讯广播正式开播，采用轮盘化编排，实现全天直播。

中央台"音乐之声"频率的出现，是中国广播文艺发展过程中的重要一步，它通过引入新的频率管理和内容经营模式，带给国内广播特别是音乐广播新的观念变革。

类型化电台所追寻的广播模式，其主要特征有：

(一)内容细分

类型台的内容划分较"珠江模式"推广以来的系列台更加细致。此前的系列台有不少频率其实是小综合频率，例如都市、交通、文艺等频率，而少数标称"专业化"的频率，如音乐频率，其内容往往也是包罗万象。

美国的类型化电台始于20世纪中叶，迫于新出现的电视媒体的竞争压力，广播开始收缩内容，向窄播化发展。音乐和新闻成为美国类型化电台的两个主要大类。新闻类型台主要分为新闻/谈话、谈话和全新闻台。谈话类型台又根据所谈的内容分为传统谈话、体育/人物谈话、“热辣”谈话、成功谈话、都市谈话等不同类型。而音乐类型台则根据音乐类型不同细分为乡村、流行、摇滚等几十个大类。以美国阿比创广播收听率调查公司的分类法为例，音乐类型台具体又分为：乡村音乐、成人当代、通俗流行当代、古典摇滚、古典流行、成人流行当代、都市成人当代、节奏流行当代、都市当代、活性摇滚、成人流行、另类、专辑导向摇滚、古典音乐、老歌、成人专辑另类、多元、经典乡村、成人节奏当代、福音音乐、大众流行、现代成人当代、爵士、轻柔爵士、节奏老歌、轻柔成人当代、南方福音、轻松音乐、怀旧、都市怀旧、蓝调、儿童、家庭流行音乐，以及一些地区性音乐类型，如德克萨斯、墨西哥音乐、西班牙当代、西班牙成人流行、西班牙热带、西班牙成人流行、世界民族音乐、拉美音乐、西班牙语基督教当代等。① 参照上述细分的程度，所谓“流行音乐”也仍然是一个有待细分的综合性音乐频率。而运行成本更低、善于寻求“长尾市场”的网络音乐台的音乐类型划分则更为细致。

（二）电脑化编排

类型化电台为维持稳定的风格、严格的专业内容，需要电脑、互联网、数字化音频技术、大型音频数据库和专业化编排软件的技术支持。其中，大型音频数据库和编排软件更是类型化电台运行的技术基础。目前，世界上大多数的类型化电台的运转均依赖于美国广播软件服务公司(Radio Computing Service，RCS)提供的编排软件 RCS 及其附带的庞大音频数据库。RCS 于 1979 年开发了全世界第一套广播节目编排软件(Selector & Link)，迄今已经有三十多年的历史。包括中国内地的绝大多数类型化电台在内，目前全球共有一万多家广播电台、电视音乐频道、有线广播电台、卫星广播电台和网络电台正在使用 RCS 的产品与服务。RCS 基于大型数据库和计算机推荐算法运行的特点，使它看起来更像是采用传统广播播出技术、受众拥有较少选择权的网络电台，实际上，RCS 也正在支持为数众多的网络电台正常运营。

传统音乐台节目的人工编排技巧已经被计算机算法所取代，这一变化极大地提高了类型台的节目编排效率，但也必然会损失掉人工编导的个性化艺术风格。所以未来音频艺术的发展将会寄希望于把 RCS 看成一种能够容纳更多艺术个性的节目运营框架。

以中央台“音乐之声”为例，该频率通过 RCS 严格控制编排和播出的类型化特色，由 RCS 确定单位时间内不同类型歌曲的数量、时间比例和衔接方式；音乐作品和广告

① 刘珊：《美国广播市场现状及启示》，《赛立信媒介研究》，http://www.bpes.com.cn/zh－CN/displaynews.php? id＝157。

的时间比例，以及广告的位置；某个周期内同一作品的播放频次；设定主持人每小时的语言部分时限为7分钟等。[①] “音乐之声”希望能够凭借电脑编排的严格把控，最大限度地屏蔽个人因素的影响，保持类型化电台的稳定风格，从而牢牢吸引目标受众。

（三）轮盘式播出

类型化电台通常采用轮盘化的播出形式，即节目以一定时长为一个周期，进行滚动式循环播出，每个周期或版块内部设有台标、呼号、音乐、预告、串场、片花和广告等固定的节目程序。音乐类型台一般以2—3个小时作为一个周期，而新闻类型台则通常以20—30分钟作为一个周期。

传统电台日常播出的内容通常由若干栏目构成，每个栏目有自己的主题，栏目之间强调内容、功能的差异化，以丰富电台的整体内容，尽量满足需求、特点较为统一的广大受众。

而类型台所产生的时代，受众群体已分化多元，试图用少数频率去满足多数受众需求的想法已无可能；同时，随着受众注意力资源在复杂的媒体环境下不断迁移和分散，那种专注的预约式收听也逐渐为伴随式收听所取代；媒体议程设置的话语权逐渐向受众方转移，以较低的选择成本吸引某一类受众第一时间的注意力接入，成为广播媒体在弱势状态下的应变之举。

类型台的模式实际上是把整个频率作为一个节目整体来考虑，它所设想的听众也是具有特定需求的一类，所以类型台追求的并不是每一个版块节目都表现出强烈的个性，而是能够持续吸引特定受众的稳定频率风格，也即追求所谓流式广播（Flow Radio）的稳定风格。类型台的发展趋势是媒体环境、市场竞争、受众接受特点等因素共同作用形成的。

二、RCS

RCS创立于1975年，其推出的第一款产品是电台音乐内容自动编排软件Selector。Selector的设计初衷是帮助那些希望更好控制音乐节目循环播出，保持内容多样、平衡的音乐台提升管理水平。同年，NBC下属的一家位于旧金山的电台成为Selector的首位用户。

（一）Selector - Linker - Master Control

Selector的设计灵感来自于“以索引卡片管理歌曲重复率”的概念。在没有计算

① 石丛珊：《中国广播的类型化之路》，浙江大学出版社2008年版。

机辅助工作的时代，每首歌曲的数据都记录在一张张索引卡片上，然后性质相同的歌曲卡片被分类摆放、按顺序排列，放进主播室，供 DJ 依据电台音乐风格选播适当的歌曲。Selector 采用具有独家专利的目标导向音乐编排引擎技术，用户只需设计好节目的轮盘化播出时间表，提出所需音乐作品的基本特征和音乐编排风格（例如，设定某作品或歌手出现的频次）等个性化需求，Selector 就会自动根据这些预设为电台编排歌曲或生成供决策部门决定的若干备选节目列表。用户可以完全依靠 Selector 的选择实行自动编排，也可以在备选列表的基础上进行人工调整，还可以调整轮盘化播出的时间设置、间隔、衔接特性等。电台管理人员还可以通过 Selector 的功能模块，实现监听音乐、提取 CD 素材和分析音乐作品的数字特征等管控行为。除了上述功能，Selector 还有播出排行榜及主持人管理工具。

Selector 的成功有赖于其背后庞大的音乐数据库。该数据库储存大量的版权音乐作品，按照歌手群组、内容、年代、性别、演奏乐器、主题或演唱者等参数的不同，用户可以进行精确筛选，据此搭建不同类型的音乐电台内容框架。由于每个电台选用的音乐编排规则及具体参数设定不同，不同电台的音乐编排结果也不尽相同。音乐规则与参数设定是基于 RCS 的音乐类型台差异化竞争，它体现了一个电台的节目战略和运营思想，所以通常电台会将此视为机密，禁止这些节目时钟规划内容或歌曲类别重复率等数据曝光。

在后来的发展中，RCS 针对节目制作部门及业务部门的共同需求，帮助电台在音乐编排的同时，进行活动宣传、呼号播出、过场、垫乐、片花、现场口播、广告插入、"Links 串场事件"等内容的综合管理，并由此推出了管理新闻、体育、谈话、天气、广告等各类非音乐性内容的编排软件 Linker。Linker 一方面可以有效管理各类非音乐性内容，使之与音乐内容编排有机融合，例如，控制人声内容在一个合适的比例、确定广告切入的时间等；另一方面还可以辅助新闻类型台、谈话台、体育台等搭建节目的内容单元。

1993 年，RCS 研发出全数字化自动化播出系统——Master Control，它可以与 Selector、Linker 完全对接，实现电台播出控制环节的计算机化。Master Control 的节目单可以与 Selector、Linker 保持三方同步，大大便利了电台的直播播控工作。此外，Master Control 还可以实现电台直播所需的各种播出控制功能，例如：自动音量削减功能，使 DJ 在直播或预录节目时，无须手动调节新插入的背景音乐音量；背景录音功能，可以自动录下卫星或是网络等来源的声音素材，使联播网的运作更加顺畅；实时播出功能，可以立刻播出最新的广告音源，除了直接将音频更新到播出系统内，还能一边录音、一边播出；"特效热键（Hot Keys）"功能，提供 625 个不同的电台呼号或音效，还能依据 DJ 的个人需求，进行对热键的个性化管理；实时录音器功能，只需一个按键就可将电话接入互动环节的过程录下，稍后在节目中播出；播音室切换(Studio Switching)功能，可以让节目在不同地点的多个播音间之间进行顺畅切换和紧密连接。Master Control 可以将目前正在播出的节目信息提供给网络、其他数字广播或公共广播系统使用。对于网络电台而言，它可以在播出时同步显现正在播出内容的相关文字信息，如歌名、歌词、歌手背景等。

(二)"RCS2GO"

据 RCS 官网介绍，目前，全世界有超过 10500 家传统广播电台在使用 RCS 的相关广播软件，RCS 也在不断推出更新的广播服务软件，如多频率编排系统 GSelector，基于全新软件语言设计的、更先进的数字广播播出系统 Zetta，以及全新的广告业务系统 Aquira。

而随着网络电台的兴起，RCS 也将最新一代软件产品的发展方向定位于服务移动终端。为此，RCS 提出了"We are mobile"的口号，新研发了运用于智能手机和平板电脑的"RCS2GO"系列软件，该系列包含 Selector2Go、Aquira2Go 和 Zetta2Go。它可以让用户通过移动设备来实现对传统电台或网络电台的全面管理。

三、类型广播模式存在的问题

类型广播模式在欧美的发展有其特定的社会环境和媒体环境。在将类型广播概念引入中国后，国内类型台在培育受众、开发广告资源和提升电台运营效率等方面都有所收获，但是不少类型台也或多或少遭遇到一些发展中的问题。

(一)政策体制限制

据统计，截至 2013 年年底，全国共设播出机构 2568 座，包括电台 153 座，广播电视台 2207 座(其中含县级广播电视台 1996 座)。上述播出机构共开办广播节目 2863 套(中国国际广播电台的 65 种语言对外广播不计入在内)。[①] 而根据美国阿比创广播收听率监测公司的收听率数据，截至 2009 年，美国共有 24757 家电台。[②]

类型台出现和发展的前提，是综合性电台频率数量庞大到内容相互重叠、受众难于选择的程度，而目前国内的广播频率数量仅为美国的九分之一左右。中东部部分发达城市地区的电台频率数量落后于受众市场细分的需求。在频率资源增长受政策性

---

① 《中国广播电影电视发展报告(2014)》(广电蓝皮书)，http://www.ctvtc.cn/index.php?m=content&c=index&a=show&catid=22&id=2316。

② 刘珊：《美国广播市场现状及启示》，http://www.bpes.com.cn/zh-CN/displaynews.php?id=157。

限制而放缓的情况下，多数电台都会采取发展综合性内容的方式，以争取更多的受众群及广告商，这也必然导致类型台的内容细分速度相应放缓。例如，上世纪末系列台模式发展到一定程度，多数专业台的节目内容都表现出综合化的趋势。

因行政区层级而设的人民台的布局思路是：每一家电台都是覆盖相应行政区内最广大受众群体的综合性电台，在该行政区内具有绝对的权威性。即便其下的各个频率，也必然受此影响，难以做到真正的细分。例如，目前国内的音乐类型台多数仍然是以流行音乐为核心进行微调的综合性音乐频率，就是因为人民台频率的政府主导、权威性、公众平台性质与类型台的专业定位、小众传播、多元共存模式之间存在难以调和的矛盾。此外，不同行政层级的电台之间也很难进行高效的资源调配和统一规划。

（二）版权问题

音乐类型台的运转依赖于音乐传播产业链内明晰的版权和利益分成机制。音乐版权涉及音乐作品的创作者、音乐录音制品的制作发行者以及表演者的多项权利。随着数字网络技术的发展，音乐产业面临着新的传播方式和使用方式的种种变化。美国较为成熟的类型台尤其是音乐类型台的运作，正是基于美国对于音乐作品版权的严格保护。从《版权法》颁布之日算起，美国至今已有两百多年的版权立法经验。在 20 世纪中期，美国音乐类型台的快速发展时期，各音乐台已经就音乐版权方面的各种争议达成了法律层面的共识，例如，对于以盈利为目的的公开表演权的规定、建立版权人的集体组织等。

1923 年，美国作曲家、作家和出版者协会（American Society of Composers，Authors and Publishers，ASCAP）展开了对广播组织的诉讼，要求当时新兴的媒体形式——广播电台，为其音乐播出行为支付版税，以弥补版权人的损失。而广播组织则认为：ASCAP 拥有绝对数量的音乐作品版权，因此向美国司法部提请对该协会发起反垄断调查。1939 年，与 ASCAP 矛盾激化的美国各主要广播公司联合创立了新的版权集体管理组织——广播音乐公司（Broadcast Music Inc，BMI）。BMI 的成立，不仅推动了当时不为 ASCAP 所重视的黑人音乐、乡村音乐和拉丁音乐等非主流音乐在广播电台的快速发展，也促进了美国版权集体管理组织的发展。这些版权集体管理组织按照权利来源不同，分为音乐作品版权集体管理组织和录音制品版权集体管理组织。音乐作品版权集体管理组织是由作者和出版公司授权形成的，包括 ASCAP、BMI、SESAC 和 HFA 等；录音制品版权集体管理组织是由录音制品版权人（Sound Recording Copyright Owners，RCO）的授权形成的，包括 RIAA 和 Sound Exchange 等。

在互联网时代，音乐以数字形态而非传统的唱片、录音带、CD 等实物介质传播，音乐作品的最终用户可以通过分享、下载等形式接触到大量的盗版音乐作品，音乐版权的形态被大幅度改写。而传统的音乐作品版权人则通过将新技术所催生的巨大市场纳入控制范围和积极的版权诉讼等形式来维护其利益。为此，美国 1995 年通过了《录音制品数字表演权法案》，以维护音乐版权人在新媒体环境中的著作权收益。《录音制品数字表演权法案》使网络数字音乐服务商复制、传输、分享数字音乐的行为面临很高的法律风险，同时，网民下载后传播音乐作品的若干高额罚金判例，也让人不敢越雷池一步。

在这种法律体系和市场机制的双重约束下，美国的音乐类型台成为美国听众欣赏版权音乐的合法便利途径。音乐类型台被自觉纳入到音乐产业，成为销售和传播链条中重要的一环。

1998 年，美国颁布《数字千年版权法案》，明确录音制品的制作者，即数字音乐的制作者，享有完全排他性的数字表演权。这个表演权几乎涵盖了所有的交互式数字播放行为，交互式数字音乐播放使用者的任何播放行为都必须获得录音制品制作者的直接授权。而非交互式数字音频播放，即网络广播等涉及使用录音制品的服务模式，可以使网络广播服务商通过强制许可的方式利用录音制品。2002 年，美国苹果公司推出 iPod 和 iTunes 在线音乐商店，创立了数字音乐作品版权收益的新模式。

目前，国内著作权法从制度设计的角度来看，主要是回应世界贸易协定和相关公约的需求所做的立法规则引进，而非音乐产业发展到成熟阶段的必然。当版权发达国家面临新媒体环境变化进行规则修改时，我们则较难针对本土音乐产业的发展实践而做出相应的制度创新。

从 2005 年开始，我国陆续颁布旨在保护网络著作权的《互联网著作权行政保护办法》和《信息网络传播权保护条例》，以法条形式肯定了数字音乐传播要依法授权，同时也进行了更细化的规定和解释。但有些与音乐类型台密切相关的法律概念，如音乐广播权以及相应的收费标准，则仍然处于探索状态。

如果类型台不在中国听众合法获得音乐资源途径的优先选择之列，那么音乐类型台的发展就无法获得来自版权法体系的有力保护，其目标受众群也必将会被各种盗版音乐资源所分散。

(三)伴随性收听

类型化电台迎合所谓伴随性收听状态。传统广播在多媒体环境下、注意力之争中，不得不主动退守，传统等待式专注收听逐渐转向随意性的陪伴收听。但电台在这种转向中，逐渐退缩为音乐产业的一个链条，而在内容方面丧失了媒体的独立性。技术方面，广播媒体本已遭受严重冲击、岌岌可危。两方面失守，将导致广播媒体至少是音乐广播全面退化为音乐产业链条中的一环。例如，中央人民广播电台“文艺之声”退至CNR9，CNR3变为“音乐之声”，实际上意味着文艺广播以创作为核心的竞争力的衰退。

(四)类型台对民族音乐的冲击

音乐类型台的一个特点是基于音乐观念的西化，例如，类型台基于音乐数据库选择编排节目的一个重要依据是节拍。西方的音乐节奏类型较为固定，容易区分，如爵士、摇滚、蓝调、拉格泰姆、乡村、说唱、嘻哈、灵歌等，都有自己鲜明的节奏特点；而中国传统民族音乐在这方面的特征并不突出，较难适应音乐类型台的播出形式，而且民族音乐的数字化进程也才刚刚起步，在音乐类型台的节目编播机制中，民族音乐仍处于弱势地位。

(五)来自网络电台的挤压

类型台本身是对传统综合台或综合文艺台的巨大变革，但是又遭受迅猛发展的网络电台的挤压。随着网络电台的快速崛起，类型台模式在收听终端和收听场景的竞争中都面临强有力的竞争。

第二节　网络音乐电台

在以往的广播频率或广播节目类型中，音乐广播因其与以唱片产业为代表的音乐产业链条的稳固关系而在盈利模式方面显得颇为特殊，尤其在版权保护高度发达的国家，音乐广播实际上是成熟音乐产业链条中的重要一环。

一、数字音乐媒体

随着音频数字化技术的发展，MP3等数字音频格式成为冲击唱片业的重要力量，越来越多的网络服务商或内容供应商与唱片公司达成版权协议，探索音乐产业的数字化盈利模式。iTunes和iPod的成功，Pandora、Last. FM等音乐类网站的成功，以及借助Youtube、Myspace等进行的数字音乐传播，都极大地改变了音乐产业的面貌。

如果说从音乐台、音乐频率到类型化音乐台的发展都多少继承了之前的媒体特征，那么网络音乐台则是完全脱离了传统广播媒体。今天，数字音乐服务商以“网络音乐电台＋社交软件”的模式，实现了“人人都是DJ”的全新音乐传播梦想。这种传播模式植根于与传统广播完全不同的数字技术和网络媒体，有着完全不同的音乐传播观念、接受模式和盈利方式。

网络音乐电台的受众划分更为细化，印证长尾理论的窄化受众市场。一方面，几乎任意一个网络音乐台都有复杂详细的分类；另一方面，传统唱片业基于成本原因不会涉及的一些细微类别都有人去开发，例如，环保题材的音乐、使用某一特殊乐器伴奏的音乐、针对苏格兰的凯尔特和盖尔语音乐、为宠物创作的音乐等。人人都可以出唱片，人人都是歌手、演奏家。无论多小的需求，都能找到对应的产品。

中国数字音乐服务商主要有以下几类：以酷狗、酷我为代表的海洋系，以QQ音乐为代表的腾讯系，以及由虾米音乐和天天动听组成的阿里系。此外还有用户规模较大的百度、网易云音乐、多米，以及用户数较少但用户评价较高的数字音乐媒体，如豆瓣等。

据2015年6月，来自比达咨询(BigData－Research)数据中心APP用户行为监测系统的监测数据显示，2015年第一季度，手机音乐APP活跃用户渗透率排名为：酷狗音乐26.8%，QQ音乐20.7%，酷我音乐19.8%，天天动听11.4%，多米音乐10.2%，唱吧7.3%，百度音乐5.4%，音悦台1.8%，虾米音乐1.7%。[①]

据相关调查数据，入驻音乐软件产品活跃用户比例排名前十的依次是：酷狗音乐、网易云音乐、QQ音乐、虾米音乐、多米音乐、唱吧、酷我音乐、天天动听、百度音乐、天天静听。[②]

在用户对软件的评分中，得分最高的是网易云音乐9.23，虾米音乐紧随其后，以8.9的得分排在第二位，酷狗音乐以8.88的得分排在第三。可见，像网易云音乐、虾米音乐等音乐软件，虽然下载量并不是很高，但用户的评分相对较高，说明其用户的忠诚度良好，反映出其在界面设计、人机交互以及资源丰富性等方面付出了一定努力，获得了较高的用户满意度。[③]

(一)海洋系

包含海洋音乐、酷狗音乐、酷我音乐、彩虹音乐和致力于版权代理与维护的源泉(R2G)公司。合并后的海洋音乐集团成为以3个音乐服务平台和2家版权公司为核心的全网全终端的新型互联网音乐公司，拥有超过4亿的音乐用户和数量庞大的独家版权资源。

1.酷狗音乐

酷狗音乐是由社交软件开发转型而来的数字音乐交互服务提供商，目前拥有

① 《A8不玩了，出售多米音乐股权》，http://musicbusiness.baijia.baidu.com/article/107092。

②③ 郑春晖、李国琦：《2015年移动音乐市场报告》，http://www.sootoo.com/content/557592.shtml。

7500万用户[①]，与滚石等几十家唱片公司和版权管理机构有合作关系，拥有数万首数字音乐的版权。其所开发的KuGou音乐播放器，功能丰富，提供音乐下载和在线收听等服务，目前有超过千万用户。

2. 酷我音乐

酷我音乐于2005年创立，它是由音乐播放器起家的数字音乐服务商，提供歌曲、MV、权威歌单、榜单以及各类原创电台、直播模式的秀场、音乐搜索列表等服务。

3. 彩虹音乐传媒

彩虹音乐传媒是由成都传媒集团组建的音乐新媒体平台公司，于2010年创立。它发起成立的数字电视音乐版权联盟，是中国第一个电视领域的音乐版权保护及维权组织。目前的版权合作伙伴有环球、海蝶、太合麦田、华研、英皇、金牌等唱片公司。

4. R2G公司

R2G公司主要代理国外音乐发行机构(如Universal Music Group和BMG Music Publishing等唱片公司)的版权，目前致力于网络音乐版权的维护，在网上监测并记录所代理客户被非法盗用数字音乐的情况。其成功案例如：说服中国访问量最高的搜索引擎百度删除数千个盗版流行音乐网站的链接。之后，百度同意由R2G公司担任其独家铃音分销商，以保证百度网上所有的手机音乐内容都是合法的。

(二)腾讯系——QQ音乐

QQ音乐的特点是背后依靠QQ和微信数以亿计的用户群，在音乐产品社交功能方面具有极大的优势。QQ音乐主打以音乐为核心的社交空间，而非推荐算法。它向听众群提供在线收听、卡拉OK歌词、新歌在线首发、铃声下载等服务。目前，QQ音乐有百万量级的正版乐库，并已经累计拿下了包括索尼、杰威尔、华谊、华纳、华研、英皇、乐华、少城时代等多家唱片公司的新媒体音乐代理版权业务。

(三)阿里系

1. 虾米

虾米音乐开创于2009年，它是以点对点传输技术及社区互动交流为核心的音乐分享平台。虾米音乐在国内首家推出离线模式，使受众可以在无网条件下收听。其特点是较为重视音乐推荐算法，根据用户的播放、收藏、点红心等操作来收集用户的喜

---

① 郑春晖、李国琦：《2015年移动音乐市场报告》，http://www.sootoo.com/content/557592.shtml。

好，为用户推荐更多风格相近的音乐作品或是兴趣接近的人。由于有较多的音乐爱好者上传音乐和整理曲库，所以虾米音乐的曲库和列表规划较为专业。据2013年11月数据，虾米音乐已有超过2000万注册用户。

虾米音乐风格栏下一级分类有：流行、摇滚、民谣、电子、节奏布鲁斯、爵士、轻音乐、嘻哈、动漫、布鲁斯、金属、世界音乐、新世纪、舞台银幕娱乐、乡村、雷鬼、古典、唱作人、拉丁、中国特色、实验、儿童、有声书，共23个大类。而二级分类则更为详细。例如流行类别下，又按照语言、地区、国别、性别、年代、年龄等，细分为国语、粤语、欧美、日本、韩国、成人、独立、艺术、梦幻、迷幻、氛围、噪音、标准、童稚、巴洛克、室内、阿拉伯、凯尔特等43个类别。摇滚类别下，又有流行摇滚、流行朋克、独立摇滚、英式摇滚、迷幻摇滚、朋克、后摇、硬摇滚、新迷幻、噪音摇滚、垃圾摇滚、新浪潮、低保真、华丽摇滚、慢核、哥特摇滚、工业摇滚、基督摇滚、默西之声等近80种细分小类。

2. 天天动听

天天动听（TTPOD）目前拥有7000万用户①，是主要面向手机等移动终端开发的免费音乐播放软件，集成有播放、音效调节、搜索、下载等功能。

（四）百度音乐

百度音乐是2013年整合百度旗下“千千静听”、百度MP3、百度Ting等产品而创立的音乐门户网站，提供收听、搜索以及各类歌单、榜单、主题电台等免费音乐服务。它在版权音乐和支持原创音乐方面都有一定投入。目前，百度音乐与中国音乐著作权协会、环球、华纳、索尼等唱片公司达成了版权合作协议。

（五）网易云音乐

网易云音乐是于2013年正式发布的音乐产品，拥有4000万用户②。它综合优化了此前网络音乐服务商的功能，依托专业音乐人、DJ和好友推荐以及社交网络等，提供以歌单、社交、大牌推荐、地理位置功能和音乐指纹等为主的在线音乐服务。

（六）多米音乐

多米音乐是于2010年由手机音乐播放器转型创立的面向个人电脑和手机的音乐软件。最初主推云存储和多终端同步，主要功能有在线音乐、个性电台。其致力于成为最大的正版数字音乐服务提供商。

---

①② 郑春晖、李国琦：《2015年移动音乐市场报告》，http://www.sootoo.com/content/557592.shtml。

（七）豆瓣

豆瓣网页版主要有私人兆赫、红心兆赫以及一些简单分类等，如工作学习兆赫、休息兆赫、亢奋兆赫、Easy 兆赫、户外兆赫以及品牌兆赫推荐。

为了简化界面，豆瓣主推“简单收听、无需搜索”，“与喜欢的音乐不期而遇”的设计思路，没有复杂的播放列表和分类。它通过分析用户收听记录和播放时的操作行为，如听众点击红心标志收藏、点击垃圾桶标志删除或跳过等行为来勾画听众特征，进行有针对性的推荐。它模仿传统收音机打开就听的简便模式，检索功能较隐蔽，试图以此来增加用户黏度，但是因为检索不够方便也招致批评。例如，有听众认为，豆瓣特有的红心模式的个性化推荐有的时候是一种打扰和限制。此外，豆瓣 FM 的社交性稍显薄弱，其社交分享渠道（微信、微博、豆瓣、QQ 等）较齐全，但依然缺乏社交元素。

如何实现高效、精准、人性化的信息推荐，是豆瓣的努力方向。有时用户反馈的信息在不同的时间、心态、情绪下也会有所变形，影响到推荐信息的准确性。例如，豆瓣 FM 曾经做过相关调查，用户在选择跳过一首歌时，其真实想法复杂而矛盾，如同样是点击 skip，选择跳过一首歌，有 32.5％的人是因为“这歌挺好，不过这会儿不想听”；48.4％的人因为“不喜欢，其实我想 Ban 它的，不过那样好像太残忍了”；32.6％的人因为“喜欢这首歌，但听过很多遍了，我不过是想找点新意”；25.5％的人因为“我想 Ban 它，可这不是私人频道只好 skip”；13.3％的人选择“调戏一下豆瓣 FM，看看它都有些什么样的歌”；2.2％的人选择“其他”。① 所以在发展中，豆瓣 FM 也不断改进电台模式，增强搜索功能。

二、网络音乐台存在的问题

（一）围绕版权的竞争

尽管近几年互联网音乐网站与唱片公司在音乐版权上的接触越来越频繁，数字音乐正版化工作也有些许进展，但目前，国内互联网音乐网站大部分仍处于正版和盗版音乐混杂的状态。据中国音像协会唱片工作委员会的一项调查显示，中国内地的音乐版权市场总额超过 400 亿元，但实际上只产生了 8 亿元收入。

多家数字音乐服务提供商竞争的核心是音乐内容，竞争的形式，除了各自改善产品功能、完善产品线、吸引受众外，最重要的就是围绕版权的竞争。例如，2014 年 1 月 7 日，酷狗音乐因涉嫌侵权播放音乐作品，被网易云音乐状告至广州市天河区人民法

① http://site.douban.com/douban.fm/widget/votes/2325584/8848/.

院。酷狗音乐被要求立即停止侵权行为。2014 年 12 月，湖北省武汉市中级人民法院裁定深圳市腾讯计算机系统有限公司（以下简称“腾讯”）立即停止通过“QQ 音乐”平台（y.qq.com 网站及“QQ 音乐”PC 端、移动客户端）向公众传播《外婆的澎湖湾》等 192 首音乐作品。而此前不久，腾讯向武汉中院就《时间都去哪儿了》等 623 首音乐作品对“网易云音乐”申请了诉前禁令。

（二）分享接口的竞争

2013 年，阿里巴巴发布社交 App“来往”，主要针对腾讯 QQ 音乐。当时虾米音乐只向“来往”优先开放了分享接口，之后在“来往”发展受挫时，才添加了微信分享接口。而目前微信在“封杀”支付宝红包分享接口之后，又以安全或是版权问题为理由将阿里旗下的虾米音乐与天天动听封杀，相关音乐 App 都无法将音乐链接分享至朋友圈和指定好友。

此外，腾讯与网易间也存在版权纠葛，从 2015 年 2 月开始，微信以涉及版权问题为由，关闭了网易云音乐、虾米音乐、天天动听等分享到微信好友及朋友圈的功能。2015 年 10 月 14 日，网易云音乐与 QQ 音乐达成音乐版权转授权合作，QQ 音乐向网易云音乐转授音乐版权 150 万首歌曲，其中包括 QQ 音乐独家代理版权的华纳音乐、索尼音乐、杰威尔音乐、福茂音乐以及《我是歌手（第三季）》等内容。网易云音乐以“预付＋分成”的方式向 QQ 音乐支付版权费。由此，网易云音乐与 QQ 音乐达成和解，微信解封网易云音乐，但虾米和天天动听仍然被微信屏蔽。

据悉，双方此前版权纠纷难以解决的原因在于，保护音乐版权的相关政策不明确，企业之间无法自行解决纠纷，只能诉诸法律。2015 年 7 月 8 日，国家版权局发布《关于责令网络音乐服务商停止未经授权传播音乐的通知》。通知要求，网络音乐服务商停止传播未经授权的音乐作品，并责令各个网络音乐服务商在 7 月 31 日前将未经授权的音乐作品全部下线。在国家版权局的通知发布之后，网易云音乐与 QQ 音乐的版权谈判才有实质性进展，并最终达成合作。

三、Pandora

Pandora 的创始人是蒂姆·韦斯特恩格伦（Tim Westergren），成立于 2005 年。2011 年 7 月，Pandora 注册用户超过 2 亿，其中有 70％用户，也就是 1.4 亿人通过移动设备访问 Pandora。截至 2013 年 3 月底，每月活跃用户为 7000 万左右，占据全美前二十大网络电台总播出时长的 50％以上。

(一)基本情况

Pandora致力于建立高度个性化的“私人电台”。它通过收集和分析用户的播放内容,以及对所播放歌曲的反馈动作(例如喜欢与否),经过计算机分析和推荐算法,随机向听众推送用户可能会感兴趣的音乐。与以前的音乐播放器不同的是,Pandora不设置音乐播放列表,不能播放用户选定歌曲。

新注册用户在首次使用时,Pandora会要求注册者输入自己喜欢的歌曲、乐曲或歌手、演奏者的名字。Pandora会推送风格最相近的乐曲给听众。

通过听众在收听过程中的反馈动作,Pandora会不断修正用户的个人音乐库,推送更符合用户习惯的乐曲。通过用户点“赞”(Thumbs-up)或“踩”(Thumbs-down),Pandora会进行反复的调整,为听众建立高度个性化的“私人电台”。

Pandora的模式对听众收听的自由度给予了一定的限制,某种程度上,类似于传统广播一些选择受限的收听特点。例如,Pandora不接受点播,而是根据用户输入的乐曲,将此乐曲随机编入一组曲风相近的乐曲中,同时还规定一小时内只可以跳过10首歌曲,以此来增加用户黏度,避免因受众快速切换所带来的无效点击。

如果听众对某一类曲风感到厌倦,可以通过输入不同风格的歌曲来建立新的“私人电台”,Pandora会基于新风格重新推送新的歌曲。Pandora允许每个用户最多建立100个私人电台。据统计,Pandora总计拥有14亿个“私人电台”,平均一个注册用户有17个“私人电台”。

(二)音乐基因组计划(Music Genome Project)

Pandora在成立之初,致力于建立一个能够分析歌曲的音乐推荐引擎,这也成为Pandora网络电台最核心的技术特征。为此,Pandora推出了“音乐基因组计划”[①]。

据Pandora提交的上市文件透露,到2011年3月,“音乐基因组计划”收录了来自8万名歌手的超过80万首歌曲。该项目组的音乐分析师依据旋律、和声、配器、歌词等总计480项音乐属性,对每一首歌曲进行人工的分析归类。当受众输入喜欢的歌曲名称时,Pandora会利用后台程序,通过检索“音乐基因组计划”所设置的480多项标签来寻找风格匹配的音乐作品。在检索过程中,Pandora排除掉了歌手知名度等流行性因素,将所有的歌曲都视为仅具备音乐属性的作品,使之能够符合听众的音乐审美需求。这种检索过程从音乐出发,以作品为重,能够使听众检索到一段曾经偶遇但不知名的旋律,或发现一些知名度较低的歌手的作品。

① 《潘多拉:颠覆传统电台模式的“魔力音乐盒”》,http://www.chinaz.com/web/2011/0603/185903.shtml。

Pandora通过计算歌曲播放次数，在公司和歌手间以营收分成或两者结合的形式支付音乐版权费用。其主要收益来自于广告和会员收费。其2011年度收入接近1.4亿美元，总收听时长为39亿小时。

Pandora计划不断加强基于音乐内容的社交关系，增加社交和分享功能，以共同兴趣点为纽带，通过用户间的多样化社交活动，形成活跃的受众群体。为了拓展受众面，Pandora也正在开发体育、访谈、新闻等非音乐性内容。

因为音乐版权的限制，目前，Pandora已经关闭了美国境外的大部分服务。

（三）Pandora的版权争议

2012年，Pandora试图游说美国国会能够通过有利于自己的名为《互联网广播公平法案》（*The Internet Radio Fairness Act*）的议案，并向纽约联邦法院起诉ASCAP，希望获得与传统电台同等的待遇，降低需要支付给词曲作者的版权费用。而在整个音乐产业链中处于下游的音乐著作权人，因为收入太少而表示抗议。Pandora的创始人蒂姆·韦斯特恩格伦指出：一首歌曲在FM播放一次，就可能产生数百万听众，而计算版权时仅按播放一次收费；同样的歌曲要在Pandora播放100万次，才相当于传统FM电台播放一次的效益。如果对Pandora这样的网络电台采用与传统电台相同的计费方法和费率，Pandora需要支付超过一半的收益给版权方，这显然是极为不公平的。

2013年6月，Pandora宣布收购美国南达科塔州的KXMZ－FM广播电台，以期通过传统电台的渠道取得版权组织ASCAP和BMI的会员资格，从而获得较低的版权费支付资格。

四、数字音乐的检索与推荐

除了通过搜索引擎主动检索获取所需的音乐内容外，数字音乐媒体的用户被动式发现音乐主要有三种方式：一是较为传统的音乐服务提供商通过音乐编辑人工编排；二是靠计算机推荐算法提供备选，目前这种推荐算法与人工推荐相比仍有一定差距；三是靠具有社交关系的用户以UGC形式互动推荐，这是一种被业界认为具有较高用户价值和商业价值的音乐发现方式。

目前的计算机算法推荐，主要是计算机根据用户的播放信息和播放行为特征，经过某种计算方法的运算，筛选更多的具有相近特征的音乐作品，提供给用户备选。

国外以Last.fm和Pandora为代表的计算机推荐音乐算法，还可以通过服务器的计算功能和云存储的海量音乐信息来模拟用户的音乐偏好，进行有针对性的推荐。虽然计算机算法很难达到人工智能的高度，也无法揣测并不稳定的个性化的审美需求，但是它多少能够掌握一些音乐听众的物理特征，提出有一定针对性的建议。

此外，有的数字音乐媒体还采用所谓“协同过滤”的概念作为推荐算法的一种补充：把与某用户的音乐偏好特征相近的其他人关注的一些音乐作品推荐给该用户备选，也就是借由兴趣群体的播放特征来扩大备选范围，为用户提供更多选择。

精确的信息推荐或方便的检索，实际上替代了传统电台的音乐节目编排，但用户也有更多的自主选择。用户可以通过社交软件或网络音乐电台附带的社交功能，实现相互之间的信息交流，这些信息流部分替代了传统音乐节目的解说信息。例如，德国的音乐软件 wahwah. fm 可以让用户把手机里正在播放的音乐实时共享出去，打造属于自己的“私人电台”，并让周围的人跟随收听用户正在播放的音乐。前者让用户成为了一个电台 DJ；后者帮用户以 LBS 的形式，根据距离来探索附近正在直播的其他用户。原本是私人化的收听音乐体验，变为可以实时分享交流的社会化互动过程。

第三节　音乐专题创作观念

一、综合运用创作元素

音乐专题是以音乐为主，综合使用音乐、语言、音响，一般长度为半个小时的主题性节目。

在音乐专题节目中，有声语言与音乐应该是紧密结合、共同服务于主题的。音乐专题的语言绝不是“下面请听”这样的报幕式的语言，也不是与音乐相互脱节、自说自话的表白。

音乐专题节目中，有声语言与音乐的时长比例问题一直为各方所关注，答案因具体节目题材、体裁以及受众差异而有所不同。但一般来说，音乐作品应该是音乐专题节目的基础与依托，而不是可有可无的陪衬与点缀。现在越来越多的电台开始重视音乐节目中语言和音乐量的比例问题，例如，有的台就规定，直播音乐节目中每一个小时节目，主持人的语言部分不得超过七分钟，以此来防止音乐节目变为“谈话”节目。

音响也是音乐专题的重要创作手段。音响与言语、音乐这三个声音要素的有机结合，往往能取得颇具感染力的节目效果。例如，获 2001 年度中国广播文艺奖音乐节目一等奖的中央电台音乐专题节目《侗乡随想》就比较注意语言、音响、音乐的相互配合。作者从侗族大歌与自然音响间的共同点着手，用布谷鸟的鸣唱引入《鸟之鸣》，用知了的叫声引入《蝉之歌》，令听众感受到自然音响与侗族音乐间相互交融、宛如一体的奇妙感觉。

二、以音乐欣赏为主体

音乐专题的选题应该具备音乐节目的专业性特点:要关注音乐作品、音乐人物、音乐知识、音乐活动等内容,以音乐欣赏为主体,不能认为只要与音乐相关联就可以。例如,有的节目介绍知名音乐人物,节目并不是以他的作品和艺术生涯作为重点,而是主要介绍他的奋斗历程、人生经历、婚姻生活等,节目中解说和采访部分占了大部分篇幅,音乐的部分较少,这样的节目当然也有其价值,但是不属于典型的音乐专题节目。音乐专题与文学专题以及其他的文化、社教类节目的区别在于,后者主要依靠语言而不是通过音乐作品的审美过程来完成主题的传达。

而与音乐节目中的非专题节目相比,专题节目的明显特征是具有鲜明的主题。节目中所有的音乐作品都应是服务于同一主题的。例如广东电台的《天使的歌声》,旨在表现广东省三个少年合唱团的孩子在歌声中成长的主题。节目中的每一首歌曲背后都有一个感人的故事:歌曲《燕》记录了在户外游览时大暴雨造成突然停电,而孩子们通过歌声在黑暗中安全聚集在一起的故事;《光明之歌》则记录了孩子们在国际大赛中面对少数国家损害中国尊严的行为,以拒唱表示抗议,直至对方当场做出书面道歉,最终赢得全场掌声并获得金奖的感人故事。这些优美的歌曲和动人的讲述相互交织,都指向同一个主题——在歌声中成长。而普通的非专题节目则通常以展示作品为主,并不一定需要进行较深入的主题发掘。

音乐专题节目具有选题的专业性特色和主题突出的特点。一方面,与文学、社教类节目相比,音乐专题节目的主体是音乐作品而不是语言文字。与音乐类非专题节目相比,音乐专题中有声语言的比重较大,文学色彩更浓,更讲究结构的精巧严谨、主题的深刻鲜明。这就要求编辑要有较好的文学功底和艺术素养。另一方面,音乐专题因其选题专业性的要求,在内容、形式以及音乐作品的选择范围上都有一定的限制,并非适合所有的主题,尤其对于一些较偏、较窄,缺少足够音乐作品支持的主题更是如此。所以在音乐专题创作中,编导应从音乐作品出发构思节目,把节目建立在对音乐素材广泛占有和深刻理解的基础上,应该避免由于主题先行,然后又找不到现成、理想的音乐作品而产生牵强附会的现象。

三、以情动人

好的艺术作品的标准其实很简单,就是能够打动人。音乐专题节目尤其应该如此,因为它兼具多种表现手段,又有音乐作品作为核心。以情动人应该是通过音乐的感化作用和内容上的细节表现来共同实现。

黑龙江台曾经制作过一部儿童短剧《春雨蒙蒙》，全剧并没有什么悲苦的场景，却非常感人，听完后给人一种内心的触动。故事是这样的：正在上幼儿园的小女孩蒙蒙偶然间从院子里种花老爷爷那里知道种子可以发芽、开花、结出梦想中的东西，春天种下去什么就会收获什么。有一天下大雨，蒙蒙悄悄溜出了幼儿园，大人们四处寻找她，发现她在院子里的花坛中种下了妈妈的相片。那种哀而不伤的亲情仿佛春雨浸润着听众的心灵。这样的节目不是编者人为的煽情与浅薄的作秀所致，也不是像有些节目中的主持人那样靠"揭伤疤"的方式博取听众的同情。以情动人更注重的是内心的情感共鸣。

福建人民广播电台的音乐专题《望父成龙》，[①]从子女的角度讲述了译配过《小路》《哎哟，妈妈》《划船歌》《单程车票》等著名外国歌曲的福建音乐家林蔡冰的故事。编导并没有着力刻画林蔡冰一生坎坷的境遇，而是把他作为一个普通的父亲，甚至是有些"不成器"的父亲，从孩子的眼中看他年轻时因痴迷音乐而三次退学的往事，因帮助病人而错过考试与音乐学院失之交臂，因为善良而收养双胞胎弃婴，为抚养五个孩子而以修锁为业谋生糊口，在收养的双胞胎长大成人后登报寻找孩子的父母等。而所有这些淡淡的叙述，又都与林蔡冰译配的歌曲穿插起来，解说词中并没有直白点明的东西，而是在一段段优美的旋律中反复流淌，变得清晰动人，那是对生活、对艺术的挚爱，一种积极、乐观的生活态度。

四、展现文化底蕴

音乐专题以作品欣赏为主，但并不只是欣赏音乐，音乐的创作与欣赏离不开大的文化背景和文化传统。好的音乐专题节目在带给人们旋律的触动以及情感的震撼之外，还会揭示音乐背后深刻的文化内涵，并引发听众更深层的思考。

例如，《侗乡随想》通过对侗族大歌在现代环境中生存状况的描述，引起人们对传承民族文化传统的思考；上海东方台的《唢呐声声》则是通过唢呐这一乐器，折射出中国人用大喜大悲的强烈情感表达对生命的感受；厦门台的《童趣、童心、故园情》则是通过海峡两岸共同传唱的一首闽南童谣《天黑黑》来寄托两岸同宗、"相让才能共赢"的思想感情。

对于文化底蕴的展现，应该像水到渠成后自然流入听众心田的清泉，通过音乐作品自然传达出来，让听众从节目欣赏的意境中欣然领会，而应避免人为的宣教。

---

① 福建人民广播电台1999年10月28日首播，获第七届(1999年度)中国广播文艺奖音乐节目一等奖。

第四节　音乐专题节目的分类

音乐专题节目按节目功能，可分为新闻性节目、欣赏性节目与知识性节目三大类。按内容和创作实践，大致分为普通音乐专题、作品介绍、人物介绍、乐器介绍、音乐报道与音乐故事等六类。① 以 2002 年参评广播文艺政府奖的音乐专题节目为例，其中普通音乐专题最多，占 20 个；作品介绍其次，有 16 个；人物介绍 13 个；音乐报道 4 个；乐器介绍 3 个；音乐故事空缺。这也与日常播出节目中音乐专题节目的比重较为吻合。

“普通音乐专题”在创作实践以及各级评奖中，被直接称为音乐专题，是与作品介绍、人物介绍、乐器介绍、音乐报道与音乐故事等五类同级的概念。但是因为与上一级概念（音乐专题节目）同名，容易混淆，这里为了方便论述，我们将之改称为“普通音乐专题”。其实“普通音乐专题”并不具备严格的逻辑划分的依据，但仍被评奖活动提出作为一个单独的分类，主要原因在于以下两点：一是强调音乐专题不同于普通的音乐作品、人物介绍，而应具有更精巧的节目组合构思，所选的音乐作品也都是服务于节目主题的；二是鼓励音乐节目摆脱简单的介绍形式，融入更多的编导构思和编导对作品的理解。

而“作品介绍”与“人物介绍”则侧重于对音乐作品或是音乐人物的介绍，编导介入较少。这两种节目的素材组合的跨度都小于普通音乐专题。

“乐器介绍”与“音乐故事”这两类节目，虽然实际播出量并不大，但却是很有特色的音乐专题节目，作为独立的种类加以并列，有助于提高创作单位对这两类节目的重视。

对音乐专题节目进行分类是为了便于探讨问题。分类是相对而言的，在实际节目中，有些类别往往是相互渗透与交融的，有时很难截然把它归到哪一类中去。随着音乐专题节目的进一步创新与发展，将来还可能会有一些新形式产生。因此，与之相关的理论也将是不断发展的。

一、普通音乐专题

普通音乐专题是音乐专题类节目中的一大类型。它与其他音乐专题节目的共同点是：它们都是围绕着某一主题表达某个特定思想；不同之处是：普通音乐专题更侧重于基于内在相同特点的音乐组合。比如，把不同时期、不同作曲者创作的，由不同的演

---

① 分类方法参见：胡妙德《解读专题音乐节目》，第四届广播文艺专家奖大会发言。

奏者、不同的乐器在不同的场合表演的，各种不同形式、不同地域的音乐作品，按同一创作特点有机地组合在一起。例如，内蒙古人民广播电台的音乐专题《极致》①，选取了《牧歌》《送亲歌》《劝奶歌》、长调《孤独的驼羔》《圣主成吉思汗》、交响诗《嘎达梅林》等多首不同时代、不同体裁、不同主题、不同演奏形式的音乐作品，共同构成节目的主体，所有作品虽然各具特色，但都体现了草原民族音乐中令人感叹的忧伤色彩。编导用这样一个共同的情感特点作为连接不同作品的纽带，贯穿了整个节目。

在普通音乐专题节目的创作中，主题的选择非常关键。面对浩如烟海的音乐素材，我们如何选择？如何寻找一个有新意的主题？按照什么样的线索把选中的素材串联起来？上海人民广播电台的《龙吟》②可以给我们一定启发。这个节目以极具中国特色的民族乐器为主要表现对象，涉及笛子、鼓、埙、古琴、编钟、二胡等多种乐器。编导则以世纪交替、人类迎接新千年的到来作为节目的落脚点，贯穿整个节目的主题就是时光的变迁，而每一种乐器都代表了中国历史上一定的时期。与单纯的乐器介绍相比，时间主题使整个节目显得集中紧凑、韵味悠长。

在 2002 年参评广播文艺政府奖的音乐专题节目中，除了歌颂党、歌唱祖国、歌唱家乡的传统题材外，还有：回顾中华民族音乐悠久历史的《悠远流长的华夏古乐》《回响八千年》；集中表现音乐作品中爱情主题的《永恒的爱情》；通过音乐作品追忆童年往事的《追寻逝去的童年》；介绍近期音乐创作理念的《谭盾与“卧虎藏龙”》；谈当前音乐文化现象的《“新民乐”漫谈》；从动物与音乐关系角度创作的《动物交响曲》；谈声音与音乐紧密联系的《响趣》；谈音乐与其他艺术形式关系的《琉特琴里的蒙娜丽莎——音乐与绘画的交响》《文学作品和流行歌曲》等等。这些节目各具特点，在素材选配、提炼主题方面值得学习借鉴。

二、作品介绍

这类节日以介绍音乐作品为主。如介绍某位词、曲作家的作品；介绍歌手或歌唱家的作品；介绍地区、民族的音乐作品；介绍不同音乐体裁、音乐创作和表演形式的作品等。作品介绍的形式灵活多样，可以采用专题、讲座等不同形式。

作品介绍应该建立在编导对作品高度熟悉的基础上。例如，有的节目介绍 20 世纪中国音乐作品，题目非常宏大，涉及音乐作品众多。真正想做好这个题目，编导本人应该熟知这一百年间中国音乐的发展脉络、思潮流派、代表性作品等专业知识。更难的是，编导要在 30 分钟节目时间内展示中国音乐的百年风采，这就要求编导必须能够

① 内蒙古人民广播电台 1999 年 11 月 17 日首播，获第七届(1999 年度)中国广播文艺奖音乐节目二等奖。

② 上海人民广播电台 1999 年 10 月 25 日首播，获第七届(1999 年度)中国广播文艺奖音乐节目二等奖。

从众多的作品中精选出大约20首代表性作品。结果编导对某些年代的音乐作品不太熟悉，选择出现偏差，造成节目整体的断裂感。

作品介绍类节目还往往涉及对作品的评论本质。当前有不少音乐作品的评论流于空泛，动辄堆砌形容词掩盖专业知识的缺乏，甚至是一味褒扬而难以触及本质。中国广播文艺奖评委张君昌曾以荣获首届中国广播文艺一等奖的《流行音乐杂志》节目为例，谈音乐节目中对作品的评论问题。节目中，主持人对一首歌曲的评论是这样的：

> 景岗山在歌声中用自己的声音完成了提琴与小号等各种乐器的音响效果，发掘出了自己声音的表现力，但从另一方面说，这首歌伴奏人声的运用，大多数停留在对乐器的模仿上，虽然新鲜，但也难免有点哗众取宠的嫌隙。

而对另一位歌手的评价是：

> 也许是因为功力不足，也许是因为歌曲总体设计上把调子压得太低，所以曹葳的声音听起来很不稳定，人声伴奏也不太令人满意。曹葳对我说过，由于制作人员要求整张专辑都要保持浅吟低唱的风格，所以声音不能放开，影响了表现力，也没能显出真正的唱功，她自己比较遗憾。我想这大概就是为了体现所谓“新民谣”的风格吧。

这个节目的评论部分没有在简单的“肯定”或是“否定”方面铺排笔墨，而是进行了实事求是的、带有专业特色的分析，所以赢得了评委的好感。大家一致认为这个节目敢于批评，敢于肯定，比较实在，分寸得当。

三、人物介绍

这类节目以介绍音乐人物为主。音乐人物包括歌唱者、演奏者、曲作者、词作者、指挥等。其介绍对象按照人数、年龄、国别、时代的不同，可以有很多种划分方式。

历届政府奖的参赛作品中都有不少是关于音乐人物的，例如1999年的一等奖获奖作品、介绍外国歌曲译配家林蔡冰的《望父成龙》，2001年的一等奖获奖作品、介绍青年歌唱演员的《李琼的舞台》。2002年的政府奖参评作品则表现出人物介绍类作品选材的多样性，例如介绍著名作曲家的《流淌的真情——印青的歌》，介绍歌词翻译家的《歌声与人长相随——介绍我国歌词翻译家薛范》，介绍歌唱家的《半个世纪的爱》，介绍声乐教师的《魂牵梦绕教师情——青年声乐教师李大新素描》，介绍演奏者的《田野里的唢呐声——介绍农民唢呐演奏员张海涛》，介绍指挥的《大海女儿的情歌——访青岛籍中国著名女指挥家吴灵芬教授》，介绍业余歌唱爱好者的《友谊三十年——四位老人的爱乐故事》，介绍音乐考古与骨笛仿制者的《河姆渡情结——记音乐文化人朱德孚》，还有介绍既能演奏又能演唱还能作曲的青年音乐家冯晓泉的《民族音乐，生命中的最爱》等。

人物介绍类的音乐专题节目主要关注人物的成长经历、人生追求、艺术风格、艺术成就等方面的内容。在主题的锤炼之外，人物介绍类节目也特别重视对音乐人物人生经历的提炼概括，有其偏重叙事的特点。由于专题类节目的时长通常在半个小时以内，这就要求编导有很强的人物"速写"的能力，要既能够勾勒人物的粗线条轮廓，也能捕捉人物最具神采的瞬间。

四、音乐报道

音乐报道节目主要关注社会音乐动态，特别是关注一些音乐人物或音乐表演团体所举行的重要演出活动，并用艺术的手法加以报道和评论。这是音乐广播中常见的一种节目形态，也是一种兼具文艺和新闻特性的专题节目。它既带有新闻性，但又不太拘泥于新闻的时效性，而是更多地具有音乐的欣赏性；它既带有现场感，但又不完全局限于现场，而是以现场音乐活动为引线的深入报道。

好的音乐报道题材可遇而不可求，编导需要凭借强烈的新闻敏感性去捕捉。例如北京音乐台的音乐专题节目《世纪之约》①，这一节目报道了 1999 年在北京举行的一场特殊的音乐会。说它特殊，因为这场音乐会是两位老人在 20 年前的约定。1979 年，美国著名小提琴家斯特恩访问"文革"后刚刚恢复发展的中国，随同的美国摄制组把他在中国的参观、讲学的经历拍成了后来获奥斯卡最佳纪录片奖的《从毛泽东到莫扎特》。在斯特恩的访问中，中国著名指挥家李德伦曾为斯特恩的教学做现场翻译，两位音乐家结下了深厚的友谊。双方约定有机会还要联袂演出。1999 年斯特恩如约再次访华，当年过八十的李德伦抱病坐着轮椅被抬上指挥台，与斯特恩联袂演出莫扎特的《第三小提琴协奏曲》时，时间仿佛重返 20 年前，这个穿越了时光隧道的音乐传奇令现场观众唏嘘不已。

北京音乐台记者冯健抓住了这个好题材，用声音记录下这一珍贵的历史瞬间，并在节目中穿插运用了现场丰富的典型音响和演出实况音响，节目中真实感人的二十年时间跨度成为难以逾越的题材优势。而演出两年内两位大师的相继辞世，更使这个节目的价值变得无可比拟。

---

① 北京音乐台 2000 年 3 月 12 日首播，获第八届（2000 年度）中国广播文艺奖音乐节目一等奖。

音乐报道的优势是它关注现场的演出活动，能够在第一时间给听众以最直观的听觉享受，同时现场版的演出也将会变成珍贵的史料。尤其对于今天的各音乐频率来说，音乐报道的确是独领媒体风骚的竞争利器。不少音乐频率都开设了音乐报道形式的演出实况直播节目，例如中国“音乐之声”就推出了每周末的《国家大剧院》节目。而一向以积极开展丰富的音乐活动著称的北京音乐台也因持续关注“格莱美颁奖典礼”“世界地球日音乐会”“萨尔兹堡音乐节”“布拉格之春音乐节”和“柏林森林音乐会”，并创办“北京国际音乐节”等活动而拥有众多的音乐报道节目资源。

五、乐器介绍

乐器一般指除人声之外的用于音乐的发声器。乐器介绍类专题节目是音乐广播的专长，就中国目前的音乐教育普及程度和群众亟待提高的音乐欣赏水平而言，电台开展乐器介绍类专题节目有着非常好的前景。

世界各国的乐器种类极其丰富，据统计，欧美乐器约有一万种，中国乐器也达到千余种。作为音乐学分支学科的乐器学，更是涉及乐器的起源、发展、演变、流派、结构特性、制造工艺等内容，与诸多学科有着广泛联系。

中国古代的乐器按照材料分为八音：金、石、土、革、丝、木、匏、竹。而西方乐器则长期使用吹奏、打击、弦乐器的三分法。现代人按照乐器的发音方式和声学原理把乐器分为体鸣乐器、气鸣乐器、膜鸣乐器、弦鸣乐器和电声乐器五类。这些林林总总的乐器品种折射出丰富多彩的文化内涵，在人类文明发展史上扮演着重要角色。

中国的民族乐器宝库为乐器介绍类节目提供了无尽的资源。目前的乐器介绍类节目关注的题材主要有：

(1)特色乐器，介绍具有民族特色和广泛影响力，并有着丰富演出曲目的民族乐器，如唢呐、琵琶、古琴、筝、二胡等。

(2)古乐器，介绍具有悠久历史、现在已不多见的古代乐器，如埙、龠、编钟等。

(3)乐器故事与传说，介绍关于某类或某一件乐器的故事、传说、趣闻、逸事等。

(4)少数民族乐器，介绍少数民族的乐器以及相关知识。如蒙古族的马头琴，朝鲜族的长鼓，达斡尔族、回族、维吾尔族以及西南地区多个少数民族共同拥有的口弦，维吾尔族的都塔尔、热瓦甫，哈萨克的冬不拉，柯尔克孜的考姆兹，塔吉克的三孔鹰笛，俄罗斯族的巴扬和曼多林，藏族的扎木聂、牛角胡、大号，哈尼族的巴乌，彝族的葫芦笙，苗族的芦笙，侗族的牛腿琴等等。

(5)乐器发展史，按照时间线索，介绍不同历史时期的乐器。

六、音乐故事

音乐故事是文学与音乐节目之间的一种边缘节目形式。节目以音乐欣赏和故事讲述为双重目的，通常用文学语言配合优美的音乐旋律讲述故事。主要内容有：某个音乐作品或是某种音乐体裁的诞生，如音乐家、演奏家、作曲家的趣闻逸事等。音乐故事通常采用代言体的表演形式或是广播剧的角色化形式演播，音乐本身在节目中占有非常重要的比重。中国音乐故事的形式开始于1954年中央人民广播电台编译莫斯科电台的音乐故事节目，当时以介绍国外音乐家的故事居多，如《“歌曲之王”舒伯特的故事》《贝多芬的〈月光曲〉的故事》《格林卡》《维也纳森林的故事》等。这些音乐故事兼具动人的讲述和优美的旋律，具有很高的欣赏价值，在音乐知识普及与推广中发挥着重要作用。

第五节　音乐节目实例简析

表 3.1　音乐专题《望父成龙——爸爸林蔡冰的故事》

望父成龙 ——爸爸林蔡冰的故事 福建人民广播电台，现在请听音乐专题《望父成龙》。 【音乐扬起】 爸爸是一座山，爸爸是一根梁。在孩子们的心目中，爸爸就是一个英雄，爸爸就是一个顶天立地的好汉。可是，我的爸爸林蔡冰，在家里我们叫他爸爸，在我们的心目中，他从来就不是一个英雄。望父成龙，一直是我们几个孩子最大的愿望。老爸是印尼归侨，本地人称他们这些归侨为“番客”。他个子不高，黑黑瘦瘦的，可性格里却渗透了“番客”特有的“番”劲：做事有点傻，爱冲动，经常做出一些别人难以想象的事情。	从林蔡冰长子的角度谈起，有利于进行贴近、深入的心理分析，也显得比较亲切。 一个“番”字概括了“父亲”的青年时代，也表现出“父亲”的性格特点。
我们孩子之所以埋怨老爸，就因为他“番”劲太足，所以，让我们这些孩子一直过着清贫的生活。 哎！说起老爸，那故事很长很长…… 【音乐扬起】 1950年，20岁的老爸考上了厦门大学外语系英语专业。由于是学外语，经常接触外文歌曲，所以他渐渐地喜欢上音乐，尤其是外国音乐。大学第二年，老爸作出了让全家人都大吃一惊的决定：休学，要改学音乐。我爷爷可气晕了。说学音乐，那有什么出息？不行。第二年，又逼着老爸再次考上福建师范学院外语系俄语专业。这回，老爸只上了半年学就死活不肯去读了。望子成龙的爷爷为了让老爸收心，除了给老爸娶了媳妇，又让他改考华东师范大学中文系。老爸又考上了。这回，他硬着头皮学了两年之后，又悄悄地卷起铺盖回了家，说：“除了音乐学院，其他什么大学也不上。”六年上了三所大学，三个大学都没念完，老爸的“番”劲可闻名了漳州。	解说词概说“父亲”三次退学的经历。

续表

一天晚上，我们家的老屋是那样静谧，一缕皎洁的月光正透过窗户照射到地板上，这时，一首前苏联歌曲《小路》从收音机里飘出……那时，我两岁多，爷爷正逗着我玩。那苍凉、悲壮的歌曲摇撼着一家人的心。 【出歌曲《小路》压混】 一条小路曲曲弯弯细又长， 一直通往迷雾的远方， 我要沿着这条细长的小路， 跟着我的爱人上战场。 纷纷雪花掩盖了他的足迹， 没有脚步也听不到歌声， 在那一片宽广银色的原野上， 只有一条小路孤零零。 他在冒着枪林弹雨的危险， 实在叫我心中牵挂， 我要变成一只伶俐的小鸟， 立刻飞到爱人的身边。	《小路》既是爷爷最终同意父亲报考音乐学院的引线，又是广为传唱的苏联歌曲，出现在这里自然恰当。注意歌曲与介绍部分出现的先后顺序。
《小路》这首歌在老爸之前已有两人译配过，但流传下来的却是老爸翻译的版本。 当听到这首歌是老爸译配时，爷爷长长地叹了一口气说："你还是去读音乐学院吧！" 那一年，是1958年。 老爸报考的学校是上海音乐学院。 【歌曲扬】 那天晚上，老爸兴高采烈地赶到上海，他要先参加专业考试。他刚出火车站，在等公共汽车时，听到路边有人蹲着呻吟，忙赶过去问。一位青年干部压着肚子说："我是中央农机部的干部，可能是胆囊炎发作了。"说完，疼得昏了过去。老爸二话不说，就把他送到医院抢救。医生说，还好送得及时，不然就没命了。这位青年干部昏迷了三天三夜，老爸陪了他三天三夜。等到那人的亲属赶来，时间已过了一个星期。老爸赶到学校时，早已错过了考试时间，也错过了与何占豪、沈传薪等一大批后来成为中国著名音乐家同学的机会。老爸只好怏怏而回。 回家时在鹰潭火车站转车，这时候车室发生了一件事，有人遗弃了一对不满周岁的双胞胎男孩。包袱中有一个字条写着：单子和双子，本是双胞胎，父母犯错误，无力抚养他。落款是"天涯沦落人"。由于是犯错误人的孩子，没人敢认养。这时，老爸的那股"番"劲又来了，抱起孩子说："这么漂亮的孩子，没人要，太可惜了。"车站派出所的同志大喜过望地说："好！你领养，我们给你办手续。" 当老爸抱着两个孩子回到家时，爷爷、奶奶、妈妈差一点没有昏过去。大学没念上，还带回来两个孩子，再"番"也不能这么"番"呀！老爸嗫嗫地说，"以后好好在家工作，再也不胡思乱想了。"妈妈见老爸发誓肯收下心来，这才破	叙述较为详细的一段。通过两件事来体现主人公热心、善良的性格特点。

续表

涕为笑，原谅了老爸的荒唐行为。

后来老爸来到一所学校当代课教师。再后来，我的两个弟弟妹妹也相继出生了，五个孩子加上爷爷奶奶，九个人的大家庭，生活过得够紧的。但是，老爸的心情是快乐的，他充分发挥自己的特长，译配了大量外国歌曲。1958年底，老姑婆从印尼回来，给老爸带来了一首印尼民歌《哎哟，妈妈》。老爸一下子被迷住了，多么优美的旋律啊！他几夜挑灯苦战，把歌词译成中文，并对歌曲旋律进行了修改，使它更适合中国听众的欣赏习惯。这首歌很快红遍大江南北。

【出歌曲】

河里青蛙从哪里来？
是从那水田向河里游来。
甜蜜爱情从哪里来？
是从那眼睛到心怀。
哎哟，妈妈，
你可不要对我生气。
哎哟，妈妈，
你可不要对我生气！
年轻人就是这样相爱！

从这以后，老爸的歌曲译配一发而不可收。1958年至1960年，三年间，他就在全国各级音乐刊物上发表了翻译歌曲200多首，出版了《苏联青年新歌集》《保罗·罗伯逊演唱歌曲集》等三部译配歌曲集。其中许多歌曲，像前苏联歌曲《多瑙河之波》、美国歌曲《咚哪咚哪》、印尼歌曲《星戈星戈》等都是流传很广的，深受广大听众欢迎。美国歌曲《故乡的亲人》就是其中很有代表性的一首。

【出歌曲】

我故乡在斯瓦尼河畔遥远的地方，
亲爱的故乡和亲人们，
我永远不会忘。
我独自走遍天涯海角，悲哀失望，
唯有那故乡的田园和亲人，
最使我心向往。
茫茫人世悲伤凄凉，到处去流浪，
哦，黑人远远离开故乡，
心中多么惆怅！
想当年我在家乡生活多么美好！
度过多少快乐时光，唱过多少歌。
何日才能回到故乡，
欢聚一堂。
何日回到母亲身旁，
生死都在故乡。
茫茫人世悲伤凄凉，
到处去流浪。
哦，黑人远远离开故乡！
心中多么惆怅。

续表

1962年困难时期，老爸当代课老师的收入本来就很低，爷爷奶奶去世后，印尼亲友的经济援助也基本上断了。家里的生活很困难。我们几个孩子常埋怨老爸：您呀，随便读完一所大学，凭自己懂得三国语言的本事，早已是一条龙了，家里的日子也不会这么紧张。提到这种时候，老爸总是笑哈哈地安慰我们：虽然我在别的方面有很大损失，但在音乐上却得到弥补。你们看，我不是生活得很开心吗？ 这一年，东方歌舞团准备随刘少奇主席、陈毅外长去印尼访问演出，特意邀请老爸去排练指导。彩排演出很成功，刘少奇见老爸又黑又瘦，关切地问他身体好不好，有没有什么困难。老爸讷讷地说："家里的孩子多，吃不饱。"刘少奇同志凝重地看着老爸，没吭声。第二天便委托秘书送来100斤全国粮票和200元钱。老爸回家时，全家人别提多高兴了。老爸问我："这粮票和钱怎么处理？"我说："老爸，让我们饱饱地吃一顿好吗？"老爸高兴地说："行！好好地吃一顿！" 如今，30多年过去了，那香喷喷的饭菜至今还留在我的脑海里。 我们一家人也永远不会忘记刘少奇同志那雪中送炭的爱心。正是那些粮票和钱才帮助我们一家渡过了那最困难的时期。 我更不会忘记，那一晚，老爸在饱餐之余，写下了注定要在中国音乐译配史上留下美名的歌曲《划船歌》。 快快划呀，小船快飘荡， 苏拉巴亚就在那前方。 你可忘记华丽的衣裳， 千万不要把我遗忘。 一阵阵北风吹着小船东西摇晃， 我撑船舵用力划向前方。 你可忘记华丽的衣裳， 千万不要把我遗忘。 1966年，老爸陷入了"文革"的噩梦中，他因为大量传播所谓的"封资修毒品"，因为他接受过刘少奇的100斤粮票、200元钱，而饱受摧残和迫害，最后，连代课教师的权利也被剥夺。从此，为了养家糊口，老爸就干起修锁匠的工作，这一干就是30年，至今他还干着修锁的工作。 噩梦醒来是早晨，当老爸和全国亿万人民一同迎来明媚的朝霞，一同迎来改革开放那缕缕春风的时候，老爸那老顽童似的脸天天都绽开灿烂的笑容，他拼命地在音乐的沙滩上拾贝，仅在80年代初，人民音乐出版社、上海文艺出版社就出版了他主编译配的五本歌曲集。 我们这一代孩子也赶上了好时光，1979年，我和单子、双子一同考上了大学。老爸没读完的书，让我们孩子都读上了。不过，老爸唯一偏心的是我上大学时老爸每个月只给20元生活费，这包括所有的开支，而单子和双子却有30元。我嘟囔着向老爸埋怨，老爸笑着说："你是大哥呀！"我无言以对。我知道老爸靠修锁维持一家人的生活，够困难的，我不能再给老爸增添麻烦了。 我们都长大了，走上了工作岗位，老爸也老了，我们早已没有了"望父成龙"的想法，只是希望老爸开开心心，好好做他的音乐梦。孩子们不让他上街修锁，老爸却说："几十年走惯了，要是不走，音符反而跳不出来。"啊呀！天底下哪有这样的道理？不过这是真的，老爸正是在修锁中找到了音乐创作的灵感。	由歌曲的忧伤情绪过渡到主人公人生中的困难时期。 节目中第二段较为详细的叙述部分。

续表

1988 年，单子和双子双双研究生毕业，被国家选送到国外留学。老爸可高兴了，说两个孩子都有了对象，喜事就一块儿办了。婚期定在 10 月 1 日国庆节。可就在 9 月中旬，老爸却突然失踪了，去哪里呢？全家人可着急了。原来他跑到南昌，自费在《江西日报》上登了一则寻人启事：单子和双子的父母亲，你们的孩子已长大成人，学有成就，即将赴国外留学。他们定于 10 月 1 日同时举行婚礼，望你们务必赶来，一家欢聚，共享天伦之乐。 正在南昌开华东地区省级党报会议的老总们看到启事后，备受感动，纷纷打电话回去指示自家的报纸免费刊登这个启事。 我爸回来后，把当年收养的事告诉了单子和双子。他们俩听呆了，哭着说："不可能，不可能！老爸老妈最疼爱的是我们俩，花钱最多的是我们俩，读书最多的是我们俩。老爸，你可不能开这样的玩笑。"老爸却笑着说："这个玩笑怎么能乱开呢？你生身父母当时可能也是出于无奈，我们应该谅解他们，或许他们也在牵肠挂肚地思念你们呀！" 接下来是我们一家人焦急的等待。9 月 29 日，那是我们一家人终生难忘的一天，当单子和双子的父母亲赶到漳州来和孩子团聚的时候，当他们诉说"天涯沦落人"的痛苦遭遇、诉说 30 年来对孩子的思念的时候，全家人抱头痛哭，孩子对父母的埋怨，父母对孩子的愧疚，都在这一刻得到瓦解冰消。 啊！这苦涩的热泪，这甜蜜的微笑，这是我们一家人全部生活的糖中之糖，盐中之盐！这年，老爸译配了一首著名的美国乡村歌曲《单程车票》，这首歌在 1989 年中央电视台春节联欢会上演唱，它那独特的风格，很受观众欢迎。细想想，老爸这一生，买的何尝不是音乐单程票？ 【出歌曲】 列车就要开， 汽笛声声响， 告别我亲人， 永远离家乡。 单程车票呀， 送我去远方。 爱人和宝宝将离开我身旁， 泪水如泉涌， 令人欲断肠。 呜！ 一条铁路通向远方， 我要到天涯海角独自去流浪。 宿在荒郊小客房， 从没有人像我这样悲伤。 汽笛声声响， 告别我亲人， 永远离家乡。 单程车票呀， 送我去远方。 1999 年 3 月 2 日，元宵节，这是一个花好月圆的日子。这一天是老爸的 69 岁生日。闽南人的风俗是不过 70 过 69，69 岁生日当成 70 过。这天，我们五个在祖国各地的孩子都回到了故乡漳州，回到了老爸生活了几十年的老屋，庆贺老爸的生日。老爸的心依然那么年轻，那闪烁的眼神依然那么顽皮。举杯前，老爸	解说部分自然流畅，仍然保持歌曲介绍时先出名称，然后是演唱的顺序，便于听众接受、记忆。

续表

一本正经地说:“老爸不争气,一辈子成不了龙,也没拿过一本文凭证书。今天,老爸要拿三本证书给你们看看。”说着,老爸变戏法似的拿出中国音乐家协会、中国音乐文学学会、中国音乐著作权协会等三本会员证。接着老爸又拿出这十几年来他主编的十五本外国歌曲集。望着这三本证书和十五本歌曲集,我们五位孩子心潮起伏,热泪盈眶。老爸,这一辈子我们错怪了你,你是一条龙,你是一条真正的龙呀! 啊!老爸,我们的好老爸!【混响】我们的好老爸!! 【音乐扬起】 刚才听到的是音乐专题《望父成龙》。写稿:王宏;编辑:冯钢、夏枫。这次节目播送完了。 【福建人民广播电台 1999 年 10 月 28 日首播】	

第四章 戏曲广播

戏曲是中国传统舞台表演艺术形式，以唱念做打为主要的演出手段，所以有不少剧目可以改编为适合收听的广播节目。同时，戏曲广播节目拥有较为稳定的收听群体。据CSM2007年21城市16岁以上听众最喜爱的广播节目类型调查①显示：在受调查的43种广播节目类型中，综合新闻类以55.75%排名第一，而地方戏曲以4.60%排名第20位，居于中游位置。这次调查所选定的国家部分重点城市主要集中在东、中部地区，其中在绍兴、苏州两地的调查中，地方戏曲节目都进入了最受听众喜爱的广播节目的前六名，分别排在第四和第五位。而在一些戏曲大省(如陕西、河南、安徽等)都没有城市进入调查，这在客观上影响了调查的准确度。但即便是除去调查中选项设置不合理等因素，戏曲节目的收听情况也不容乐观。戏曲广播面临的最主要的危机是：节目资源和听众群的双重老化。

另据CSM2014年文艺类广播频率收听调查数据②显示：在所调查的广播文艺类节目收听比重数据中，除去未归类的“文艺其他”类别节目，排在第一位的是小说评书类节目，收听比重为16.67%；排在第二位的是地方戏曲类节目，收听比重为11.5%。这两类节目的收听人群比重占到文艺类频率听众总数的28%。数据表明，广播戏曲节目仍然是文艺广播的重要组成部分。

第一节 戏曲常识与戏曲广播化

一、戏曲的起源与发展

中国的戏曲起源最早可以追溯到原始时代的歌舞。西周时出现了贵族豢养的

① 王兰柱主编：《2008中国广播收听年鉴》，中国传媒大学出版社2008年版，第23页。

② 何庆金：《2014年文艺类频率收听状况分析》，http://www.csm.com.cn/data/editor/pdf/5555b879bf441.pdf。

“优”，也称“倡优”或“俳优”，主要用来娱乐和劝谕。而汉代的“角抵戏”（竞技表演）已经初具戏剧化的形态，出现了歌舞形式的《总会仙倡》、角抵形式的《东海黄公》等剧目。至《东海黄公》时，中国戏曲已经形成以故事为核心，将歌、舞、乐、技、诗等要素融合起来的形式。南北朝时出现有两个固定角色“参军”和“苍鹘”的“参军戏”。唐朝设立了专门训练艺人的音乐戏曲歌舞机关“梨园”，民间有了“代面”“钵头”“踏摇娘”等几种有故事情节的歌舞表演形式。

唐宋间出现了庙会、勾栏、瓦肆等表演场所。北宋出现了“书会先生”，专门创作各种形式的脚本，如话本、剧本、曲词等。北宋末年到金灭亡间，宋杂剧及各种技艺开始南北分流。北杂剧产生于金代，与金院本等形式混杂在一起；南戏滥觞于南渡之际的北宋宣和年间（1119－1125），成形于宋光宗朝（1190－1194）的永嘉，也称为温州杂剧或永嘉杂剧，代表作有《赵贞女》《王魁》。至北宋末，中国戏曲的四个要素：演员、剧场、剧本、观众（或演员、剧场、剧本、演出）都已齐备。

元朝灭亡南宋统一（1279）后，南北戏曲相互融合交流，出现繁荣局面。明至清中叶，南戏盛极一时，先是诸腔调共同繁荣，然后是昆山腔和弋阳诸腔戏的兴起。明清时期形成了以昆腔为主，梆子、高腔、皮黄并存的局面。明至清的四大声腔分别是：昆腔、梆子（晋、陕、冀、豫、鲁各路梆子戏）、高腔（赣、川、湘、闽、浙的高腔戏）、皮黄（鄂、徽、桂、粤、滇的皮黄戏）。

清代乾隆末年，三庆、四喜、春台、和春四大徽班进京带来二黄和西皮，在此基础上，吸取其他剧种的优点形成了京剧。

中华人民共和国成立后，当代的戏曲广播确定了京、评、豫、越、川、秦、粤七大剧种的主体地位，同时也注意适当播出一些语言易懂、曲调优美或流行地区较广的中、小剧种，如河北梆子、晋剧、吕剧、黄梅戏、锡剧、沪剧等。

二、中国戏曲艺术特征

（一）戏曲舞台的时空观

戏曲的虚拟性首先表现为对舞台时间和空间处理的灵活性。戏剧是通过舞台表演的形式来反映生活的，舞台对于戏剧就是一种限制。因此，戏剧必须解决如何利用舞台的空间和时间的问题。

中国戏曲的解决办法是和观众达成这样一个默契：把舞台有限的空间和时间，当作不固定的、自由的、流动的空间和时间。舞台的空间和时间的含义，完全由剧作者和演员予以假定，观众也表示赞同和接受。中国传统戏曲对舞台空间和时间的处理都采取了超脱的态度，既不追究舞台空间的利用是否合乎生活的尺度，也不追究演出时间是否合乎情节时间的延续，而是依靠分场的结构体制和虚拟的表现手法，把舞台的局限性巧妙地转化为艺术创作的独特魅力。

舞台空间因角色表演而定。有人物的活动，舞台环境才开始明确化；离开人物的活动，舞台不过是不确定的空间。因此，重要角色的上下场就成为戏剧空间变化和剧情发展的关键。如《群英会》的第一场，舞台上摆着大帐和桌椅，但并不确定具体环境，因此黄盖和甘宁可以在大帐前起霸。随着周瑜出场，舞台才确定为周瑜的大营；周瑜等人一下场，具体环境也随之消失。第二场，大帐和桌椅换了摆法，这也只是对环境的一种暗示；等到鲁肃上场“藏书”，观众才明白这时的舞台又变成了周瑜的寝帐。

空间的转换也是通过演员虚拟化的表演予以揭示的，通过演员的动作，舞台上的空间可以从一个环境迅速地转入另一个环境。只要一个“挖门”就表示从室外进入室内，“一翻两翻”或一个“绕场”就表示换了地方等等。

假定性的戏曲舞台空间不受实物、布景、道具约束，转换非常灵活。因为缺少视觉呈现，在广播化处理时，例如制作戏曲故事或是戏曲录音剪辑等节目时，尤其需要注意对戏曲空间的变化予以清楚交代。

（1）两个空间的合一：《玉簪记》中，陈妙常与潘必正“秋江赶船”一段，从追赶到赶上，就是陈、潘二人各自所处的两个空间由并存而合一的过程。

（2）一个空间的分裂：《二堂舍子》中，舞台空间由“二堂”一个空间变化为“二堂”与“府门外大街上”并存的两个空间。

（3）两个远距离空间的并存：《张古董借妻》的“瓮城”一场，舞台一角表现张古董被关在瓮城里，进退两难，哭笑不得；舞台正中表现李天龙一对假夫妻被强留在岳父家住宿。于是出现了喜剧性的对比场面。有时两个远距离空间的并存还可以采用一虚一实的表现手法：《打渔杀家》里，萧恩上官府告状与女儿桂英在家等候时的两个空间，一个用正场视觉形象表现女儿在家，一个用舞台外音响效果的听觉形象表现父亲在县衙挨打。

（4）流动空间和固定空间的结合：话剧中很难表现人物在行路过程中的活动，因为话剧舞台难以表现空间的流动性。而戏曲则无此障碍，所以传统戏曲有所谓“人行千里地、马过万重山”的说法。如《徐策跑城》《萧何月下追韩信》《寇准背靴》《林冲夜奔》《时迁盗甲》《昭君出塞》等都是典型的例子。

戏曲舞台空间形象处理主要不在于真实地再现生活空间，不在于事无巨细、应有尽有地忠实于生活空间的自然形态，而在于有选择地、集中地反映生活中的情感节奏和情感冲突。为了这个目的，它可以打破生活中的一切时间和空间的界限，可虚可实、可动可静、可行可止、可远可近，既可以表现单一空间，也可以表现多个空间的交替或并存，可以说今天电影、电视等艺术形式所具有的空间处理手法，在戏曲当中都已有所探索并取得了相当的成就。

戏曲舞台时间的安排，完全由戏曲情节的需要来决定。《四进士》的“盗书”一场，宋士杰安排那两个奉命行贿的公差睡下后，拨门、盗书、拆书，又把那封书信一字一句抄录下来后送回原处，这一切，他都做得从从容容，有条不紊。一把暗通关节的证据拿到手，台上就响起了四更；稍一静场，鸡鸣天晓，行贿的和告状的都各奔前程。舞台时间根据戏剧情节的需要实现灵活的“慢放”与“快进”，其中的静场更是起到了“有戏则长、无戏则短”的效果。这种时间观给戏曲带来了一种既流动灵活又相对固定，既连续不断又相对间隔的分场结构体制。

而戏曲舞台的上下场，犹如影视语言的出画入画，意味着时间和空间的间隔，为戏曲表演的时空转换提供了更多的灵活性。例如南戏《拜月亭记·违离兵火》一出，通过七次连续性上下场，简洁而有层次地交代了王瑞兰母女和蒋世隆兄妹在兵荒马乱中仓促出奔、中途被乱军冲散的全过程，战争的动乱气氛被渲染得非常强烈，音乐结构也相当完整，说明分场体制的运用已经达到纯熟的程度。

(二)道具与布景的虚拟

戏曲演出中，大小用具和简单布景也被称为“砌末”，是金元时期已有的戏班行话。传统戏曲舞台上的砌末包括：(1)生活用具，如烛台、灯笼、扇子、手绢、文房四宝、茶具、酒具等；(2)交通用具，如轿子、车旗、船桨、马鞭等；(3)武器，又称刀枪把子，如各种刀、枪、剑、斧、鞭、棍、棒等；(4)表现环境、点染气氛的各种物件，如布城、大帐、小帐、门旗、纛旗、水旗、风旗、火旗、銮仪器仗、桌围椅披等。

戏曲艺术中，砌末的使用表现出鲜明的特点，比如用美的代替丑的。如元刊本的《萧何追韩信》中，设计演员背着竹子扎成的竹马上台表演，为了进一步解放演员的形体，改进了道具的表现手法，后来只保留了马鞭，并且是美化过的马鞭。为了加强马鞭的艺术表现力，戏曲艺人在色彩和装饰上有不少讲究。项羽骑的是乌骓，马鞭用黑色；关羽骑的是赤兔，马鞭用红色；窦尔墩“盗”的是金鞍玉辔的“御马”，马鞭上还要扎个彩球。这样的马鞭比起竹马来更精美，更富有艺术表现力。用平面的代替立体的，如车旗、水旗、云旗、布城；用此物代指彼事物，如一张桌子可以是“龙书案”“梳妆台”，甚至是《长坂坡》里曹操观阵的“山坡”，插上旗子就是《红梅阁》里卢家的“红梅树”、《平贵别窑》里的“窑洞门”；有时甚至是用虚拟化的表演表现某事物或是某个场景，如《三岔口》《挑滑车》《梁祝·十八相送》等戏目中的场景处理。

砌末的作用主要是辅助表演、帮助刻画人物形象和交代环境。例如，戏曲表演中不同的人物使用不同的扇子：《牡丹亭》中的杜丽娘和春香，一个用折扇，一个用团扇，就表现了小姐与丫环的不同身份;《群英会》中的诸葛亮手挥羽扇,突出了他的谋士风度;《艳阳楼》中的高登则用特大的折扇,衬托了他的飞扬跋扈的恶少神态。这些道具对于人物形象的刻画起到了非常好的辅助作用,在转化为广播节目时,应根据节目特点予以适当的说明。砌末对于剧情的时间、地点和气氛,也有一定的表现和暗示作用。如烛台、灯笼,可以表示夜晚;桌椅的不同摆法和桌围椅披的不同色彩、纹样,也可以暗示地点以至剧中人的身份;不同色彩、纹样和摆法的大帐、小帐,也是渲染气氛的常用手段。

砌末的高度虚拟化,可以在有限的舞台上,把观众带到多种多样的生活联想中去,借观众的联想来完成艺术的创造。这一点,与广播的听觉化接受中需要充分调度听众的想象力是高度一致的。但是,在将戏曲节目转化为广播形式播出时,应注意对于一些重要的砌末给予足够的重视和相应的说明。

(三)演员的虚拟化演出

戏曲演员的表演是一种以创造真实情境为目的的虚拟化表演。虚拟表演的动作越准确,结构越严谨,越符合生活的逻辑,就越容易使人感到真实可信。在戏曲舞台上,门总是往里拉的,窗却是向外推的。尽管舞台上并没有门和窗,但观众一看便懂,因为这是在旧式建筑特点的基础上提炼和典型化了的动作,它符合观众的生活经验,因而能取得观众的默契。

川剧演员周海波在教学生演《秋江》时,对学生提出了一连串的问题:这是大船还是小船?是在大河还是小河?走顺流还是逆流?过险滩时怎么走?放流又怎么走?诸如此类的问题,他都要求想象得具体,感受得真切,有丰富生动的内心视像,把行船动作的设计和组合建立在具体生动的生活基础上。他还进一步要求:船在行进,人在动荡,必须掌握一个“动”字;江上行舟,必然有风,感觉中要有一个“风”字;赶潘心切,心里要有一个“追”字。这样,川江行舟、赶潘心切的意境才能在观众的想象中活跃起来。这就说明:不管虚拟手法有多大的假定成分,归根到底,还是要受到艺术必须真实地反映生活这个基本规律的制约。如果执鞭代马而不感到有马,摇桨代船而不感到有船,就会破坏虚拟表演的生活逻辑,也就破坏了观众的想象。

演员以虚拟手法描摹客观景物形象,又在这种创造中观照自己,形成一种情景交融的自我感觉,凡登山、涉水、行船、走马等虚拟动作莫不如此。比如《挑滑车》中高宠的跃马登山,表现了这位抗金英雄奋力杀敌的激情;《艳阳楼》的高登纵马在人群中横冲直撞,表现的是一个恶霸的凶暴骄横;《棋盘山》中薛金莲的策马奔驰,表现的就是这位青年女将的英武。戏曲虚拟化表演的最终目的是为了创造一种艺术化的真实情境。

(四)程式化的表演

中国戏曲的表演程式是运用歌舞手段表现生活的一种表演技术格式。唱、念、做、打、音乐伴奏以及曲牌的串联皆有程式,是戏曲表演的主要特点。表演程式实质是生活动作的规范化,是赋予表演固定的或基本固定的格式。例如关门、推窗、上马、登舟等,都有一套固定的程式。许多程式动作各有一些特殊的名称,例如"卧鱼""吊毛""抢背"等。

程式化制约着戏曲形象创造,也贯穿于舞台演出的结构体制。生活的自然形态和任何一种表演因素,如果不转化为程式,就不能统一于戏曲的舞台演出风格。唱腔中的曲牌、板式,念白中的散白、韵白,做派中的身段、工架,武打中的各种套子,喜、怒、哀、乐等感情的表现形式等,无一不是生活中的语言声调和心理、形体表现的格律化。而每种表演程式都是在创造具体形象的过程中形成的,当它形成以后,又可作为旁人效法和进行再创造的出发点,并逐渐成为可以推广到同类剧目或同类人物的规范。

例如"起霸"这套程式,相传原是为表现楚霸工项羽披挂出征时的英雄气概而创造的,后来成为表现武将在临战前夕整装待发的通用格式。整个"起霸"的过程由提甲出场式亮相、云手、踢腿、弓箭步、骑马蹲裆式、跨腿、整袖、正冠、紧甲等基本动作连贯组成,后又在此基础上分化、衍生出男起霸、女起霸、全霸、倒霸、双起霸、蝴蝶霸等程式类型。

(五)戏曲的音乐伴奏

戏曲的音乐伴奏担负着陪衬场景、抒写心情、伴奏唱腔、铺垫节奏和渲染气氛的作用。各曲种的音乐伴奏形式和乐队构成不尽相同。我们以最具代表性的京剧为例,简单了解戏曲的音乐伴奏。京剧伴奏乐器主要由打击乐器和民族管弦乐器构成,打击乐器称武场,管弦乐器称文场,总称场面或文武场。

文场的主奏乐器有京胡、月琴、三弦和较晚出现的京二胡,前三者合称"京剧文场三大件"。此外还有笛、笙、唢呐、海笛子、琵琶、中阮等。

武场的主奏乐器有鼓板(鼓板为檀板、单皮鼓两件乐器的合称,通常由鼓师同时负责板的演奏,故合称为鼓板),大、小锣,铙钹。合称为"京剧武场三大件"。此外还有堂鼓、定音鼓、小军鼓、吊钹等。

演出中由于唱腔和曲牌不同,伴奏的主奏乐器也有所不同,据此可以分为胡琴曲牌、笛子曲牌、唢呐曲牌和海笛曲牌。

常见的胡琴曲牌有《小开门》《万年欢》《哭皇天》《八岔》等,表演时以京胡为主,使用京二胡、月琴、三弦等，京剧中的二黄、西皮、四平调、南梆子等皮黄腔中所用的胡琴曲牌，都由这组乐器演奏。

笛子曲牌主要有《朝天子》《山坡羊》《汉东山》《川拨掉》等，表演时使用以笛子为主的管乐器，包括笛和笙，有时也搭配运用胡琴、三弦等弦乐器，主要伴奏京剧中的昆曲、吹腔及杂腔小调，如《银纽丝》《柳枝腔》等。唢呐曲牌有《急三枪》《香柳娘》《浪淘沙》《六幺令》《水龙吟》《将军令》《节节高》《风入松》等，主要运用唢呐表演。

唢呐既可以吹奏曲牌，伴奏歌唱，还兼吹马嘶、鸡鸣等音响效果。京剧中的群唱或独唱的大字曲牌、唢呐二黄以及杂调中的《南锣》《云苏调》等，都用唢呐伴奏。

海笛曲牌有《娃娃》等，海笛也可用来伴唱。

武场的基本乐器中，鼓板起乐队指挥作用。大锣音响丰满，色彩鲜明，力度强，故多用于剧中大场面活动，或表演节奏明快、情绪强烈的场合。铙钹音响闷哑，色彩暗淡，故多用于气氛低沉、情调悲抑的剧情。小锣声音清脆明快，单打时用于较为安详、平静的表演。除四大件外，京剧武场乐器也会使用到其他的打击乐器，如在伴奏大开打、起霸、升帐时用大堂鼓、小堂鼓；伴奏水战场面时使用水钹、大铙；为轻快、机警的舞蹈、武打动作伴奏时使用小镲锅和小锣配合。在一些文场曲牌演奏时，也会使用齐钹、木鱼、梆子、碰钟、云锣、汤锣等进行声音的丰富和装饰。

京剧中的打击乐器，也有自己严格的格式，称“锣鼓点”或“锣鼓经”。常用的锣鼓点有几十个，各类锣鼓点可以配合表现不同的场景或情绪。如表现短暂瞬间变化的“四击头”“撕边”等；表现大段动作情绪的“冲头”“长锤”“一锤锣”等；表现激烈情绪的“急急风”“乱锤”“紧锤”等。

三、戏曲广播化

(一)熟悉戏曲表演

戏曲广播节目的编导应该了解戏曲相关知识，要学会看戏，更要学会听戏。因为戏曲进入广播后，其时间与空间综合的特性无法完全发挥，也就是说，“唱念做打”只剩下唱和念，戏曲广播节目编导不仅要弥补视觉形象的不足，还要发挥广播作为听觉艺术的长处。

戏曲艺术在声音层面主要涉及“唱、念、奏、打”，其中“唱”“奏”主要关系到戏曲音乐的声腔与板式体制，“念”是演员表演中念白的部分，“打”是戏曲中的打击乐部分。在声音层面的这几个元素中，编导应该要熟悉演员的唱腔、主奏乐器（京剧中的京胡、唢呐、笛子）的演奏以及打击乐器的演奏特点。（以下以京剧为例）

1. 曲牌体与板腔体

京剧音乐分曲牌连套体和板腔体两大体系。板腔体是京剧唱腔中主要的部分，曲牌体的比重相对较低。

京剧曲牌主要分为源于昆曲的“混牌子”和来源于民间器乐曲的“清牌子”两类。“混牌子”一般带有原来的唱词，配有特定的锣鼓经，字数、韵辙的格式较严谨。“清牌子”一般没有唱词，较少配锣鼓经，分为大唢呐曲牌、膜笛曲牌、海笛曲牌和胡琴曲牌四类。京剧曲牌原有数百种，现在经常使用的有几十种。通常多个曲牌按照一定的规则连缀在一起表演，可以配合动作、辅助唱念、推动情节发展。

板腔体音乐较之曲牌体音乐更加灵活，它以二黄和西皮的原板曲调为基本板式，在原板的基础上做节奏、节拍、速度、力度、旋律、调式的变化，产生出其他不同的板式。如将京剧“原板”的速度放慢、节奏伸展、曲调加花，可以发展出“快三眼”“中三眼”“慢三眼”等板式；将“原板”的速度加快、节奏压缩、曲调简化，可以发展为“二六”“流水”“快板”“垛板”“回龙”等板式；将“原板”的节奏打散，可以发展成“散板”“摇板”“导板”等板式。在中国戏曲中（如豫剧、吕剧、蒲剧等），属于板腔体的戏曲形式都运用这种方式创造新的音乐，这是具有鲜明中国特色和民族风格的作曲方式。

2. 戏曲打击乐

打击乐是戏曲音乐的重要组成部分，通常在乐队中起主导作用。每个剧种所使用的打击乐乐器都有所不同。以京剧为例，使用到的打击乐器主要有鼓、板、大锣、铙钹、小锣等，具有渲染气氛、刻画人物性格、配合表现人物动作等作用。其中，鼓师经常会通过不同的演奏手法暗示乐队或演员注意节奏变化，从而起到指挥整个伴奏乐队或是调整表演节奏的作用。

各剧种锣鼓经都有传统的记谱方法和一些约定俗成的术语。例如，在京剧中：

大（右楗击鼓），八（左楗击鼓），巴（双楗重击），嘟（双楗轮奏。长的叫“撕边儿”，短的叫“搓儿”），多（右楗重击鼓心），龙冬（“龙”表示板和右楗“多”的齐奏，“冬”表示右楗敲击），表示鼓的不同演奏技法。

扎（唱腔中板的独奏，过门中是板与右楗的合奏），衣（板的轻击），乙（板的休止或右楗轻击）等，表示板的演奏技法。

仓（大锣、铙钹、小锣齐奏），顷、空（大锣、铙钹、小锣轻奏），匝（大锣、铙钹、小锣闷奏），匡（大锣独奏，表示更鼓、鸣金等），表示大锣的演奏技法。

才（铙钹、小锣重击），七（铙钹轻击、独奏），表示铙钹的演奏技法。

台（小锣重击），令（小锣轻击），表示小锣的演奏技法。

作为广播戏曲节目的编导要了解锣鼓经的基本术语。

在长期的演出实践中，锣鼓经也形成了一些程式化的表演套路。这些套路通常有相对固定的含义，以配合不同的氛围、情绪、场景、台词和动作需求。例如，用于开场引出唱腔的各类“导板头”；用来开唱或配合人物演唱前的表演的“慢长锤”“快长锤”，表现人物心潮跌宕、思绪烦乱的“摇板长锤”等；配合表现人物紧张情绪或急促动作的“紧锤”；用于开唱、表现人物上下场、走“圆场”的各类“抽头”；表现人物忧思、焦虑甚至失常的“搓锤”；暗示开场、换场、上下场，配合人物动作和舞蹈表演的“冲头”；预示着细微动作或是动作趋向终止的各类“住头”；表示演员即将开始念引子、念诗等韵白表演或曲牌演唱的“归位”；表现剧中人物激烈、焦急而发出呼唤的“叫头”；配合渲染打斗场景紧张气氛的“夹饽饽”“一封书”；表现马战、备马或节奏较舒缓的舞蹈、武打、水战、对剑等场景的“走马锣鼓”；表现交战场景中，双方相互致意的“扎坞”；表现人物摸黑、搜索、藏匿、行进的“阴锣”等。此外，“起霸”“趟马”“走边”等程式化表演过程也都有相应的锣鼓经配合表现。

戏曲广播节目通过听觉渠道传播，我们传递给听众的首先是戏曲的唱段，所以选择合适的剧目、唱段是节目创作中的重点。解说词是辅助、引导听众欣赏唱段的工具，并不是戏曲类节目的主角。所以戏曲编导的创作应该从“听”开始，而不是从“写”开始。

有些编导做戏曲专题节目时，习惯于先翻阅背景资料，选好一个题目后就动笔写解说词，解说词完成后，选几个唱段来做自己文章的注脚。这样的戏曲节目，文稿本身流畅洒脱，气韵生动，但是插入的戏曲唱段成了可有可无的陪衬，是本末倒置。

制作戏曲录音剪辑节目，如果不听戏，不熟悉戏曲的唱腔特点或是曲式特点，而只是根据文学剧本选好段落，然后写解说词来串联组合，忽略了戏曲艺术的唱腔、音乐或是锣鼓点的表演特点，就有可能出现依据唱词选择唱段而割裂了音乐的内在联系；有时写解说词为了文气连贯，解说词必须紧接着唱腔道白的地方，结果录制时发现那句唱腔或是道白前后与音乐或锣鼓点浑然一体，密不可分。这时编导面临两难的选择：要么截断音乐配上解说词，以求文气连贯；要么保留完整的音乐或是锣鼓点而打断解说词与唱腔道白的连接。两种处理方法都会造成节目的情绪、节奏的断裂感。

甚至看起来非常简单的戏曲选段节目，编导也必须熟悉唱段，要做好“听”的工作。有些编导按照唱段的中心内容或是主题思想来组合唱段而忽略了听众的感受，结果出现了选段唱腔板式单调或是组合杂乱的问题。例如，有的戏曲选段节目在一个小时内出现三四段西皮慢板，曲调速度缓慢，即使是京剧爱好者也会感到乏味和疲惫。

（二）解说词的写作

好的戏曲广播节目解说词不能喧宾夺主，它应该是与戏曲唱段有机结合、密不可分的。例如制作戏曲录音剪辑，虽然允许把背景声的间隙重复或是延长、或是暂停戏曲表演加入解说词，但是最好节目还是按照戏剧原作的节奏进行，这就要求编导能够用最简明扼要又生动形象的语言交代人物的心理活动或是舞台动作。例如，要在一段20秒的音乐过门或是唱腔间歇中交代人物的舞台动作，就必须把字数控制在60字左右，否则就会出现解说延伸到唱段部分的情况。考虑到听众的收听效果，广播稿的用词选字还要从平仄、音韵角度考虑与音乐、锣鼓、唱腔、道白的配合情况。

戏曲曲艺作品通常都有一定的地域色彩。除了少数流布较广的剧种、曲种外，大多数戏曲曲艺品种都有相对固定的传播和接受地域。现代媒体虽然从技术角度极大地扩展了戏曲曲艺作品的传播地域，但在提升受众审美接受水准方面仍存在一定的限制。广播一次过的线性传播、预约、私人或家庭收听方式等特点，也使得听众无法在收听时通过相互的交流和反复咀嚼品味，达到最佳的接收效果，对于不太熟悉作品的新听众来说，存在接受上的困难。如果配套的普及工作无法及时跟进的话，戏曲广播培育戏曲新受众的作用将会受限。

（三）合成

合成时首先考虑解说词是否符合播出的要求，播音的语气、情绪、速度是否符合戏曲的基调等问题，甚至是一些字音的读法都要引起注意，因为戏曲作品中的不少字词是从古汉语而来的，与今天的读法可能会有所差别。录制解说时，应该注意根据剧情的需要和时间的限制，有些地方的解说词会有快慢的调整，以求达到解说与戏的整体协调，不露痕迹。

第二节 戏曲节目类型

一、戏曲专题

在戏曲专题选题方面，应该注意戏曲广播节目与戏曲剧场演出有不同的侧重，因为戏曲广播不如剧场演出立体、全面和生动，所以戏曲广播应更侧重于宣传与普及，而戏曲剧场演出则重在欣赏，两者各有侧重才能相互配合，以满足受众需求。戏曲专题节目有所谓报道性专题和欣赏性专题的分别，也有细分为欣赏性、知识性、报道性、评述性和综合性专题的分类方法。戏曲专题在创作中强调艺术欣赏与理性思辨的结合，注重节目的新闻性、评论性、欣赏性的紧密结合。

戏曲专题的主题不外乎戏、人和事。其中以戏为主的，偏重以选段、选场的形式介绍唱腔，兼及念、做、打、音乐、锣鼓、道具布景等戏曲创作、表演、导演的诸多元素；写人的以写演员为主，尤其是名演员，兼及一些处于上升期、取得一定艺术成就、有一定代表性的中青年演员，以及与戏曲演出相关的编剧、作曲、锣鼓、琴师、服化道等诸多人物；写事的主要是介绍戏曲文化动态。

近些年的戏曲专题评奖中有一种“广播戏话”节目逐渐引起人们的注意，这类节目按照严格划分应该属于戏曲专题，但又表现出鲜明的特色，是戏曲专题通俗化的一种形式。广播戏话实际上是采用各种方式说戏、聊戏，聊一出戏、一段戏的方方面面，内容涉及创作、改编、表演、声腔等，语言通俗，形式活泼，与传统的戏曲专题表现出风格和组织形式上的较大差异。代表作品有青岛台制作的《漫话京剧〈失空斩〉》、天津台制作的《漫话京剧〈二进宫〉中的“渔樵耕读”唱法》等。

(一)唱段的选择

选段或选场是大多数戏曲广播节目都会运用的基本的编辑手法，也是戏曲广播节目诸多节目类型编辑工作的一个基础。

唱段选择首先注意有欣赏价值和代表性的段落，例如，具有剧种特色、地域特点、流派韵味、唱腔风格、唱词优美的唱段，在唱腔演变中承上启下、富于新意的唱段，以及在剧情中的关键性唱段等。

选好唱段以后，我们往往会遇到唱段组合的问题，在 30 分钟或是一两个小时的广播节目时间里，我们如何进行唱段组合：同一剧种、不同剧目的唱段组合（如京剧的三国戏的唱段组合），不同剧种、相同剧目的唱段组合（如越剧、黄梅、沪剧的红楼戏的组合）。有时还可以按照音乐的结构，例如相同的曲牌等加以组合。总之，戏曲声腔剧种、戏曲表演、戏曲文学、戏曲音乐、戏曲导演、戏曲舞台美术等方面的任意元素，都有可能成为专题节目唱段组合的契机。这就对戏曲广播节目的编导提出了很高的要求，不仅是喜欢戏，而且要懂戏，要有关于戏曲艺术的通识。只有这样，才有可能在戏曲专题的选题方面不断推陈出新。

(二)人物为主的戏曲专题

戏曲专题的选题历来偏重于人物介绍，尤其是著名演员的介绍。但是，作为戏曲专题节目的编导，应该注意到戏曲文化牵涉到的人和故事非常多。据不完全统计，中国戏曲从艺人员多达 20 万人，戏曲专题还有很大的余地发掘人物和故事。我们的选题应该不只关注明星，还应该关注其他的演员；不仅关注演员，还应关注舞台上下的其他戏曲艺术家，比如有一定成就、人生经历丰富、有故事的编剧、作曲、锣鼓、琴师、服化道等戏曲艺术工作者。

例如，福建台制作的戏曲专题节目《魂断团圆后，神移笑语前》，就是反映著名莆仙戏剧作家陈仁鉴，利用传统题材编创两部影响深远的莆仙剧作品《春草闯堂》和《团圆之后》的故事。编导选择以陈仁鉴的儿子与编导的对话形式，首先突出陈仁鉴作品的巨大影响力（他有两部作品被收录《当代十大悲剧》和《当代十大戏剧》），并通过两个超级戏迷的事例，具体表现了陈仁鉴作品经久不衰的艺术魅力（当地一个老太太仅《春草闯堂》一部戏就看了一百多场，而且总是坐一排一号，积累了一叠票根；还有一位裁缝阿兴也看了七八十场之多）。在这样的一个基调上，编导开始讲述陈仁鉴创作两部作品的艰辛：《团圆之后》改编自含有不少封建糟粕的传统戏《三天媳妇害婆婆》，经过陈仁鉴的大量修改，最终一部腐朽不堪的传统戏被誉为莎士比亚式的作品。而《春草闯堂》也是在旧戏《邹雷霆》的基础上进行了脱胎换骨式的再创造，才变成了具有全国影响力的佳作，在全国范围内，有六百多个剧团移植了这部作品。1962 年，老舍先生看过《春草闯堂》和《团圆之后》之后，即兴题诗留下“魂断团圆后，神移笑语前”的高度评价。整个节目的结构实际上是靠一位剧作家的创作经历串联起了四个戏曲故事，四个唱段，其间还穿插有几段戏迷、剧团领导和戏曲评论家的采访同期，形式多样，内容丰富，跳出了写人为主的戏曲专题演员成长履历加唱段的窠臼。

（三）事件为主的戏曲专题

事件为主的戏曲专题主要关注社会上的戏曲文化动态，以艺术化的方式进行报道，并加以编导的评论，类似于新闻特写或是新闻性的广播特写与戏曲专题之间的过渡形式。

事件为主的戏曲专题因为缺少了人物的主线，而且往往具有少量的新闻性，因此比较讲求时效性，同时又因为包含有观点的阐发和评论，所以制作编排起来容易陷入或杂乱或呆板的两难境地。编导制作这类节目，首先应抓住主线，也就是贯穿节目的思考，然后为主线丰富血肉；要掌握大量的采访素材，利用采访素材或是客观事实表达观点；而不是利用主持人的话语或是解说词来表达观点。要引导听众从现象中自己发现问题，并根据节目中的事实或是信息自己思考解决问题，而不是由编导提出问题，解决问题。只有这样，听众才会主动进入节目，主动思考，并与主持人或是节目编导产生思维上的互动。

例如，戏曲专题《京剧走向青年》就是巧妙利用对戏曲界权威人士、普通观众的采访提出问题，引导听众思考的。节目的开头是：

听众朋友，我曾经采访过一些青年人，提到京剧，他们说：

【采访录音】

男：“我听过一点京剧，但是，每次都听不了几分钟。因为它跟现在的节奏不太一样，另外，它的内容也是比较传统的，和现在的生活也不太贴近，所以我觉得无法接受。”

女：“我觉得当代青年有一种思维定势。他们认为，京剧那是属于老头、老太太的事……”

听到这些话，再看到京剧的现状，我的心里总在想：京剧走到今天，难道说它真的变成演员和观众都老化了的黄昏艺术吗？

这样的开头提出问题非常客观，由被采访的年轻人提出问题，而不是编导主观臆造的问题。编导本人也是在困惑中思索，这样把问题提出来，容易引发听众的判断和思考。

在节目的中段，编导侧重于讲述青年演员在成长过程中受到各界的关心，这是节目主线上的第一个重点。在对几位青年演员的采访中，穿插有优美唱段，演员的采访主要谈戏曲界的前辈对青年演员成长的热情帮助和殷切期望。而编导的解说部分始终是在各段之间起到一个穿针引线的作用，始终伏在主线背后。

节目的后半段谈到京剧需要青年观众，这是节目主线上的第二个重点。在这里，编导使用了上海京剧院组织的“京剧走向青年”巡展活动的发起者、上海市文化局副局长马博敏的采访录音，这段采访体现出马博敏强烈的个性色彩。这位副局长在采访中谈到“京剧走向青年”活动在北京遭到冷遇和不理解时说：“……我们就提出来，你们不要没看戏就骂京剧，要骂你们看完戏再骂。”这段采访把京剧的尴尬处境和戏曲工作者的一片苦心和盘托出，而且被访者的语言生动活泼，富于生气，胜过解说太多。

由“看完戏再骂”，编导自然过渡到大学生抱着试试看的心态来听上海京剧院新编历史剧《曹操与杨修》的部分，并引出相应的唱段。唱段结束后，大学生的吐露心声就水到渠成了。

事件性专题难在观点的表达与问题的提出和解决，所以编导应该在这方面努力探索。

二、戏曲故事

戏曲故事产生于20世纪80年代初。由于许多年轻听众听不懂传统戏，戏曲节目的编导探索出了一种介绍戏曲故事的广播节目，这种节目是文学和戏曲的综合，它取材于舞台戏曲，以故事为主导，以播讲故事为主要的表现手段，希望借此能够培养年轻听众对于传统戏曲的兴趣。

戏曲故事不同于戏曲录音剪辑节目，它是以故事为主体，也不排斥唱段和念白，但唱段和念白的穿插要恰当、协调，适于戏曲欣赏水平较低的听众理解和欣赏，所以是否穿插或穿插多少唱段、念白并没有一定之规。一些广播戏曲编导认为，如果一定强调穿插唱段和念白的数量、长度等，戏曲故事最终将会变成戏曲录音剪辑，这样戏曲广播就缺少了一个可听性较强、适合培养初级听众、普及戏曲艺术的节目类型。

当然也有的专家认为，戏曲故事节目应该穿插唱段，如果没有足够分量的原剧片段，就不符合这种节目形式的要求，但同时也提出，穿插部分要自然地与叙述部分组成一个整体，理想的状态是：讲到这里使人觉得非唱不可，不唱不足以宣泄情感。这种观点也是在强调唱段部分与故事的讲述要有机结合。

例如，川剧戏曲故事《刘氏四娘》中的一段唱段就是在主人公激烈情绪的顶点自然引入的：

解说：因年轻、无知、冲动遁入空门的傅萝卜在诵经悟佛中，逐渐意识到母亲对自己深重的恩情。为求母亲的宽恕，他日夜兼程赶回了家。谁知家中竟然是满目孝幡、哀乐声声。得知母亲已经猝然亡故，傅萝卜如五雷轰顶，追悔莫及，跪在母亲灵位前，悲声大放……

傅萝卜（唱）：

自恨驽钝，不孝儿误了娘亲。

赎罪入空门，诵经悟佛心。

菩提明镜皆幻影，酒肉穿肠何须惊？

伤生救儿命，慈母恩情深。

娘啊，儿忏悔的话儿你未听见，黄泉路上心多沉！

烛泪点点，烟积愁云，心碎滴血，欲哭无声。

这里唱段引入自然流畅，显然是与解说词的先期铺垫与配合密不可分的。在这样一种充沛情绪的渲染下，戏曲故事“唱两句”确也未尝不可。

戏曲故事中的唱段穿插主要是推进剧情发展，深化人物性格，展示戏曲魅力，调解听众收听。最初的戏曲故事往往都是在讲到一个段落的结尾才放唱段，而现在编导已经能够在故事的进程中，比较自然地插入唱段和念白。

为了解决部分听众听不明白唱段的问题，有些戏曲故事节目在引用唱段的同时，也采用了朗诵关键唱词或是解释唱词内容的方法。例如在越剧故事《舞台姐妹》中，当春花身着窦娥的戏装被绑在街口示众时，她借《窦娥冤》的戏文唱出自己心中的不平。为了让听众能够听明白这段关键的戏文，编导在演唱中叠入了唱词的朗诵并在唱词的朗诵中有所阐发：

解说：为善的，受贫穷，更命短；作恶的，享富贵，又寿延；地呀地，你不分好歹何为地；天啊天，你错勘贤愚枉作天！一句句窦娥的唱词从春花嘴里唱出，更是从她的心里流出！

当然，这样的唱词朗诵叠加唱段的播法有时会影响听众欣赏唱段，所以要注意并不是每一个唱段都适合这样的处理方法。一般来说，唱词朗诵可以混录在节奏较慢的唱段中的音乐过门或是拖腔的部分；如果是节奏较快的唱段，再加入唱词朗诵，很有可能就听不清楚了。

同时我们也应注意戏曲故事与戏曲广播剧的差别：戏曲故事是讲故事或者说故事，是一种叙述的状态；而戏曲广播剧则是表演故事。两者有着制作手法、制作周期的差别，有着各自不同的生存空间，服务于不同的听众群。从目前的创作来看，多数的戏曲故事节目处于两者之间，但有加强表演的趋势，也就是戏曲故事剧化的趋势在里面。这个趋势一方面表现在唱段和念白的部分在增多，一方面表现在叙述部分的形式开始多样化，有播读、播讲甚至用评书。为了配合讲述，音乐和音响等声音元素也被较多采纳进来，形成今天戏曲故事的鲜明特色。

三、戏曲录音剪辑

戏曲录音剪辑是戏曲广播的一种节目形式，一般由剧场演出的戏曲实况录音经过加工整理制作而成。

（一）录制

现场录制前，编导应该熟悉剧本和戏曲演出，主动向录音师介绍戏的内容和演出情况，提出录音的要求和建议。对于可能出现的问题，编导要和录音师协商解决。例如京剧或是一些北方戏的乐队伴奏，尤其是打击乐的伴奏音量过大，而黄梅戏等一些南方戏种的演员演唱音量偏小等，这些都应事先告诉录音师做好准备。有些戏安排了幕后伴唱，有些戏有演员在边幕内的导板或是念白，都应该提前通知录音人员在边幕安装话筒拾音。

编导要与导演和舞台监督密切合作，确保录音开始后，舞台边幕和后台应保持安静，每个场次间撤换道具布景时要安静。演出中间休息和全场终了时，应在尾声音乐和观众掌声后打铃。演员使用无线话筒时，应注意话筒的正确使用，避免干扰话筒工作，话筒的设置应与表演区对应等。

在录制时，编导还应注意核对剧中人和演员的姓名以及唱词。剧中人和扮演者的姓名一般都会印在演出说明上，但有时也会有临时改变。而有些专场演出或是多个演员合作演出时，因为演员人数较多，而且可能有多人一角或是一人多角的情况出现，也应准确核对姓名。除此之外，还应在录制时做好场记工作，对于因修改而使得唱词与剧本不符、演员念错台词、与乐队配合失误等情况，都应详细记录，在制作录音剪辑时予以弥补。

（二）审听

根据节目的时长要求，决定取舍录音素材以及删除和保留的时长，选择能够突出主题的重点场次和片段，保留主要人物的精彩唱段，决定解说的插入位置以及解说与录音的连接方式等。

（三）解说写作

解说要求精练、准确、口语化。例如京剧《赤壁之战》的原唱中，开场“貔江南”有一段较长的曲牌音乐，在制作录音剪辑时，编导把这段音乐删掉，从曹操上场的锣鼓开始并混播了一句解说词：“汉丞相曹操在徐褚、张辽等众将的簇拥下，来到长江岸边。”然后，紧接着曹操念“虎头引”：“歼灭群雄，中原扫荡，统领雄兵，横锁长江。”又如第三场“拜将”，编导把前面听不明白的众将起霸的动作部分以及比较冗长的周瑜点将等全部删掉，代之以简短的解说词介绍，并直接从旗牌上场向周瑜禀报“启禀都督，蒋干过江！”开始，这样省略了次要的而且不适合收听的部分，直接进入后面的剧情。

四、戏曲广播剧

戏曲广播剧一方面具有广播剧用声音刻画人物形象的特点，一方面又要考虑传统戏曲的表演特性，所以兼具两方面的难度。

（一）角色安排与演唱设计

《沂蒙山人》是根据中篇小说《高山下的花环》改编创作的评剧广播剧。要把十几万字的文学作品变为70分钟长度的评剧广播剧，首先遇到的就是人物形象取舍问题。因为是针对戏曲广播剧的创作，所以人物的取舍并不完全依照文学改编的规律。考虑到大家/听众剧中两位评剧演员韩少云和筱俊亭分别擅长青衣和老旦，而另外一位演员王贵林则是生角，三位演员在演唱上各有特点，而且这样的角色配合也恰好体现了评剧声腔的丰富性，所以编导节选了书中英雄梁三喜的母亲和妻子还债的情节，编成了适合青衣、老旦和生角演唱的剧本。为了完成三喜的心愿，梁大娘和儿媳韩玉秀省吃俭用，节衣缩食加上组织上发的抚恤金还清了债务，表现了中国女性的刚强和坚韧，也使戏剧主题得到升华。这样主要人物是两个女性，也便于评剧女腔的发挥。全剧由“风雨赶路”“赵蒙生回忆”“迎接亲人”“月夜哭坟”“还债上路”五段折子戏构成。在这五段中，又把重点集中在刻画梁大娘、韩玉秀性格特征的“风雨赶路”“迎接亲人”和“月夜哭坟”三段上。同时根据演员的演唱特点，组织了梁大娘和韩玉秀的二重唱，梁大娘和赵蒙生的对唱。这样既可以通过念白、二重唱、背供唱、独唱、伴唱等多种表演形式进行人物塑造，也有利于对比不同的流派、不同的声腔，相互映衬，凸显评剧的声腔魅力，带给听众更多的艺术享受。

（二）时空处理

《沂蒙山人》的时空处理有两个特点：一是通过折子戏的形式，截取文学作品当中的时空片段，表现出时空选择上极大的灵活性；二是在剧中使用了戏曲舞台上较少见的“闪回”的手法，通过一两分钟短短的回忆交代清楚故事的前因。这样处理既节省了篇幅，又可以灵活穿插时空。为了使这个广播剧里常见的时间处理手法被戏曲听众所接受和理解，编导采用了一些辅助方法：在回忆前用音乐和解说进行铺垫，回忆的内容加回响，以示与正常表演的区别。戏曲广播剧的回忆不同于电影中的闪回，电影的闪回可以依靠画面色彩的变化、人物形象的变化予以区别，而戏曲广播剧的回忆部分只能靠声音表现，所以宜短不宜长。如果使用大段唱腔，很容易使剧情中断，影响听众收听。所以戏曲广播剧回忆部分的头尾尤其要注意，应处理得与普通正叙段落有明显音色差别。

（三）主题音乐设计

一般来说，戏曲广播剧应该选用剧中的音乐素材来做主题音乐，但是很多戏曲的音乐都是模式化的曲牌旋律，缺少鲜明的特色。所以我们也可以根据剧的特点，选择合适的音乐来创作主题音乐。例如，《沂蒙山人》选择《沂蒙小调》作为统一全剧的主题音乐，在剧的开始部分就反复出现主题音乐，然后通过移调、变奏的方法在剧中其他部分折中出现，形成该剧的鲜明个性。

主题音乐与传统戏的曲调也应注意衔接得当。例如，传统戏的过门太长，如果原样照搬下来，会让听众感到拖沓，而且与戏里的气氛音乐不好衔接，这时可以根据原有过门的节奏，利用主题音乐创作过门的旋律，这样既保持了原剧的节奏，又使音乐和唱腔的衔接比较适于纯听觉的接受。

（四）锣鼓经的运用

锣鼓经是戏曲的特色之一，是一种戏曲化的音响形式，它可以渲染气氛，表现人物的动作，为念白、唱段等铺垫一定的节奏，一般情况下应予以保留。在戏曲广播剧中，应当注意发挥锣鼓经的作用，根据剧的感情、气氛和节奏，可以把传统的锣鼓点拆开用。例如，在人物思考问题时加入锣鼓点，使听众感受人物的内心思想活动；人物情绪强烈变化时加入锣鼓点，表现人物的悲痛、惊恐、争吵等。在这些传统锣鼓点的基础上，还可以配合一定的真实音响加以补充，这样更适合听众的收听。

有的戏出于节奏上的考虑，也尝试用真实音响来代替部分锣鼓点，更加突出了戏曲广播剧的广播化特色。

（五）戏曲广播剧的音响

在《沂蒙山人》的“风雨赶路”一场戏中，通过野外的风雨音响效果、解说、急促的音乐伴唱和两位女性的唱段组合在一起，形成重叠的声音，不禁为剧中人物的歌唱渲染了浓重的感情色彩，同时也引起听众的联想，完善了场景的表达。

戏曲界有一种看法认为，戏曲广播剧的音响应该符合戏曲表演的虚拟化特性，应该减少写实的成分，甚至可以通过戏曲音乐的造型作用以音乐代替音响，用音乐把自然界的风雨雷电的音响描写出来、表现出来，这将会使戏曲广播剧更好地保持戏曲艺术的虚拟化特色。

在有些戏曲广播剧的创作中，编导应注意，在使用写实性音响元素的同时，也可以用音乐来描述自然界的音响，如风声、雨声、流水声等。真实音响与音乐虚拟的音响同时使用，应注意合理的音量搭配。如渲染情绪时，音乐虚拟音响的音量可以大些；以叙述视角接近人物动作时，音响的音量可以大些。这样灵活搭配与虚实调节，可以满足不同段落或写意或真实的需求。

（六）声音元素的协调

戏曲广播剧兼具戏曲虚拟化表演和广播剧写实特色，在虚实之间把握平衡，所以尤其要注意声音元素的和谐。比如，广播剧要求写实，念白接近生活，而戏曲要写意，念白、歌唱、表演都有夸张的成分，两者的结合必然存在矛盾。有解说词进入念白或是唱腔，是一个由实入虚的过程。这里应该注意：念白和对话的夸张感较唱段部分弱，可以设计比较平实的对话或是念白来连接解说词和唱段部分，这样可以形成一个过渡，缓解虚实转换的不平顺感觉。现在很多戏曲广播剧都放弃了高调门的念白表演，实际上也是出于念白与唱腔平滑对接的考虑。

有的戏曲广播剧为了使念白生活化而轻声细语，而到了唱腔表演部分又高声大嗓，与念白不相协调。有的地方戏虽然唱念比较接近生活，但是由于进入广播后，看不到相应的表演动作，念白结束后，演员有动作身段的表演，再接唱时，听起来就觉得间隔大了，念唱连接不上。还有的音乐和唱不统一，有的音响效果很真实，但是插入戏里后显得突兀生硬。这些问题常常导致戏曲广播剧念白、唱腔、音乐、效果和解说之间的相互不协调，难于形成整体感。

戏曲广播剧《春雪》的开场，首先是一段音响：鸟叫声远去，方大勇的脚步声，踢翻了一只铁桶，桶边的鸡惊叫逃散，然后主人公方大勇发现自己的眼睛失明了，他的念白是："怎么了?! 我的眼睛怎么了……"这个剧的开头，不同于一般戏曲开头，真实感较强，如果不加处理，这个真实的音响与念白部分会和后面的音乐唱腔形成较大反差，引发不和谐的感觉。该剧编导的处理方法是：先请作曲写了一段描写方大勇发现眼睛看不见后惊恐、急躁情绪的音乐，合成时混在方大勇踢翻铁桶后，音乐由小到大，然后又由大到小，音响效果和念白中混着惊恐的、起伏的锣鼓音乐，一方面刻画方大勇的心情，一方面使虚实的过渡趋向合理，这时再接入唱腔部分，就不显得突兀了。

(七)解说词的风格化

戏曲广播剧中的解说词可以帮助听众了解戏曲主题，了解剧情中时空的变化，了解人物的动态和内心活动。戏曲广播剧的解说词不应只是讲清楚、说明白，还应做到与音乐基调、音乐节奏和人物感情的有机融合。

解说词的创作方面，戏曲广播剧也开始吸收借鉴广播剧和影视剧录音剪辑的创作特点，在解说词风格化方面有所突破。编导开始尝试加入自己对戏、对人生的思考，参与对戏曲作品主题的诠释。

五、戏曲版块节目

戏曲版块节目是由多种戏曲节目形式，以单元模块的方式，组成由主持人主持的综合性戏曲节目。其节目形式可以涵盖多种类型，内容丰富，如唱念造型、戏曲知识、信息、评论以及娱乐性内容和服务性内容等。

(一)版块节目的综合性

版块节目的综合性在于它可以包含前述所有节目形式，以及前述内容中无法包容进来的节目形式，比如跨文学、音乐、曲艺和戏曲节目之间的一些边缘性节目，甚至是文艺广播、新闻广播与服务性广播之间的边缘类型都可以包容进来。这样的节目形式也非常有利于整合利用一些节目资源和编导资源。

例如，上海人民广播电台的《越沪艺苑》节目就设置有"越沪点播""名人名曲""戏曲书架""与明星约会""大家沙龙(热线讨论)""戏迷通讯录""戏迷频道"等固定栏目。节目宗旨在于迅速反映剧坛动态，让戏迷了解演员、了解新戏、了解戏曲制作内幕，同时为戏迷的交流架设空中桥梁，为越沪戏迷服务。

又如青岛台的《戏迷乐》节目由四个版块构成，分别是"名人名唱""戏迷热线""戏迷信箱"和"戏迷唱戏"。其中"戏迷热线"是通过热线电话回答听众的提问，"戏迷信箱”则是回答听众的来信提问。

目前,的戏曲版块节目的主要内容涉及以下几个方面:

(1)唱段欣赏:有的是单纯播放唱段,有的加入或繁或简的介绍。

(2)信息传播:主要有录音报道、录音访谈、热线访谈以及主持人、听众、演员三方的热线交流等形式,也有少量的口播新闻。

(3)知识介绍:包括剧目介绍、唱腔介绍、乐曲介绍、典故轶事、表演艺术介绍、术语介绍等。

(4)为戏曲爱好者提供伴奏音乐、有奖知识问答、评论等。

(二)版块节目的互动性

普通节目的时长多为30分钟左右,而戏曲版块节目的时长则可以达到一至两个小时甚至更长,节目有充裕的时间展开与听众的交流互动。这也是广播媒体吸引听众参与、培养戏曲爱好者的一个好方法。

例如,很多戏曲版块节目中“戏迷热线”“有奖知识问答”“大家唱”“大家讨论”等环节的设置,都是为了加强节目的互动性。主持人和编导可以通过热线电话、短信或者网络上的即时交流平台,总结、归纳有代表性的话题并加以引导讨论,避免简单的“念念短信”的处理方式。

同时,对曲版块节目应该为听众参与节目和表演技艺提供帮助。听众参与到节目中,感受到发表意见的快感或是表演的乐趣,才有可能持续不断地关注节目。所以版块类节目也可以学习一些电视综艺节目的做法,加强节目之外与听众的交流互动,多做一些促进性的活动。这样不仅可以为听众深度参与节目创造条件,开拓节目的素材来源,还可以扩大节目的影响。

第三节 戏曲节目实例简析

表 4.1 戏剧专题节目《京剧走向青年》

戏曲专题节目 **京剧走向青年** 中央台常曙光	
听众朋友,我曾经采访过一些青年人,提到京剧,他们说: 【采访录音】 男:“我听过一点京剧,但是,每次都听不了几分钟,因为,它跟现在的生活节奏不太一样。另外,它的内容也是比较传统的,和现在的生活也不太贴近,所以,我觉得无法接受。”	开门见山,提出京剧艺术面临的窘况,使用的采访简短、有代表性。

续表

女："我觉得当代青年有一种思维定势。他们认为，京剧那是属于老头、老太太们的事……" 听到这些话，再看到京剧的现状，我的心里总在想：京剧走到今天，难道说它真的变成演员和观众都老化了的黄昏艺术吗？	问题提出自然。
【音乐起，混】 令人欣慰的是，京剧的现状已经引起了社会各界的广泛重视，许多关注京剧命运的有识之士认识到：振兴京剧，希望在于青年！只有让京剧走向青年，注重提高青年演员的艺术水平，培育京剧新苗，争取青年观众，才有京剧的未来。	节奏放缓，留给听众思考的余地。
为此，他们做了大量有意义的工作，其中，"中国京剧之星"的推荐演出和"新苗杯"少儿京剧大赛，还有上海京剧院主办的"京剧走向青年"巡回展演等活动，为京剧走向青年、振兴京剧做了积极的探索和尝试。 1994年1月初，中国京剧艺术基金会在北京主办了"中国京剧之星"的推荐演出活动。活动组织者、戏曲理论家马少波说： 【讲话录音】	熟悉广播听觉化传播特点，采用总分结构，先点明三件事，方便听众收听。
"京剧要发扬光大，希望在于青年。培养新的专业艺术力量、新的京剧爱好者，是京剧的未来。我认为青年演员要培养一种质量意识。一个剧种、一个剧团，它的生命力在于剧目，而剧目的生命力、演员的生命力在于质量。这次，中国京剧艺术基金会为青年演员举行推荐演出，请一些老师给他们排戏、传授，严格要求。演出以后，还要请一些专家评头品足，帮助他们提高。" 在"中国京剧之星"的演出活动中，推出了于魁智、邓敏、孟广禄、王立军、史敏和董圆圆六位青年演员。	讲话内容选择准确，贴近节目主题。
于魁智是大家都比较熟悉的青年老生演员，他的嗓音条件比较好，理解力强。在学习流派方面，他既学习杨宝森的杨派唱腔艺术，又学习京剧名家李少春文武老生唱做并重的表演风格。京剧《上天台》是于魁智擅长的剧目之一，这是《打金砖》里的一折唱功戏，于魁智扮演刘秀。 【放京剧《上天台》选段(于魁智饰刘秀)】 [二黄慢三眼] 金钟响，御香引，王登龙庭。 寡人喜的是五谷丰登。 文凭着邓先生阴阳有准，武仗着姚皇兄保定乾坤。 内侍臣摆御驾，九龙口进。又听得殿角下大放悲声。	简要的演员介绍后，进入唱段部分。唱段选择非常讲究，能够体现行当的特色和演员特点，长度适中。
这段"二黄慢三眼"唱腔，于魁智学的是李少春。不过，在学习流派的过程中，他能够结合自身的条件，唱出自己的风格来。观众爱看他的戏，反响也比较热烈。 当然，像于魁智这样的优秀青年演员还有很多，他们都具有比较扎实的功底和良好的艺术素质，而且勤奋、敬业，是当前京剧舞台上比较活跃的骨干力量，也很受观众的欢迎。我所熟悉的青年演员张火丁就是其中的一位。	点评到位。
【张火丁讲话录音】 "我很小的时候就喜欢京剧。1986年，我考进天津市戏曲学校。1989年，我又考入北京军区战友京剧团。剧团把我送到北京戏校，向李文敏等老师学习程派艺术。后来，我又正式拜京剧名家赵荣琛先生为师。我学演了《荒山泪》《锁麟囊》和《文姬归汉》等剧目。"	演员自我介绍，不仅丰富了节目的语言表达形态，也让听众对演员有了直观的了解。
下面，大家听到的就是张火丁演唱的程派名剧《锁麟囊》。 【放京剧《锁麟囊》选段(张火丁饰薛湘灵)】 [西皮二六]春秋亭外风雨暴，何处悲声破寂寥？	程派经典唱段。唱腔优美，可以展现演员唱功，具有很高的欣赏价值。对不熟悉京剧的听众也可能会有很强的感染力。

续表

隔珠帘只见一花轿，想必是新婚渡鹊桥。 吉日良辰当欢笑，为什么鲛珠化泪抛？ 此时却又明白了，世上何尝尽富豪！ 也有饥寒悲怀报，也有失意痛哭号啕。 轿内的人儿弹别调，必有隐情在心潮。 这段“西皮二六转流水”唱腔，张火丁对声音的运用跟唱腔结合得比较好。在发音、吐字方面，注意了字音头、腹、尾的转换，较好地体现了程派唱腔低回婉转、含蓄细腻、节奏多变的韵味和特点。不过，在表演方面，研究戏曲的专家们还希望张火丁多学习几出程先生当年演过的武功戏，来进一步丰富自己的表演手段。	在专业分析的基础上予以肯定，又有所期待，显得从容敦厚。
由此，我感到关心京剧命运的前辈非常注重青年演员艺术水平的提高，另外，他们还十分关心戏曲学校京剧新苗的成长。中国京剧艺术基金会名誉会长高占祥说： 【讲话录音】 “京剧界有老、中、青、少各个不同年龄阶段的艺术人才，对于他们，基金会要分别做一些工作。对于少年儿童，京剧艺术基金会更关心。基金会与文化部少儿司联合举办‘新苗杯’少儿京剧大赛，通过比赛，检阅戏曲学校的教学成果。这些孩子长大以后，就会生根、开花、结果，就会成为一种支持京剧事业繁荣发展的巨大力量。”	对“新苗杯”的介绍，笔墨简练，择其优者一带而过，显示出对节目结构良好的宏观把握。
这一席话，使我想到京剧走向青年，也要从娃娃抓起，这可以说是振兴京剧的希望工程。1994 年 5 月，第二届“新苗杯”少儿京剧大赛活动在天津举行，这次活动展示了京剧优秀的后继人才。 现在，大家听到的是天津市艺术学校的时维和任佳媛演唱的京剧《赤桑镇》选段。 【放京剧《赤桑镇》选段（时维饰包拯，任佳媛饰吴妙贞）】 【包拯唱】 劝嫂娘息雷霆弟有话讲，且落座细听我表叙衷肠： 自幼儿蒙嫂娘训教抚养，金石言永不忘铭记心旁； 前辈的忠良臣人人敬仰，哪有个徇私情卖法贪赃？ 到如今我坐开封国法执掌，杀赃官除恶霸申雪冤枉； 未正人先正己人己一样，责己宽责人严怎算得国家栋梁？小包勉犯王法岂能轻放？ 弟若徇私上欺君下压民，败坏纪纲我难对嫂娘！ 【吴妙贞唱】 听包拯一席话暗自思想，他忠心秉正公而忘私，可算得盖世的忠良。 恨我儿他不该贪赃罔上，按律条铡包勉理所应当。 怎奈我失却了终身靠养，倒不如我碰死在赤桑！ 现在，扮演包拯的时维和扮演吴妙贞的任佳援年龄都只有 12 岁。我感到他们的嗓音听起来虽然还不免有些稚嫩，但是，从他们韵味十足的演唱中，可以真切地感受到老一辈京剧名家艺术生命的延续。	这里编导卖了个小小的关子，唱段结束才点明演唱者的年龄。最终的总结简单、富于韵味。
当然，京剧事业后继有人，提高青年演员的专业艺术水平，也只是京剧走向青年、振兴京剧的一个方面。还有一个方面就是京剧对青年观众的呼唤。 1995 年 11 月中旬到 12 月初，在中国京剧艺术基金会和北京市学联等有关单位的支持下，上海京剧院在北京组织了一次大规模的“京剧走向青年”巡回展演活动。这次活动的发起人、上海市文化局副局长马博敏介绍说：	对“京剧走向青年”活动的介绍更像是一段录音报道，重在阐述活动的意义和听众的反应。着力点与对前面两个活动的介绍有所区别。

续表

【采访录音】 “我们想，一个剧种，它要发展，看它有没有生命力，不仅在于艺术本身是否后继有人，而且还在于有没有观众，特别是有没有青年一代的观众。北京是高文化层次的青年人最集中的地方，同时北京又是高等学府最集中的地方。这些青年学生来自于全国，也将到全国去，甚至到世界去。如果我们通过这样的努力，使他们得到一些收益的话，他们将是星星之火，可以燎原。所以，我们来到北京，大胆做了这样的尝试。说实在的，开始是比较冷淡的，大学生对我们的到来都非常迷惑不解，我们就提出来，你们不要没看戏就骂京剧，要骂你们看完戏再骂。” 这句话一说出口，不管是曾经看过一点京剧的，还是从来就没有接触过京剧的学生，都被这种真诚的态度所打动。1995 年 11 月 27 日晚上，学生们抱着试试看的想法，走进了北京的海淀剧场。舞台上正在演出上海京剧院的新编历史剧《曹操与杨修》，著名京剧演员尚长荣扮演曹操。	采访录音部分观点鲜明，表达有力，富于感染力。
【放京剧《曹操与杨修》选段（尚长荣饰曹操）】 【曹操唱】 寂寞三更人去后，恰便似雪上复霜愁更愁。 我谎称在梦中失了手，杨德祖咄咄逼人不罢休， 求才难哪，才难求。只觉得遍体冷飕飕。 这是剧中第四场里的一个唱段。有远大政治抱负的曹操面对恃才傲物的杨修，他既欣赏杨修的才能，又讨厌杨修锋芒外露。在这里，尚长荣采用了花脸这一行当很少演唱的“反二黄”唱腔，表达了曹操“求才难与才难求”的复杂矛盾的心情。 那么，看了演出之后，学生们的反应如何呢？	欣赏小段。展示新编历史剧在解读历史人物方面的变化，“求才”主题一改传统戏中曹操的脸谱化形象。
【采访录音】 女：“我觉得京剧走向青年挺有必要的。” 男：“他们演得太好了，昨天晚上我看得挺兴奋，今天就又来了。” 12 月 5 日和 8 日，上海京剧院又在中国人民大学举行了两场观摩座谈会，到会的各校大学生纷纷发言：	各方反应。
【座谈会实况录音，略】 可见，上海京剧院以他们的精品剧目和演员精湛的艺术表演打动了青年观众，青年观众对京剧表现出极大的热情。还有，他们对融思想性、艺术性和观赏性为一体的精品剧目的呼唤，引出了对剧团艺术革新和剧目建设等方面的反馈意见，同时也进一步激励了剧团和演员。于是演员和观众之间形成了良性循环。	采访、讲话录音、座谈会录音等。 体现出这个专题背后的采访面广、采访量大的特点。有了充足的前期工作，才有创作中选择的余地。
当然，让京剧走向青年、振兴京剧，绝不是一朝一夕搞几个活动就能解决的。好在京剧院团和关心京剧命运的有识之士已经行动起来。他们创造条件，不断提高青年演员的专业艺术水平；他们在培育京剧新苗；他们去争取青年一代的观众，让京剧走向青年，振兴京剧就有了一个良好的开端。 我们希望有更多的青年演员和青年观众向京剧走来，也希望京剧艺术能真正适应时代、贴近青年、走向青年！	从三场活动说开去，关注京剧的未来，是很恰当的“套话儿”。也许压混一段参加“新苗杯”的小演员稚嫩的唱腔收尾，会更有韵味。

第五章 曲艺广播

广播媒体出现之前，戏曲、曲艺构成了中国人的听觉艺术的主要领域。但是较之戏曲，曲艺因其演员少、伴奏简单、没有布景、简便易行而更加贴近群众，可以说是真正意义上的贴近老百姓的听觉艺术形式。陆游用“死后是非谁管得，满村听说蔡中郎”的诗句，描写曲艺表演在民间的影响力。区别于戏曲用“歌舞的方式表演故事”，曲艺是用“说唱的方式来讲故事”。这种以说唱为主的表演方式，最为接近广播的听觉传播特性，可以说曲艺是民族传统艺术形式中最适合广播传播的一种。现在的曲艺广播具体到每一地、每一曲种，情况各有不同。总体而言，评书的发展较好，二人转、滑稽、独角戏、笑话、单口相声等形式，通过在娱乐广播节目中的播出也有所发展，但是受曲艺界整体发展缓慢的现状影响，曲艺广播尚处于有待提升的状态。

第一节 中国曲艺发展概述

曲艺的产生与古代民间的说故事、笑话和叙事诗歌的歌唱有一定的渊源关系。例如汉代的稗官小说、巫医方士的神仙故事等，对于后世说故事、笑话均有一定的影响，而俳优的诙谐嘲弄也可能为曲艺所继承，并成为后世曲艺艺术重要的构成因素。有人认为，先秦时代的成相已为曲艺的先兆。《汉书·艺文志》将成相歌辞列于杂赋之类，作品已轶。从《荀子·成相篇》来看，它是可以联章歌唱的。也有人认为，先秦时代的文人赋按照节奏韵律朗诵文学作品的特点，对于后来的曲艺艺术有所影响。还有人以汉乐府为说唱故事的源头，乐府诗歌中有一些叙事诗，如《王昭君》《秋胡行》等，其中相和歌辞的歌唱，是由一人执节而歌，旁有丝竹相和，已类似于曲艺演唱的形式。就目前的研究来看，曲艺可溯之源长，可征之史短。

一、唐

(一)变文、俗赋

曲艺作为一种独立艺术,大约形成于唐代中叶。这一时期出现了说故事的话本、唱故事的变文以及说滑稽的参军戏。

1.变文

佛教自西汉末年传入中国,佛教徒采用讲经唱诵的形式宣扬教义,称为“梵呗”或是“转读”。最初的讲经面向寺院内的僧人,称为僧讲。僧讲以佛教经义为主,难免枯燥,而且语言由梵入汉,转译之间,更是晦涩难懂。中唐以后,为了向一般群众普及教义,寺院中出现了僧讲与俗讲并列的情况。俗讲采用通俗语言和生动的比喻向听众讲授佛教故事。由僧讲变为俗讲,所讲内容也由佛经转向说唱形式的佛教故事、历史故事、民间传说而至当代新闻。举行俗讲时,主讲和尚坐在正中,旁有帮唱,有奏音乐的,还悬挂佛教故事画。这种故事画叫作“变相”。这种俗讲的形式被称为“转变”,转变的底本就是“变文”。变文对后世说唱艺术的文学、音乐两方面都有重要的影响。

变文一般采取用散文讲述、韵文歌唱的形式。例如变文的代表性作品《维摩诘经变文》先是:

当日持世菩萨告言帝释曰:“天宫寿福有期,莫将富贵奢华,便做长时久远。起坐有自然音乐,顺意笙歌。所以多种异种香花,随心自在……”

然后有唱词如:

佛言童子汝须听,勿为维摩病苦萦,四体有同临岸树,双眸无异井中星。

《降魔变文》:须达舍利乘白象,往向城南而顾望,忽见宝树数千株,花开异色无般当。

有时也采用三七言间杂的句式,如《维摩诘经变文》中:

智慧圆、福德备,佛果将成出生死,牟尼这日发慈言,交往毗耶问居士。

载天冠、服宝帔,相好端严注王子,牟尼这日发慈言,交往毗耶问居士。

后世的宝卷、诸宫调、弹词、鼓词、快板书等曲艺形式所用的韵式就可能由此演变而来。

2. 俗赋

俗赋是唐时传统辞赋与俗讲、变文结合的产物，是俗讲的僧人或民间艺人对我国传统文学形式的借鉴，其特点是不歌而韵诵。敦煌遗存的讲唱文学作品中就有反映唐代社会矛盾的《燕子赋》《韩朋赋》等作品，采用当时的口语，句式以四六言为主，如“仲春二月，双燕翱翔，欲造宅舍，夫妻平章。东西步度，南北占详，但避将军太岁，自然得福无殃”。多为隔句押韵，五六个韵脚后就另换一韵，节拍急促，有类似现在曲艺中的快书或快板的艺术效果，是后世韵诵类曲艺形式的重要源头。

(二)说话、词文、曲子

1. 说话

与俗讲同时还有以市人小说为底本的说话。唐元稹《酬翰林白学士代书一百韵》中有“翰墨题名尽，光阴听话移”的诗句，题下自注云：“尝于新昌宅说一枝花话。自寅至巳，犹未毕词。”说明当时说话作品在底本的基础上可以说五六个小时之久，可见当时民间说话技艺已经相当成熟。

2. 词文

词文是继承古代民间叙事诗和汉乐府民歌而来的，没有说白，全篇押一韵，一唱到底。流传下来的敦煌文献中《季布骂阵词文》一篇，全篇 640 句，4500 多字，通过一场捉拿与反捉拿的智斗故事，以生动的叙述和大量的对话刻画了季布将军勇武机智的形象。如：

昔时楚汉定西秦，未辨龙蛇立二君。连年战败江河沸，累岁相持日月昏。汉下谋臣真似雨，楚家猛将恰如云，各佐本王争社稷，数载交锋未立尊。

这篇词文作品篇章宏大、结构精巧，在场景描述、动作描绘和人物心理神态的刻画等方面都表现出高超的艺术水准，已经体现出为适应听觉化传播而专门创作的特点，具有口语化、通俗易懂、跳进跳出的代言体表演等叙事特征。对后代诗赞体陶真、鼓词、词话一类说唱艺术有重要影响。

3. 曲子

曲子是继承隋代的乐曲而来，隋曾制定“七部乐”，后为“九部乐”，唐代在此基础上调整并吸收其他民族音乐扩充为“十部乐”，为今天鼓曲演唱的发端。

(三)参军戏

唐代兴盛起来的参军戏也叫弄参军，原是军营中戏弄犯官的娱乐活动，后发展为宴会间进行的、有参军和苍鹘两个角色的表演。参军就是扮演犯官的角色，苍鹘则是代表观众嘲讽戏弄参军的角色。参军戏对于后来的滑稽表演和相声有着重要影响。

二、宋

(一)说话

北宋都城汴梁开始出现可供群众贸易和表演的勾栏瓦舍，曲艺表演已经非常兴盛。由唐而来的说话，在宋代已经有详细的分类，为南宋的“说话四家”奠定了基础。北宋的说话主要有：讲史(如说三分、五代史等)、小说(主要是区别于宗教故事和历史故事而流传于民间的各种奇闻轶事)。

南宋说话则根据讲述内容不同，有所谓说话四家之分，例如讲烟粉、灵怪、传奇、说公案、朴刀杆棒事的叫作小说，也叫银字儿，因讲唱时用银字笙、银字觱篥等乐器配合而得名；讲士马金鼓的叫作说铁骑；演说佛经故事的叫作说经；讲兴废征战事的被称为讲史书等。这些分类说明当时说话艺术所涉题材之广、介入社会生活之深。

(二)鼓子词、唱赚、诸宫调

鼓子词和诸宫调是北宋说唱艺术中最主要的两种形式，它们共同的特点是以固定的曲调说唱故事。

鼓子词的特点是歌唱时主要用鼓伴奏，一个节目不论有几段唱词，均以一个词调反复应用。表演形式分为只唱不说和有说有唱两种。只唱不说的，短的只有一首词；篇幅较长的，如欧阳修的“十二月鼓子词”，连用 12 首《渔家傲》，分咏 12 个月的景色。有说有唱的鼓子词，说的部分，有只用在节目开始时、类似于“致语”的小序，词用骈文，格局比较固定；说唱相间运用的，见《元微之崔莺莺商调蝶恋花》一种。它开始一段介绍全篇说：“夫传奇者，唐元微之所述也。……句句言情，篇篇见意。奉劳歌伴，先定格调，后听芜词。”然后是一段唱接一段说，直至篇尾。全篇共用《蝶恋花》12 首。现存鼓子词都是文人阶层写景抒情之作，具有一定的文学价值。用叙事体说唱唐代作家元稹的《莺莺传》，将崔莺莺故事播之声乐，形之管弦，对后来金代董解元的《西厢记诸宫调》和演唱《西厢记》内容的杂剧以及南戏的产生起了一定的作用。

由于鼓子词是反复使用一个词牌，缺少变化而难适于长篇叙事，而且听久了未免单调，所以北宋末开始出现唱赚，它是最早用同一宫调中的若干支曲子组成一个套数来歌唱的艺术形式。其早期形式是北宋末叶流传的“缠令”“缠达”，盛行于南宋。

北宋时兴起的诸宫调因集合若干套不同宫调的不同曲子轮递歌唱，故称“诸宫调”。由于曲体宏大，曲调丰富，可以说唱长篇故事，表现曲折复杂的故事情节，比唱赚等说唱形式发展了一步，所以流传久远，并对后世的戏曲音乐特别是元杂剧的音乐产生了直接影响。

据宋人王灼《碧鸡漫志》记载，诸宫调为北宋熙宁至元祐年间泽州（今山西晋城）人孔三传首创，他将唐宋以来的大曲、词调、缠令、缠达、唱赚以及当时北方流行的民间乐曲，按其声律高低归入各个不同的宫调，用以说唱故事。

从鼓子词到唱赚再到诸宫调，经历了只用某宫调的一曲，到选用某宫调的多曲，到选用多宫调的多曲的变化。

此外，北宋还有合生①、商迷②、说诨话③、孟子书、嘌唱、小唱、鼓板、杂扮、叫果子、学像生等说唱伎艺形式，在南宋也都有所发展。

（三）涯词与陶真

南宋《西湖老人繁胜录》记载：“唱涯词，只引子弟；听淘真，尽是村人。”从这段话可以看出，涯词是与陶真并列的伎艺形式，而听众主要是贵族子弟，与陶真有所区别。

涯词的内容主要是烟粉、灵怪、铁骑、公案、史书、历代君臣将相故事。有学者据《武林旧事》中关于对有“书会圣手、头排作家”之称的李霜涯“作赚绝伦”的评价，认为涯词就是唱赚的赚词，也有一定道理。

南宋诗人陆游曾写《小舟游近村舍舟步归》诗，其中第四首：“斜阳古柳赵家庄，负鼓盲翁正作场。死后是非谁管得，满村听说蔡中郎。”可以看出，南宋时陶真这种民间伎艺深受农民喜爱和在浙东一带农村流行演唱的情况。蔡中郎这个故事，由于在民间

---

① 合生，也称为“合笙”。合生有源于唐代之说。但现代学者多认为唐代的合生源于外来胡伎，属于歌舞戏性质；宋代的合生属于说唱伎艺性质，以谈说为主，间或夹唱。

宋代的合生，一是上流社会宴席间，女艺人应命而“指物题咏”；二是瓦舍中艺人表演的合生，也称为“勾栏合生”。合生源起自文人在酒席间的雅而近谑的文字游戏，后演变为民间伎艺。包含有后来相声中诗词类的即兴表演成分。近代的相声里有诗词、作对联或行酒令一类节目，形式与之比较接近。

② 商迷是宋代瓦舍中以猜谜语形式为特征的滑稽风趣的说唱艺术。

猜谜语古已有之，有“庾辞”“隐语”“射覆”等名称。宋代文人猜谜风气很盛，每逢元宵节更成为群众性的娱乐活动。瓦舍中的艺人就以猜谜语为内容，创造了一种名为“商谜”的表演伎艺。

商谜是由“商者”“来客”两方表演的，至少要有两人。商者是出谜语的人，他百般刁难猜谜者，而来客也假装难猜，而愚弄商者。双方有问有答、反复斗智，其中有不少滑稽风趣的笑料，与现代的对口相声中猜谜语一类的节目应有类似之处。

③ 宋代瓦舍说唱伎艺，又名谈诨话。类似于今天的说笑话。在宋代记载瓦舍伎艺的笔记中，有说诨话艺人的名字，如《东京梦华录》的[京瓦伎艺]条，只记载“张山人，说诨话”。

说唱中流传较广，后来成为南戏《赵贞女蔡二郎》和《琵琶记》的创作题材。

清代陶真也被称为“闻书调”或“文书”，当时杭州称“弹词”为“文书”，现在宁波弹词也称为“四明文书”。始于明代嘉靖、万历年间的“弹词”，在江浙民间流行，也是用琵琶伴奏，唱词为七言句式。由此可知，陶真这种伎艺后来可能渐与弹词合流，被弹词所吸收。

(四)宋杂剧

宋代杂剧是歌舞、说唱、滑稽、杂技、戏剧等多种艺术形式的总称，其中戏剧部分已经孕育着金院本、元杂剧的演出形式的雏形。从唐代参军到两宋杂剧，再到金院本、元杂剧这一条脉络，贯穿着传统曲艺和戏曲由懵懂并存到逐渐区分的线索。

在宋杂剧兴盛的同时，北宋南渡后温州出现了永嘉杂剧，突破了由唐参军到宋杂剧中以滑稽嘲讽为主的题材局限，成为我国戏曲艺术的滥觞。

三、金元明

金元明时期的讲唱艺术形式主要有诸宫调、散曲、时调、像生、词话、莲花落、道情、宝卷、弹词、说书等。

(一)金元诸宫调

现存的诸宫调作品中，保存完整的为金人董解元的《西厢记诸宫调》(又称《董西厢》)，还有残缺不全的金人作品《刘知远诸宫调》，以及散见于《雍熙乐府》等书中的元人王伯成《天宝遗事诸宫调》的选曲。

诸宫调受唐以来变文的影响，出现了长篇的结构，诸宫调之前的民间说唱艺术尚无把许多场面连接起来构成一个庞大的故事。以前虽有《孔雀东南飞》《木兰辞》等长篇叙事诗，但其基本特征仍是诗歌，而像诸宫调这样的有长篇故事情节、塑造生动的人物形象进行说唱表演的却没有。

(二)散曲、时调、像生

1.散曲

散曲上承五代兴起的长短句，以杂剧中的联套和单曲形式演唱，区别于戏剧的多人多角演故事。散曲是由少量几支曲或单曲叙事抒情，一人唱，多人伴奏，演出形式类似于诸宫调或是鼓子词，但是继承五代词的写法，属于从杂剧中分离出的一种独立演唱节目。散曲的演奏不同于戏场的锣鼓造势，而是优雅庄重见长，文学色彩浓厚，为元代的权贵和知识阶层所偏爱。后随元杂剧逐渐消退，散曲成为一种与诗词并列的文学形式。

这种文学形式有别于词，有所谓“曲者，词之变”的说法。由于受到金、元时期民歌俚曲的影响，散曲在形式上突破了词的某些限制，因而显得生动活泼。一首词体歌曲通常分为上、下两阕，曲却打破这种定格，变为单阕体歌曲。但如有必要，一首单阕歌曲又可以多次重复使用。此外，曲在语言上也较为口语化，并可大量运用衬字，结果是曲在句数、字数上也打破了词的定格，具有较大的灵活性与伸缩性。进入明代，散曲逐渐为兴起的时调代替。

2. 时调

时调，也称小曲、时调小曲、清音、清曲等。随着散曲逐渐成为文人的游戏文字而脱离生活，在民间的民歌小曲也改变了套曲的形式，改为单曲演唱。为了抒情需要，反复咏唱。

时调小曲兴起以后，到明末已经取代了元代散曲的地位。清初以后，流传更盛，并且产生了职业艺人和班社组织。以扬州和北京、天津等地艺人最多。职业艺人在曲调上刻意求工，不断创制新声，在演唱和伴奏技巧上也日益精湛。清乾隆年间，时调小曲在南北各地广泛流布，并吸收当地的音乐曲调，经过艺人们的不断创造，逐渐形成了近代各种具有地方特色的时调小曲一类的曲种。

3. 像生

宋代的像生主要学习市井叫卖，采合宫调而成，到元代被称为“货郎儿”。后来货郎儿一方面成为固定的乐曲形式，被元杂剧所吸收(例如《临江驿潇湘秋夜雨》《杨氏杀狗劝夫》中都有货郎儿的曲牌)；另一方面成为一种说唱结合的说故事形式(如《风雨像生货郎旦》就以说话的方式，结合货郎儿曲牌演唱讲述长安一家人遭迫害，妻离子散，后又团圆的故事)。而“像生”一词仍然指学习叫卖之声。

(三)词话、驭说

1. 词话

词话盛于元、明两代，通常认为渊源于唐、五代的词文和宋代的说话伎艺。

词话的名称，宋、金文献中没有记载，只在《元史・刑法志》和《通制条格・杂令》中才有关于禁止民间子弟“演唱词话”“搬唱词话”的禁令。

元代的词话没有完整的作品流传下来，但在元杂剧中可以见到引用词话之处，如《元曲选》中就有全剧之末引用词话，作为诉词、断词或全剧的总结。另外，在杂剧的曲文中也有直接引用词话的唱词。这些引用的词话都是七字句、攒十字，也间有一些杂言，但都是诗赞体之词，并不演唱。

元人杂剧中引用词话的情况反映了民间说唱艺术与戏曲艺术的互相影响，同时也反映了元代词话的盛行。

明代词话继续流行，有长篇作品，也有中、短篇作品，题材广泛。据近代学者的考证，著名的长篇小说《水浒传》《三国演义》《封神演义》在明初都已有词话本。

随着明代说唱艺术的发展，伎艺名称也日趋繁杂，有的沿用宋代陶真的名称，有的沿用元代词话的名称，以及明代创造的说词、唱词、文词说唱、打谈、门词、门事、盲词、瞽词等名目，基本上都是指词话而言。明代中叶以后，词话的说唱伎艺逐渐发展分化为江南的弹词和北方的鼓词两个系统，取代了词话的名称。

2. 驭说

关于驭说的记载，仅见于元王恽《秋涧先生大全文集》中《鹧鸪引》一词，是为当时一个驭说女伎艺人写的，题为《赠驭说高秀英》："短短罗衫淡淡妆，拂开红袖便当场。掩翻歌扇珠成串，吹落谈霏玉有香。由汉魏到隋唐，谁教若辈管兴亡。百年总是逢场戏，拍板门锤未易当。"从词中可见对女艺人歌唱、话白的赞赏。由此不难推断，驭说是有说有唱的形式，而她所说唱的题材内容是"由汉魏到隋唐"的历史故事。有学者认为，因元代明令禁止"搬唱词话"，而宫廷和权贵又难以舍弃，所谓"驭说"不过是民间词话在宫廷中的别称而已。

（四）莲花落、道情、宝卷、弹词

1. 莲花落和道情

莲花落和道情是由分别来自佛教和道教的宗教歌曲演变而来的说唱艺术。最初是僧道传教或是募化的手段，后来逐渐摆脱了宗教内容。

2. 宝卷

宝卷是由民间宗教讲经演变而来的一种民间说唱形式，它服务于源自佛教净土宗的白莲教，受变文、道情、说经以及民间杂曲的影响，吸收了很多说唱伎艺。宣卷就是宣读宝卷，而宝卷是宣卷的脚本。

3. 弹词

所谓弹词，是"弹唱词话"的简称，有小鼓、拍板或弦索伴奏的词话表演形式。明中期以后，弹词与宝卷一样在民间趋向成熟。有研究者根据使用"弹词"一词的学者的籍贯推断，弹词是明代中叶以后，词话传至江南吴语地区的名称。

（五）说书

两宋的说话艺术到元代已有“说书”之名，现存有元刊本的讲史平话作品《新编五代史平话》《新刊大宋宣和遗事》等。其性质为小说与讲史的杂糅，例如《大宋宣和遗事》有从说书底本向话本小说过渡的迹象。因有劝人向善的内容，明朝对说书也未完全禁止。吴敬梓《儒林外史》和曹雪芹《红楼梦》的出现，标志着古代小说创作彻底摆脱了说书的模式，走上了独立发展的道路。而古典小说的独立，又为传统说书提供了可供传承的脚本，反过来也促进了传统说书的不断发展。

张岱的《柳敬亭说书》中描写明末说书艺人柳敬亭的说书伎艺：“急徐轻重、吞吐抑扬、入情入理、入筋入骨，摘世上说书之耳，而使之谛听，不怕其咋舌死（咬舌自杀，言其羞愧难当）也。”充分说明当时说书艺术的高深造诣。柳敬亭的说书颇具特色，他喜用口语，描写刻画，繁简配合，善于运用声音的轻重缓急制造气氛。这些特点被后来江南的评话或北方的评书所继承。

黄宗羲在《柳敬亭传》中也有对柳敬亭学习说书伎艺的记载：

余读《东京梦华录》《武林旧事记》，当时演史小说者数十人。自此以来，其姓名不可得闻。乃近年共称柳敬亭之说书。

柳敬亭者，扬之泰州人，本姓曹。年十五，犷悍无赖，犯法当死，变姓柳，之盱眙市中为人说书，已能倾动其市人。久之，过江，云间有儒生莫后光见之，曰：“此子机变，可使以其技鸣。”于是谓之曰：“说书虽小技，然必句性情，习方俗，如优孟摇头而歌，而后可以得志。”敬亭退而凝神定气，简练揣摩，期月而诣莫生。生曰：“子之说，能使人欢咍嗢噱矣。”又期月，生曰：“子之说，能使人慷慨涕泣矣。”又期月，生喟然曰：“子言未发而哀乐具乎其前，使人之性情不能自主，盖进乎技矣。”由是之扬，之杭，之金陵，名达于缙绅间。华堂旅会，闲亭独坐，争延之使奏其技，无不当于心称善也。

……

亡何国变，宁南死。敬亭丧失其资略尽，贫困如故时，始复上街头理其故业。敬亭既在军中久，其豪猾大侠、杀人亡命、流离遇合、破家失国之事，无不身亲见之，且五方土音，乡欲好尚，习见习闻，每发一声，使人闻之，或如刀剑铁骑，飒然浮空，或如风号雨泣，鸟悲兽骇，亡国之恨顿生，檀板之声无色，有非莫生之言可尽者矣。

四、清

(一)评书与评话

唐宋说话、元代的说书伎艺，发展到明末清初，有了南方评话和北方评书的分别。南方评话以扬州评话和苏州评话为代表，还包含南京评话、杭州评话以及福州评话等，大都是柳敬亭传人。北方评书以北京评书为代表，据传为王鸿兴所创。王鸿兴初学大鼓书，后得柳敬亭指点，创立了北京评书的流派。也有传说1735年雍正去世，举国服孝，禁止响器，王鸿兴由此只能说书，创立了北京评书。北方评书除北京评书外，还有如山东、河南等地的方言评书。

此外，独立于南、北两大派别之外的还有四川评书。四川评书在西南地区以及长江中游地区影响广泛。

(二)时调与牌子曲

明代的时调小曲于清初因战乱衰微，至乾隆时复兴，并有新的分化：一部分保留明代单曲或是单曲重复的特点；一部分于一篇中吸收众多曲调，形成曲牌联套体，逐步向牌子曲过渡。

前者以抒情为主，具有民歌特点，重复咏唱，也有讲述简单故事或是故事片段的单曲，例如以“西厢”为题材的一些单曲已经向讲故事方向发展。

后者为套曲形式，如有以“万寿庆典”为题的恭贺乾隆寿辰的套曲时调，由多个曲牌构成，篇幅较长。乾隆以后，由于社会稳定、经济发展，南北交流因大运河而复兴，多次的远征也促进边疆和内地的交流，各地时调曲牌互通有无，加上传统的诸宫调和同时代戏曲艺术早已采用曲牌的联套方式组织音乐，所以时调中的曲牌联套开始广泛出现，形成了牌子曲的形制。

牌子曲有一至三人的演唱形式，以三弦和八角鼓伴奏。所以北京牌子曲演奏也称为“八角鼓”。一人自弹自唱的形式，称为“单弦”。今天，北京牌子曲习惯上仍称“单弦”。北京牌子曲的形制对各地的曲牌联结体曲种(如山东聊城八角鼓、河南大调曲子、兰州的鼓子、青海的平弦、越调等)的形成有直接影响。

(三)小唱、琴书

时调在南方被称为小曲、小调、小唱、清曲、清音、南曲等。较早出现的是扬州小唱，也叫扬州清曲，后发展为用琵琶、弦子、月琴、檀板等乐器伴奏的形式。扬州清曲加扬琴伴奏演唱的故事内容被称为扬州琴书。也有学者认为，扬州清曲加扬琴伴奏后，如采用曲牌联套方式唱故事即可称为琴书，如仍是单曲结构则称为扬州小唱，而“扬州清曲”一词则包含有琴书和小唱两种含义。扬州清曲对于我国各地琴书的形成有很大的影响。扬州清曲或扬州琴书的影响力是沿着江、河、淮、运四条水路荡漾开去的：

沿长江促成了湖北小曲、湖南丝弦、四川琴书、四川清音、四川盘子的形成。

沿运河进入淮河与黄河，扬州清曲促成了安徽琴书、江苏徐州琴书、山东南路琴书的形成。其中，安徽琴书又蔓延出河南琴书与湖北琴书。山东南路琴书又形成了山东北路、东路，合为山东琴书。进而随着山东人下关东，形成东北琴书和蒙古琴书。

沿黄河而上，扬州清曲促成了黄河流域的陕西府谷琴书、榆林小曲、河曲二人台以及渭河流域的关中曲子等。

此外，广西的文场、云南的琴书、贵州的文琴等曲种的形成，也都与扬州清曲有直接关系。

在曲种分类中，小曲、时调、琴书、牌子曲都源于元散曲和明清民歌，均以小曲为最小单位。时调是小曲的单曲或是单曲重复；牌子曲是小曲连接起来的套曲形式；琴书则是以扬琴伴奏的某种小曲或是小曲的套曲形式演唱故事。

（四）莲花落和道情

莲花落在清代流传各地，在北京与“什不闲”结合，就是所谓“什不闲莲花落”。“什不闲”源自凤阳歌，原指木架上安装十样打击乐器，有引线控制，这样一人可以在演唱的同时演奏几样乐器伴奏。北京的什不闲莲花落对其他地方的莲花落或其他曲艺形式（如二人转）的形成有一定的影响。莲花落在各地演变为不同的曲种，如浙江莲花落、四川莲花落、江西打莲花、广西零零落等，都是莲花落本地化的形态。

道情，在清代也形成了各地道情，基本独立于宗教外，且唱道情者都以渔鼓、简板伴奏，所以也有地方称之为“渔鼓”或是“渔鼓道情”。北京道情到清末放弃演唱部分，变为评书的一支，而四川道情在清末则称为四川竹琴。河南道情与当地小曲结合形成河南坠子。一些道情后参与促成了当地地方戏曲的形成，如甘肃的陇东道情皮影戏，后发展为陇剧。而今天河南坠子和湖北渔鼓、山西道情等仍有一定的影响力。

（五）弹词、大鼓

元明的词话，明中期后逐渐分为北方的鼓词和南方的弹词。到了清代，南方弹词有弹词、弦词、广东木鱼书等形式；北方的鼓词则演变为各地的大鼓书，其中说唱长篇大书的称为鼓词。鼓词有说有唱，弹唱小段的称为大鼓，大鼓只唱不说。鼓词与弹词成为两类不同的曲艺形式。

弹词自清代乾隆年收缩于江浙吴语区一带。原因是江南地区政治安定，经济发展，市镇繁荣，艺人得以定居从艺。此时也开始出现一批以王周士为代表的著名弹词艺人，并有同业公会“光裕公所”出现。同时，北方的词话弹唱采取鼓板击节，发展为鼓词形式，与弹词隔江相望。

清初南方小曲的繁盛，对弹词的发展也很有影响。吴歌绵柔的特点，最适宜借弦索慢捻浅唱。弹词吸收吴歌曲调，用吴语说唱，更使弹词具有浓郁的地方特色而得到听众的喜爱。弹词由于说表完全使用本地方言，注意吸收本地音乐素材，遂使大致上比较单一的江南弹词进一步衍化为几种不同唱调的曲种：苏州弹词、扬州弦词、杭州南词、四明南词、绍兴平湖调等。民国时这些曲种都向经济较发达的上海集中，流传至今。

清中叶较早成形的大鼓有：有鼓、板，无弦的河北（河间、沧州、保定）的几种木板大鼓和山东的犁铧大鼓；有鼓、板、三弦伴奏的河北西河大鼓等。其他各地大鼓也都稍后成形，如湖北大鼓（也称“打鼓说书”）、河北东部的乐亭大鼓、山西的潞安大鼓等。至清末民初，京韵大鼓、梅花大鼓、东北大鼓、胶东大鼓、安徽大鼓、河洛大鼓、江西大鼓等也陆续完善起来。

（六）像生、相声

宋代的像生原以学叫卖或是方言为主，至明代发展为各种口技，也称为隔壁戏，是一种使用声音模拟场景、叙述简单情节的艺术形式。“像生”以表演口技为主，所述简单情节只是为了串联各种口技，但是其中的确包含有后来的“声音戏剧——广播剧”的一些创作元素，如拟音的技巧、用音响再现场景等。

明代沈德符在《野获编》（卷二十四）中记载：

……一瞽者，以一个屏围于座隅，并琵琶不挈，但孤坐其中，初作徽人贩姜邸中，为邸主京师人所赚，因相殴投铺，铺中徒隶与索钱。邸主妇私与徒隶通奸，或南、或北、或男、或妇，其声嘈杂，而井井不乱，心已大异之。忽呈解兵马，兵马又转解巡城御史鞫问。兵马为闽人、御史为江右人，掌案书办为浙江人。反复诘辩，种种曲肖，廷下喧如市，诟詈百出。忽究出铺中奸情，遂拖夹拶（音攒，拶刑，挤压手指的刑罚）诸刑，纷纭争辩，各操起乡音，逾时毕事而散。

这段像生表演包含了叫卖、方言等内容，同时也刻画了比较复杂的声音场景，而且还有多次空间的转换，也有简单的故事情节，已经是一部比较成熟的、只用音响和对话（实际也是音响）而无解说的音响剧了。

清人涨潮编写的《虞初新志》中收录有清初林嗣环的一篇《口技》，其中也有关于像生的描写，这时已经称为口技了。

……口技人坐屏障中，一桌、一椅、一扇、一抚尺而已。众宾团坐。少顷，但闻屏障中抚尺二下，满堂寂然，无敢哗者。

遥遥闻深巷犬吠声，便有妇人惊觉欠伸，……既而儿醒，大啼。夫令妇抚儿乳，儿含乳啼，妇拍而呜之。夫起溺，妇亦抱儿起溺。床上又一大儿醒，狺狺不止。当是时，妇手拍儿声，口中呜声，儿含乳啼声，大儿初醒声，床声，夫叱大儿声，溺瓶中声，溺桶中声，一齐凑发，众妙毕备。满座宾客无不伸颈侧目，微笑默叹，以为妙绝也。

既而夫上床寝。妇又呼大儿溺，毕，都上床寝。小儿亦渐欲睡。夫齁声起，妇拍儿亦渐拍渐止。微闻有鼠作作索索，盆器倾侧，妇梦中咳嗽之声。宾客意少舒，稍稍正坐。

忽一人大呼"火起"，夫起大呼，妇亦起大呼，两儿齐哭。俄而百千人大呼，百千儿哭，百千狗吠，中间力拉崩倒之声，火爆声，呼呼风声，百千齐作；又夹百千求救声，曳屋许许声，抢夺声，泼水声。凡所应有，无所不有。虽人有百手，手有百指，不能指其一端；人有百口，口有百舌，不能名其一处也。于是宾客无不变色离席，奋袖出臂，两股战战，几欲先走。

而忽然抚尺一下，众响毕绝。撤屏视之，一人、一桌、一椅、一扇、一抚尺而已。

这一段包含有非常复杂的声音场景再现，而且有多个声音形象的同时进行和交替转换，类似于广播节目中的压混与叠、渐隐、突起等手法。

后来清人郑澍若编《虞初续志》中也有记载扬州郭猫儿的口技表演，模仿两人喝酒，完后酒醉者步履蹒跚，行出"约可二里许"醉倒于地，用口技模仿声音的声相位移，也很神奇。

后来，像生为了吸引听众，也吸收了当时的一些说笑话艺人的表演技巧，在表演中插入笑话。

清末，八角鼓演员张三禄、京剧丑角朱绍文改行说笑话，两人丰富了笑话的表演形式和伎艺，这样就在像生和笑话的基础上，融和吸收戏曲、把式、戏法、唱曲、什不闲等表演的元素，使原来的一人说笑话变成两人或三人表演的"相声"。

清末广东木鱼书、潮州歌、粤讴、江淮花鼓调、二人转、山东快书、河北竹板书、四川金钱板等一批地方曲种逐渐形成，其中有些类型发展成为全国性的曲种。

而从辛亥革命到中华人民共和国建立，有些曲种也有较大发展，如京韵大鼓、梅花大鼓、单弦、天津时调、西河大鼓、东北大鼓、河南坠子、山东琴书、四川扬琴、苏州弹词、粤曲、北京评书、扬州评话、四川评书、湖北评书、山东快书、二人转、相声、好来宝等。

我国少数民族的曲艺形式也非常丰富，多数都是采用说唱形式。例如我国少数民族的三大史诗：藏族的《格萨尔王传》、蒙古族的《江格尔》、柯尔克孜族的《玛纳斯》，都有自己的说唱表演形式，并通过这样的表演形式代代相传。目前比较流行的少数民族曲种有：蒙古族的好来宝、乌力格尔，满族的太平鼓，朝鲜族的三老人、漫谈、鼓打铃，瑶族的铃鼓，壮族的末伦，侗族的琵琶歌，苗族的果哈，彝族的四弦弹唱，布依族弹唱，白族的大本曲，傣族的赞哈，藏族的喇嘛玛尼，哈萨克族的冬不拉弹唱，维吾尔族的达斯坦和苛夏克等。

第二节 曲种分类与创作特征

一、曲种分类

曲艺曲种类别众多，新中国成立初期调查有将近 400 种，据 1982 年的调查有 341 种。根据表演形式的不同，大体可以分为评话、相声、快板、鼓曲四类。

（一）评话类

评话由唐宋说话、元代的说书伎艺发展而来，明末清初，有了南方评话和北方评书的分别。南方评话以扬州评话和苏州评话为代表，北方评书以北京评书为代表，还有如山东、河南等地的方言评书。评话、评书以说为主，是介于文学和戏剧之间的一种曲艺形式。

扬州评话兴起于清初，为南方评话的代表曲种。苏州评话与苏州弹词合称“苏州评弹”。苏州评话说大书，苏州评弹说小书。扬州评话与苏州评话现存书目与北方评书书目基本类同。

福州评话以说为主，兼有唱调，表演时重视眼神、手势、姿态。福州评话书目繁多，记录下来的有 300 多本，其中公案书和家庭书不同于南北，颇具地方特色。

四川评书主要分布于川、贵、滇、渝等地，有清棚、雷棚之分。清棚偏文，讲究以情动人；雷棚重武，讲究形容模拟。

（二）相声类

主要包括相声、独角戏、答嘴鼓、四川相书等。其中，相声主要在北方流传；独角戏又名“滑稽”，流行于上海、江浙一带；答嘴鼓是流行于闽南和台湾的一种喜剧性说唱艺术形式，以韵文进行二人对辩。

四川相书，演员藏身二尺见方布帐里表演，以说幽默故事为主。正式开始前先学口技吸引听众，在陈述故事时运用生动、通俗、性格化的对白来塑造人物形象。相书段子里的人物，少则二人，多则十余人。演员运用唇、齿、口腔、喉和鼻腔等部位，迅速地变换着不同的声音造型，或运用学方言的方式塑造不同人物形象。

（三）快板类

主要包括数来宝、快板书、山东快书、四川金钱板等。

数来宝产生于元末明初，最初是艺人走街串巷在店铺门前演唱，主要夸赞商店货物精美，因此得名“数来宝”。数来宝的基本句式是上句六字，下句七字，上六三三，下七四三，或二五、二二三，上下句要求同声调押韵。可以一组上下句一韵，也可以多组上下句一韵。数来宝的伴奏有多种击节乐器，现在普遍使用七块板：大板两块，小板五块。

快板书由数来宝演变而来，使用七块板，语言形式上突破了数来宝三三七的格式，句式丰富多变。快板书一般表演篇幅较长、结构完整的故事。

山东快书的前身是说武松故事的“武老二”，后吸收山东落子、相声、京剧等艺术形式的表演技巧，以七字韵文为主，夹杂一些说白，节奏较快。因语言通俗易懂，成为流行全国的曲种。

四川金钱板，因伴奏的三片竹板上嵌有铜钱而得名。表演时一手执两竹片下端，张合敲击，一手执另一片竹板配合敲击前者。在西南地区较为流行。

（四）鼓曲类

鼓曲类是指以唱故事为主的曲艺曲种，也是种类最为繁多的一类曲种，占全部曲艺曲种的80%以上。主要有鼓词、弹词、时调小曲、道情、牌子曲、琴书、走唱、杂曲等类型。鼓词和弹词由元明的词话发展而来，明中期后逐渐分为北方的鼓词和南方的弹词。到了清代，南方弹词有弹词、弦词、广东木鱼书等形式；北方的鼓词则演变为各地的大鼓书。其中，说唱长篇大书的称为鼓词。鼓词有说有唱，弹唱小段的称为大鼓，大鼓只唱不说。

1. 鼓词

鼓词一般指以鼓、板击节说唱的汉族戏曲艺术形式。这种说唱形式的历史十分悠久。鼓词的名称起源于明代。清代以后，鼓词演唱兴盛。北方鼓词主要流行于河北、河南、山东、辽宁以及北京、天津等地。南方主要有江苏的扬州鼓词和浙江的温州鼓词等。

鼓词类主要有梅花大鼓、京韵大鼓、京东大鼓、西河大鼓、乐亭大鼓、潞安鼓书、襄垣鼓书、东北大鼓(奉派大鼓)、温州鼓词、安徽大鼓、山东大鼓(犁铧大鼓)、胶东大鼓、河洛大鼓、河南坠子、三弦书、湖北大鼓(湖北善书)、陕北说书等。

2. 弹词

弹词是一种古老的汉族曲艺,是流行于中国南方的用琵琶、三弦伴奏的说唱文学形式。它起源于宋代的陶真和元明的词话,开始出现于明中叶,至清代极为繁荣,是清代讲唱文学中成就最高、影响最大、流传作品最多的一种。它由说、噱、弹、唱等部分组成,唱词以七言句为主,间有三言衬字。其作品多为长篇,每次开说前往往插上一段开篇,相当于话本中之人话,供演唱者定场试音之用。弹词多用第三人称叙述,文字浅近,语言上有“国音”和“土音”之分。

弹词类主要有苏州弹词、开篇、扬州弹词、四明南词、平胡调、长沙弹词、木鱼歌等。

3. 时调小曲

时调小曲是中国明清时期盛行的汉族戏曲剧种。源于民间歌曲,兴起于明宣德、正统年间,遍布南北,品种繁多。或称时调,或名小曲,又称清音、清曲。

天津时调是我国北方较有代表性的时调小曲类曲种。其表演形式为一人或二人执节子板站唱,另有人操大三弦和四胡等伴奏。天津时调源于明清小曲,清末民初形成并流行于天津城区。其曲调非常丰富,包含许多天津地方民歌小调和外地流入天津的曲调,如天津本地流行的《靠山调》《鸳鸯调》《大数子》和一些外地流入但天津化了的民歌小曲,如“拉哈调”“秦楼悲秋”“怯五更”“后娘打孩子”“叉杆解狱”“对花”“十杯酒”等,具有浓郁的乡土气息。

时调小曲类主要有天津时调、上海说唱、扬州清曲、江西清音、赣州南北词、湖北小曲、襄阳小曲、长阳南曲、湖南丝弦、祁阳小调、四川清音、盘子等。

4. 道情

道情是中国汉族曲艺品种的一个类别,渊源于唐代的《承天》《九真》等道曲。南宋始用渔鼓、简板伴奏,故又称“道情渔鼓”。至清代,道情同各地汉族民间音乐结合形成了同源异流的多种形式,如太康道情、陕北道情、江西道情、湖北渔鼓、四川竹琴等。道情多以唱为主,以说为辅,有坐唱、站唱、单口、对口等表演形式。

道情(渔鼓伴奏)类包括晋北说唱道情、江西道情、宜春评话、永新小鼓、湖北渔鼓、衡阳渔鼓、四川琴书等。

5.牌子曲

牌子曲(曲牌联套体)类包括单弦、岔曲、南音、福州伬艺、飏歌、聊城八角鼓、大调曲子、广西文场、西府曲子、安康曲子、兰州鼓子、青海平弦、越弦、打搅儿等。

6.琴书类

琴书类包括北京琴书、翼城琴书、武乡琴书、徐州琴书、安徽琴书、山东琴书、恩施扬琴、四川扬琴、贵州琴书、云南扬琴等。

7.走唱类

走唱类包括十不闲莲花落、二人转、宁波走书、凤阳花鼓、车灯、商雒花鼓等。

8.杂曲类

杂曲类包括无锡评曲、绍兴莲花落、锦歌、褒歌、芗曲、江西莲花落、南丰香钹、瑞昌船鼓、于都古文、三棒鼓、善书、潮州歌、粤曲、粤讴、龙舟歌、粤东渔歌、五句落板、零零落、荷叶、姚安莲花落、贤孝、倒浆水、台湾歌仔等。

二、各曲种创作特征

(一)评话(评书)

评书中大的单元叫"坨子",如《三国》中的官渡之战、赤壁之战等大的情节段落。小单元称作"回目",是大事件里的几个中心情节,如赤壁之战里的"舌战群儒""智激周瑜""蒋干盗书""草船借箭""庞统献技""借东风"等。回目的勾连依靠富有悬念的"扣子"。扣子是连接情节的针线、制造悬念的手段。扣子有大有小,大的贯穿全书,小的处处皆是。俗话说"听书听扣儿,看戏看轴儿"。

扣子大体分为暗扣、明扣和连环扣。

暗扣指悬念在情节中是突如其来的、出乎听众意料的。如《群英会》中,周瑜上山观阵,被旗角拂面,猛然想起一件心事,大叫一声,口吐鲜血,不省人事。周瑜怎么了?所想什么事?听众都不知道,这个谜底将在后面孔明探病的情节里交代出来,周瑜是因为担心没有东风,不能实施火攻。这就是暗扣。

明扣中的一种是指悬念已被听众知晓,但是书中人物还是不了解情况。另一种是指听众已经知道事情的结果,但是究竟怎样达到这个结果,并不知道,因此有所期待。

连环扣子指围绕一个大扣子,设计了若干小扣子。例如要完成某事,但是遇到一个又一个难关,最终完成这件事。能否完成这件事是一个大悬念,是一个大扣子,而能否渡过一个又一个难关就是小扣子。

评书中常有句式整齐划一、琅琅上口的段落，称为“贯口”，常用来描写人物、景物，渲染气氛，加深听众印象。常见的有韵文体贯口、散文体贯口、韵散结合体贯口和罗列排比式贯口。韵文体贯口常见于评书中描写人物形象的人物赞，描写武将穿着的盔甲赞，描写自然景物的山水赞等。

评书的包袱就是通过比拟、巧合、夸张、双关、误会、讽刺、反复、谐音、描摹等方式构成语言的戏剧效果。评书包袱的组织手法与相声包袱类似，但是评书的包袱是为整个故事情节服务的，而不单纯是为了幽默的效果。而相声的主要艺术手段是“包袱”，它可以与情节联系不紧密，但是一定要幽默、风趣。

(二)相声

对口相声由逗哏和捧哏两个演员表演。捧哏在广播节目制作尤其是相声剪辑时容易被忽视，实际上，捧哏好比压秤杆的秤砣一样重要。因为捧哏更贴近听众，对于逗哏的表演，表达同感、反感、敬佩、讽刺，进行论辩、提问、补充、引申等。只有通过捧哏的烘托，才会使相声产生更强烈的艺术效果。例如，相声中表示肯定的词有“啊”“是”“对”“好”“就是嘛”“当然了”；表示否定的有“啊？”“咦？”“哟？”“怎么啦？”“干吗呀？”表示先肯定后否定的有“哦——啊？”“好——不怎么样！”“对——不对！”表示惊叹的有“嘿！”“嚯！”“哎呀！”等，这些词都有各自的情感色彩，都是相声的不可缺少的组成部分。

相声主要由“垫话”“瓢把儿”“活”“底”组成。

“垫话”就是开场白，是进入正题前的一小段前奏。因为最初相声在市井中表演，需要在开场前活跃气氛，吸引听众聚拢，所以就有了“垫话”的部分，类似于评弹的开篇。“垫话”既可以是针对某个相声作品所独有的，也可以是一个能够灵活挪用的套路，例如，“相声讲究的是说学逗唱”就适用于很多相声段子的开头部分。“垫话”要吸引听众就必须有一个“包袱”，而且要是个“响包袱”。

“瓢把儿”是指“垫话”和“活”之间的过渡部分。这个部分有时是几句话，有时是一个小“包袱”。

“活”是相声的正文部分，也叫“梁子”。“活”是由一系列“包袱”构成的。“包袱”之间的过渡往往比较灵活，有话则长，无话则短，可以像舞台空间一样实现灵活的时空转换，又仿佛电影里的切或叠一样。

例如，相声《特殊生活》讲述评剧演员筱淑云排戏准备演出，先说筱淑云排戏，然后是排戏时的四句唱，唱完之后，变成了剧场演出的热烈反响，而中间的时间跨度就被省略了。

甲：筱淑云就扮演那红军女战士，唱得好。

乙：你给学学。

甲：你注意了。

（唱）你别看我人老志不老，

为革命感把重担挑，

哪怕那烈日炎炎当头照，

哪怕那跋山涉水，狂风暴雨满身浇。

乙：好！

甲：观众热烈鼓掌。

“底”是相声的结尾，是矛盾的高潮，也是戏剧效果最强烈的部分。一般来讲，“底”应该是一个大“包袱”。

相声中的“包袱”就是一个个笑料。“包袱”的种类有单“包袱”和连锁“包袱”。组织运用“包袱”的手法主要有：三翻四抖、铺、垫、翻、抖、支、楔、缝、刨等。而包袱的形成则可以利用重复、曲解、错觉、夸张、对比、误会、矛盾、打岔、双关、省略等语言组织形式。

例如，相声《婚姻与迷信》的开头部分就用连锁“包袱”来加强喜剧气氛：

甲：过去封建社会，是重男轻女。男人可以参加社会一切活动，妇女就被关在家里操作一切，扫地拾掇屋子带笼火，做菜做饭生孩子。（垫话部分，非常迅速引出正题，以下是向正题——“活”过渡的“瓢把儿”部分，是由连锁“包袱”构成的）

乙：是呀，男性社会嘛。（“铺平”，把所交代的事情讲明白，加深听众印象，为展开矛盾埋好伏线）

甲：男人地位高，女人地位低。（“垫稳”，对所埋伏线加以强调渲染）

乙：是呀。

甲：既然是男人地位高，你们就应该把男人都凑一块儿，找个另外地方你们就高去吧！（抖出第一个“包袱”）

乙：脱离女性。

甲：又不行，结婚非得一男一女。

乙：哎。

甲：两个男人结婚你看着他别扭。（抖出第二个“包袱”）

乙：啊？

甲：可从来也没有看见过。

乙：根本就没有嘛。

甲：是呀，谁都是母亲生的。

乙：是啊。

甲：谁也不能说我是我父亲生的。（抖出第三个“包袱”）

乙：没听说过。

甲：他可得生得了哇，因为他体内组织不同——还没法改组。（抖出第四个“包袱”）

乙：这不废话嘛！

甲：男女同是一样的人，为什么重男轻女呢？

乙：不合理嘛！（“瓢把儿”部分结束）

甲：在过去……（进入“活”）

在这个例子里，“瓢把儿”部分由四个“包袱”层层连环组成，每个“包袱”都在描述现状中生出假设，由假设引出不合理的现象。而且几个包袱之间的关系也非常紧密，层层推进，直至正题。

又如相声《夜行记》中的一段：

甲：……我一拐把，“噌——”上便道了。

乙：哎哟！

甲：正撞着一个老头。

乙：你瞧瞧。

甲：前轱辘正撞在老头后腰上，劲儿也猛点，把老头“噌”地一下撞到药铺里去了。

乙：哟嗬！

甲：这老头进去，“叭叽”就趴在柜台上啦。（“包袱”）

乙：没柜台挡着就到后院啦。（“包袱”）

甲：药铺店员吓一跳：“哎，老大爷你要买什么？”（“包袱”）

乙：买什么呢？

甲：老头说：“我什么也不买，我是（被）撞进来的。”（“包袱”）

乙：愣给撞进去了。

甲：我赶紧赔不是。

乙：你怎么说的？

甲：我说："哟，老大爷，您瞧，怎么说的，我有急事，把您给撞了。我……我是给我爸爸请大夫去，这一忙把您给撞了，这、这不更耽误工夫嘛！"

乙：那老头说什么了？

甲："有急事你也别玩命啊！给你爸爸请大夫，你干吗把我弄药铺里去呀！"（"包袱"）

……

（三）快板

快板书和山东快板一样一韵到底；而对口快板则采用不固定的押韵方法，两句一组，下句跟着上句押韵就行。因为快板书的节奏较快，为了产生音韵上的美感，对口快板的上下句一般在同韵的同时还要同声，也就是音调相同。如：

打竹板，数来宝，
这门艺术不好搞。

结尾的"宝"和"搞"同韵而且同是三声，听起来比较和谐。但是如果改为：

打竹板，数来宝，
这门艺术不好闹。

"不好搞"改为"不好闹"，虽同韵但不同声，听起来也不顺畅。

当然，快板所讲究的音调相同，不像戏曲、鼓词要求那么严格。例如，山东快板的平仄就不如山东大鼓严格，所以快板中偶尔出现平仄问题，也不为过。而且各地方言差异较大，发音平仄与字面所写也不尽相同，无法严格要求。但是一般来说，仄声字急促收缩下行，难以行远；平声字伸展开阔上扬，有利于拖腔。

同时我们也应注意快板的地域特色。比如，北京快板与山东快板虽有一些相同的字眼，但是发音却不一样。如"白"北京读 bai，发二声，山东读 bei，发二声；大街的"街"字，北京读 jie，发一声，山东快书读 jai，发一声。

对口快板基本句式是三三七句式，有时也根据叙事要求或是节奏变化需要而增加字数和改变句式。如以三字开头：

解放后，旧的上海被改造，

南京路，如今出现新面貌。

或是双字词结尾：

艰苦奋斗，奋发图强，
光荣传统继承发扬。

或是加入衬字：

祖国的面貌大改变，
（咱们）到处都把（这个）工厂建。

一段快板通常有二三百句，演出时间在二十分钟以内。

快板中反复使用句式相同的短句称为“垛句”，常见的有二、三、四、五字垛句。垛句一般用来渲染情绪、罗列事物或是排比。例如：

……
办起事，最认真，
丁是丁，卯是卯，
瓜是瓜，枣是枣，
分是分，秒是秒，
多是多，少是少……

（四）鼓曲

大鼓的击节乐器有鼓和板，鼓是扁鼓，板有木板、铜板、铁板几种，伴奏乐器有三弦、四胡、琵琶、扬琴等。大鼓的种类很多，但是表演和创作差别不大，唱词基本以七字句为主，隔句押韵，上仄下平。所以各种大鼓的唱词基本可以相互通用。如果说评书、评话是介于文学与戏剧之间的曲种，那么鼓曲则是介于文学和戏曲之间的一种曲艺形式。它的唱词具有浓厚的文学色彩，在音乐旋律和唱腔表演方面又吸收了戏曲的一些特色。

中国古代音乐及民间音乐通常以板、鼓击拍，板用以表示强拍，鼓则用以点击弱拍或次强拍。因此，在古代音乐及民间音乐术语中就把强拍称为板，而把弱拍或次强拍统称为眼，合称板眼。一个小节即为一板。依照板眼形式的不同，分别称为一板三眼（四拍子）、一板一眼（二拍子）、有板无眼（一拍子，或称流水板）、无板无眼（散板）等。

1. 京韵大鼓

京韵大鼓的唱腔，主要以一板三眼的慢中板和有板无眼的紧板为主，必要时穿插一些一板一眼的板式。基本腔调有适于叙事的平腔，表现激昂情绪的高腔，表现平缓轻松情绪和作为预备腔之用的落腔，作为一个段落或全曲结尾之用的甩腔，变化较多的起伏腔，以及长腔、悲腔、花腔等。此外，京韵大鼓具有半说半唱的特色，唱中有说，说中有唱。所以，韵白在演唱中也占据重要的位置。这种韵白讲究语气韵味，要似说而又近于唱，以求与唱腔衔接自然。京韵大鼓的主要伴奏乐器为大三弦与四胡，有时佐以琵琶，演员自击鼓板掌握节奏。京韵大鼓专工短篇唱段。除了一些继承于木板大鼓的传统曲目，还有一些写景抒情的小段，如《丑末寅初》《风雨归舟》《剑阁闻铃》等极具欣赏价值。

2. 西河大鼓

西河大鼓以说唱中、长篇书目为主，也有少数演员专工短篇唱段。其前身，是清代中叶流行于河北省中部的弦子书和木板大鼓，后来形成以鼓、板、小三弦伴奏的形式。它也曾被称为“河间大鼓”，后定名为“西河大鼓”，广泛流传于京、津，以及华北、东北、西北、华东的部分城镇。西河大鼓的唱腔音乐，是以冀中语音的自然声韵为基础，吸取某些民歌、小调的音乐语汇发展而成的。其音乐结构形式丰富，唱腔繁多，生动活泼，似说似唱，易唱易懂。

3. 东北大鼓

东北大鼓最初的演唱形式是演唱者操小三弦自弹自唱，并在腿上绑缚“节子板”来击节，也叫“弦子书”。它有一套比较完整的基本唱腔，并陆续吸收京剧、京韵大鼓和东北民歌的声腔，曲调丰富，唱腔流畅，表现力较强，流传区域也较广。

4. 河南坠子

河南坠子的前身是流行于河南的道情和“颍歌柳”两种曲艺形式，并在形成过程中吸收了三弦书、山东大鼓、琴书等曲种特长。其发展过程中改伴奏乐器小鼓三弦为坠胡，变弹拨乐器为弓弦乐器，伴奏旋律起了根本性的变化，促成唱腔音乐的重大变革。河南坠子的唱腔音乐可归纳为起腔、平腔、送腔、尾腔四部分，在主体唱腔进行中，根据唱词中不同句式的格律，使用三字崩、五字嵌、七字韵、巧十字、拙十字、寒韵、滚口白等唱法，产生节奏和旋律上的变异，表现不同的感情。伴奏乐器坠胡独具特色，击节乐器有伴奏员使用的脚梆和演员使用的简板、铰子、矮脚书鼓、醒木等。由道情改唱坠子的多用简板；由三弦书改唱坠子的多用铰子；由大鼓改唱坠子的多用矮脚书鼓；醒木多在说唱长篇书目时使用。演唱方式有单口、双口（或对口）、三口（或群口）三种，并各有擅长的书目。

5. 山东大鼓

山东大鼓发源于鲁西北农村，又名梨花大鼓、犁铧大鼓。早期只以敲犁铧碎片来演唱当地的民歌曲调，后逐渐发展成为有板式变化体结构的成套唱腔，击矮脚鼓、敲特制的半月形梨花片、由三弦伴奏的演唱形式，长期流传在农村中。曾经在华北、华中、华东地区兴盛一时，但自西河大鼓、河南坠子兴起之后，山东大鼓渐趋衰落。

6. 苏州弹词

苏州弹词以说表为主，兼重弹唱。其在形成过程中吸收了诸多艺术形式的优点，形成了说、噱、弹、唱并重的艺术特色。其说表融合叙事与代言为一体，分为官白、私白、咕白、表白、衬白、托白等，既可表现人物的思想活动、内心独白和互相对话，又可以说书人的口吻进行叙述、解释和评议，不受时间、空间的限制。

唱篇部分一般为七字句式，有时酌加衬字、垫字，但讲究平仄格律，按苏州语音押韵。唱篇从属于说表，也有叙事、代言之分，或用于叙述书情，或用于抒发人物感情。弹词所唱原为一种吟诵的曲调，根据语言的声调、语气来行腔，明白易懂。弹唱以三弦、琵琶为主要乐器，自弹自唱，又互相伴奏、烘托；还借鉴昆曲、京剧的表演手法，结合听觉艺术的特点，即"说法中现身"的手法，运用嗓音变化和形体动作、面部表情等来创造各种角色。再加上时常穿插轻松诙谐的噱头，使苏州弹词成为一种高度综合的说唱表演艺术。

苏州弹词的演出形式分为单档（一人）、双档（二人）乃至三档（三人）等数种。弹词演出主要以长篇为主。

7. 扬州弹词

扬州弹词原名"扬州弦词"，是以扬州方言为基础的弹词系统曲种。早期为一人说唱，自弹三弦伴奏，后发展为双档演出，增加琵琶伴奏。特点是说多唱少，唱词只有叙述性的表唱，没有人物抒发情感的自唱和人物之间的对唱。新中国成立后，经过艺人的努力，逐步增多唱词，增加了人物的自唱和对唱，在音乐曲调上也进行了尝试性的改革，改称为"扬州弹词"。代表性书目有《珍珠塔》《倭袍记》《玉蜻蜓》《白蛇传》等。

扬州弹词的唱词以对偶的七字句为主，叠加的单句称为"凤点头"。音乐曲调来源于明代俗曲以及南北曲和地方戏曲的部分曲调。唱词还有加演于正书之前的"开篇"，内容多是咏人叙事、写景抒情之作。

8. 木鱼歌

木鱼歌流行于广东等地。它与江、浙流传的弹词略有不同，没有开篇、诗、词、赋赞、套数，也没有说白。后来受粤曲、南音和龙舟歌等影响，才穿插说白。全篇分若干回目。开头第一段叫“冒头”，述说全书大意，介绍人物和背景；接着是正文，随着情节的发展，一直铺陈到故事告一段落，即是“尾声”。

冒头和尾声都由四句曲词组成。演唱时多用二胡、古筝、琵琶、三弦，或竹板击节伴奏。有“正腔”与“苦喉”两种曲调。正腔曲调爽朗，适于表现欢快喜悦的情绪；苦喉曲调沉郁，适于表现缠绵悱恻之情。遇到内容既有欢悦又有悲戚时，多在冒头和尾声处增强气氛，以便于转折、衔接。

木鱼歌书目繁多，较著名的有《三国》《好逑传》《玉娇梨》《平山冷燕》《金簪记》《西厢记》《琵琶记》《花笺记》《二荷花史》《珊瑚扇金锁鸳鸯记》《雁翎媒》等。

9. 天津时调

天津时调是清末民初以来流传于天津底层劳动者中的曲种，源于明、清以来的时调小曲，又和很多地区的民间小调有密切关系。多为一人独唱，伴奏乐器是大三弦以及四胡、节子板。它的腔调有“靠山调”“老鸳鸯调”“新鸳鸯调”“喇哈调”“落尺时调”“落五时调”等。另有外地传来的“探清水河”“怯五更”“下盘棋”等小调。

天津时调唱词句式有以七字句为主的，有长短句相间的；板式有慢板、中板、二六板和近于数唱的“垛子板”。

新中国成立后，天津演员王毓宝与弦师祁凤鸣等人一起对“靠山调”进行了艺术革新，丰富了唱腔旋律，增添了笙、扬琴等伴奏乐器，创作和改编了《摔西瓜》《红岩颂》《春来了》等新曲目。

10. 四川清音

四川清音原名“唱琵琶”或“唱月琴”，源于明、清时的俗曲。部分曲词和曲牌与明清俗曲类似。四川清音在清乾隆、嘉庆年间很盛行，以泸州、叙府（今宜宾）为中心，遍及城镇和乡村，拥有大量的听众。

清音的音乐曲调分大调、曲牌、小调。音乐结构有曲牌联套体、板式变化体和单曲体。演唱形式过去都以女演员为主，男演员为辅，坐唱而不表演，演唱者自己弹奏乐器。新中国成立后，演唱形式改由女演员站唱，用檀板和竹鼓（支以鼓架）来控制节奏，辅以必要的表情动作，由演奏者兼任配角与合唱。

第三节　曲艺广播节目

目前,曲艺广播主要以曲艺专题和曲艺版块节目为主,另有一些综艺性节目中也有部分曲艺内容。从创作题材上来看,曲种选择不平衡,主要集中于相声、快板等几类,而曲种数量最多、说唱结合的鼓曲类节目则较少。从节目形式上来看,偏重于专题,而专题类节目选题又偏重人物。从全国性曲艺广播节目评奖来说,存在北重南轻、南北失衡的现象。

一、选题策划

曲艺专题中人物专题数量较多,所以选题首先要考虑所写的人物是否符合一定的标准:

人物选择标准里,第一应该关注艺术成就,也就是所反映人物在艺术上是否有一定的成就或者有一定的突破。例如,某个曲种、某个流派的代表性演员、代表性演奏家,取得一定成就的曲艺作家等。第二是影响力,指所反映人物是否在该曲种领域里有一定的影响,或者说这个人物是否受到业内外的关注。因为虽然我们所写的人物是曲艺工作者,但节目最终要落实到曲艺作品的创作或是演出上,如果缺乏上述两点,这个专题就缺乏曲艺专题的基本素质。例如,有的专题人物介绍得非常好,但是听众一听节目觉得表演一般,听众的期待容易落空。第三就是故事性,专题人物是否有性格的发展变化,是否有一个被接受、被认可的过程,是否有影响其人生的重大事件等,这些关系到专题节目的故事性。

其次,人物选定后,编导要注意考虑对所写人物是否占有了全部或大部分资料,包括人物艺术发展历程中各个时期代表作品的录音。对所写人物,没有占有全部或大部分资料,或者受到方方面面的局限,只能占有很少的材料就急于制作专题,效果肯定不好。例如,有一档戏曲节目介绍著名戏曲表演艺术家袁世海,节目中用了戏曲学院的一位老师的讲话。这位老师追忆袁老是怎样给他说《斩马谡》这出戏的:"袁老师就是从人物出发,要求我们演出马谡他必然失败的内在因素。他的一个眼神、一个语气,可以看出来他是经过精心设计的。"这位老师讲完后,放唱段,理所当然要放《斩马谡》,但放的却是《野猪林》。显然是因为节目资料不全,无法用节目来印证。

再次,要对所写的人物做比较深入的研究。对所写人物的艺术成就、艺术特点、长处短处、强项弱项要做到心中有数,要把对于这个人物的主要评介文章找来读读,多听一听业内人士对他的评价,以避免片面性。很多曲艺专题节目,之所以特色不鲜明,一个主要原因就是缺乏对所写人物综合、全面、有深度的了解，所以只能跟在别人的后面亦步亦趋、人云亦云，缺乏自己的见解，有时甚至出现知识或是观点方面的一些硬伤。

二、创作技巧

山西台录制的《大同有个“宝”》向听众介绍大同数来宝，同时也介绍了大同数来宝这个新兴曲种的代表性人物柴京云、柴京海。在这个节目当中，记者充分运用了自己的录音话筒，录制了丰富的声音素材。这个节目是从记者进入大同市开始的，在出租车上，司机听的是大同数来宝，谈的是大同数来宝；记者走在大街上，听到的是大同数来宝；记者看到市民围在一起，听的是大同数来宝；市民们不仅爱听，还能模仿柴氏兄弟说大同数来宝，甚至小姑娘也能张口就来一段。编导通过这几组录音，说明大同数来宝在当地受到欢迎的程度，柴氏兄弟在人们心目中的地位，营造了“满街争听数来宝，处处都闻‘二柴’声”的氛围。经过这样“先声夺人”的铺垫，“柴氏兄弟”出现在节目中就非常自然了。

《我的父亲叶景林》之所以取得好的效果，就是因为主创人员在对叶景林的深入采访中掌握了大量声音素材，特别是叶景林临终前在病床上的几段讲话录音，忠实记录了一名优秀的曲艺工作者的心声，对于节目的成功起到了举足轻重的作用。

很多人物专题不能吸引听众的原因在于缺少细节，单靠成长经历加演出片段的方式已经不能够打动听众，所以编导需要注意细节的开掘与表现。如《我的父亲叶景林》中谈到叶景林在弥留之际在纸上歪歪扭扭地写下“演出”两个字；《话说洋教头》中写丁广泉在家里请洋学生“撮”一顿他亲手做的馅饼；《大同有个“宝”》中街头群众围着破旧的音箱听“二柴”的录音等。这些细节往往可以盘活一段节目，引起听众的兴趣。

情节的组织方式，也就是我们选用什么样的方式来连接节目的环节、情节或是声音场景，对于写好、做好人物专题也相当重要。写叶景林，是以他的女儿叶子——“我”的追忆贯穿的，这样做，有利于情节场景的组织和人物情感的直接表达。《大同有个“宝”》则是以记者的所见所闻贯穿节目，使听众身临其境。陕西台的《宋波的故事》是以宋波的同学的口吻落笔的，也非常符合节目的叙事要求。

三、知识性专题创作

知识性专题节目在曲艺节目的播出中也占有一定的比例。不同于人物性专题故事性强、注重大情节叙述与小细节的配合，知识性专题的制作更需要曲艺编导有深厚的曲艺知识作为依托，否则很难深入下去。

目前的一些知识性曲艺专题节目普遍存在的问题就是平淡。编导要考虑到我们的对象是普通听众，而不是专业人员或学校的学生，要少用或不用学院式的讲授知识的办法，而应选择适当的方式，增加一些趣味，让听众爱听，乐于接受。例如，开封台的《漫话相声在开封》采用漫话（闲聊、聊天）的方式，向听众介绍相声在开封流传、发展的情况。所请嘉宾余文光是相声界“文”字辈的演员，有比较丰富的积累和阅历。他娓娓道来，把相声在开封传播的来龙去脉讲得津津有味。其中不乏掌故、轶闻趣事，涉及相声发展中的一些重要人物，一些经典作品的演变，再加上余文光的说表，听来妙趣横生。整个节目描绘了一幅七朝古都民俗市井文化的画卷，使人们在轻松的笑声和聊天当中获得了知识。由此我们可以得到这样的启示，知识性专题并非都是一板一眼的，也可以制作得轻松活泼，引人入胜。

此外，知识性专题还应注意知识信息和语言表达的准确性。例如，在一个介绍台湾汉霖说唱艺术团的专题节目中，被采访者不无骄傲地评介：“台湾汉霖说唱艺术团刘可耀先生不但擅长表演双簧，还发展了双簧，创出了曲艺新品种四簧。”刘可耀先生的艺术创新精神可嘉，但“四簧”是否刘先生首创，是否“曲艺新品种”，却值得商榷。早在民国初年，著名相声演员万人迷、张德泉和著名拆唱八角鼓演员韩亨斌、皮恩荣就曾经演出过“对口双黄”。1958 年 9 月，天津市南开区相声队还别出心裁，演出了“六六化装双黄”（指六人在前表演形体动作、六人在后表演语言的部分）。无论“四簧”或“对口双黄”，还是“六六化装双黄”，都还只是对双簧的发展和丰富，它们谁也没有使双簧发生质的变化。因此，自然也谈不上“曲艺新品种”的诞生。

有一个介绍天津曲艺的专题，主持人这样告诉听众：“评书、相声在天津发祥。”发祥是兴起、发生的意思。因而，所谓“评书、相声在天津发祥”，就是说评书和相声是在天津兴起、发生的，它们的发源地是天津。这种说法明显错误。众所周知，评书和相声的发源地是北京，而不是天津。这里编导或是主持人要么不了解评书、相声的起源，要么不了解“发祥”的准确含义，这都是不应该的。

四、版块性曲艺节目

版块性曲艺节目因其容量大、节目信息丰富而受到听众的欢迎。这类节目重在编排。版块性曲艺节目要求编导对曲种的类型特点、历史沿革、流派特色、代表人物、代表作品都有相当的了解，而且要在平时积累大量的节目信息，要善于从中寻找组合的线索。版块性曲艺节目最常见的组合方式是内容上相似相近主题组合，例如新春佳节时组织相关内容的曲艺节目等。实际上，版块性曲艺节目还可以考虑根据曲种的类型特点、历史沿革、流派特色、代表人物、代表作品等因素展开纵横的对比与组合。

例如，同样的“红楼”题材在诸多曲种中都有表现，大鼓、弹词、评书中的“红楼”各有各的特点，体现出不同曲种的审美追求，甚至同样是弹词系统的苏州弹词、扬州弹词、木鱼歌等也会有各自的特点。又例如，同样由元明词话发展而来的鼓曲和弹词在南北分流时体现出不同的审美趣味，由此也可以展开南北曲种特点的比较等。

第三节　曲艺节目实例简析

表 5.1　曲艺专题节目《漫画北方鼓曲》

曲艺专题节目 **漫话北方鼓曲**① 中央人民广播电台 主持人：中央人民广播电台，请听系列曲艺专题《漫话北方鼓曲》。 【放音乐，混入】 听众朋友，大家好！我是元轶。今天呢，我们把相声界著名的马三立、赵连甲、常贵田、姜昆、马季、侯耀华先生的采访录音编辑成曲艺专题《漫话北方鼓曲》。 【音乐扬起，压混】 鼓曲是说唱艺术的重要组成部分，它起源于民间，流行于城乡群众之中，所以人们把它称为民间艺术，或者是群众文艺。在众多的曲种当中，北方鼓曲占有很重要的位置，像京韵大鼓、西河大鼓、梅花大鼓等，它综合了文学、音乐和表演，并把它们融为一体，表达思想，抒发情感。 【音乐扬起，渐停】 好，首先呢，我们请马三立先生来谈一谈。马三立老师是天津人，天津被誉为“曲艺之乡”。	鼓曲包含较多类别，例如鼓词、弹词、时调小曲、道情、琴书等，节目中涉及的主要是北方的鼓词类曲种，所以题目应是“漫话北方大鼓”更准确些。 编辑多段采访，然后模拟主持的节目形式，属于曲艺专题中较少见的一类。如果处理不好，就容易给人虚假的感觉。所以主持人在开场直接说明这是“采访录音编辑的曲艺专题”。
马三立：天津叫“曲艺之乡”。为什么叫“曲艺之乡”呢？就是曲艺的节目繁多，曲艺的演员比别的地方多，曲艺的观众比别的地方多，所以这样就叫“曲艺之乡”了。曲艺的发展呢，是京韵、单弦跟梅花大鼓、拆唱八角鼓为主，后来场地火爆一点，又增加了演双簧，又请来了相声。相声登上舞台的是万人迷，万人迷、周蛤蟆跟我的父亲马德禄都上舞台了。从前相声都是撂地，京韵大鼓呢，年头很多了，比相声年头还多。那时叫木板大鼓，不叫京韵大鼓，就是胡十啊、霍明亮啊、宋五啊他们唱，到清代的末期就刘宝全唱了，刘宝全、白云鹏还有张小轩这些人。因为刘宝全能演戏，能唱京戏，那么他把这木板大鼓提高了，根据京韵调安排了，改为京韵大鼓，就不叫木板大鼓了。 主持人：刘宝全也因为创造了高亢、华丽的“刘派”唱腔而独占鳌头，被称为“鼓界大王”。 马三立：对，他是胡十的徒弟，张金环、张翠凤这些都是他的徒弟，我都看见过。因为我打小就在曲艺剧场里长大了的，晚上没事就看这个，我喜欢京韵。 主持人：嗯，后来的骆玉笙以婉转、妩媚的艺术风格也是自成一派的。 马三立：骆玉笙的父亲是骆彩舞，她叫小彩舞。根据她的嗓子，根据她的条件，从上海唱到天津，来唱《剑阁闻铃》《红梅阁》，都听着新鲜，观众喜欢。	从节目内容来看，编导有侧重地请每位嘉宾集中谈一个单独曲种，也是为了使主题更集中，避免内容重复。 从节目的题材上来看，采用这样的编辑方式也确实是无奈之举。因为鼓曲是曲艺当中的重头，占到曲艺中全部曲种的 80%以上，即便是单讲北方鼓曲，恐怕也非一两个专家所能胜任，而邀请多位艺人又很难同时凑在一起。所以采用编辑采访录音的方式组织节目也不失为一种方式。

① 中央人民广播电台 2000 年 9 月 20 日首播，获第八届（2000 年度）中国广播文艺奖曲艺节目一等奖。

续表

主持人:【放唱段】现在大家听到的是骆玉笙80年代录制的《剑阁闻铃》,她的嗓音依然是那么圆润,风采不减当年。 【《剑阁闻铃》片段】 主持人:赵连甲老师,您是搞曲艺创作的,又是河北人,那么您是不是给我们的听众谈一谈西河大鼓呢? 赵连甲:那个西河大鼓,它是源于河北。就是农民啊,下地干活去了,弄个锄头一扛,水罐子一提溜,这就哼起来了。给你讲个笑话,男的唱大鼓他有两种唱法,一种是明嗓子,一种是被动嗓子,就是哑嗓子。但是有人感觉呢,似乎是嗓子坏了吧?哑了吧?其实是一种唱法。咱们过去北京有名的蔡金波老先生啦,还有新中国成立以前的孙征海老先生啦,他们就有用被动嗓子的。【唱】“压烟落座慢慢听。”是不是有现在的那个摇滚味道? 主持人:我觉得有点像通俗音乐中的那个沙哑唱法。 赵连甲:有点那个意思。但不是说,摇滚就是这个嗓子了,当时的这种唱法也是很丰富的。 主持人:是的,自20年代以后的数十年间,随着艺人的不断流动,那么西河大鼓也传播到了全国各地,涌现了很多著名的艺人。 赵连甲:我们的这个唱西河大鼓啊,是名家辈出的。特别是天津、北京培养出了一大批的好演员。天津的郝秀洁擅长演唱流畅的,嘴如爆豆、珠落玉盘式的“哒哒哒……”一气呵成的那个东西,什么“绕口令儿”“一百单八舟”啊,这种技巧的东西往往去看一个演员的功力怎么样了。所以呢,我们有些歌手跟我很熟了,他们唱的“rap”,就是【学】“嘀嘀嗒,嘀嘀嗒,嘀嘀嗒嘀嘀嗒……”我说你们哪,不如去听听西河大鼓的这个绕口令儿,我说这个可能也算咱们中国最古老的“rap”,那里的技巧是很高的。 主持人:嗯,对。特别是北京的马增芬和她的父亲共同创立的“马派”唱腔,又叫“京西河”,专攻短段,她演唱的“绕口令儿”,曲调明丽,节奏流畅,语言俏皮,风趣幽默。 【《绕口令》片段】 主持人:常贵田老师,据我所知呢,在鼓曲当中,绝大多数曲种的名称都是以地名命名的,那么“乐亭大鼓”如果按照标准的读法,它反而倒不被曲迷所接受。 常贵田:说得太对了。其实“乐”是哪个字呢?就是音乐的乐。可是搁地方呢,既不念乐(yue),也不念(le),念(lao)。这大概是河北人的习惯,源于乐亭,流行于唐山、滦县、丰润和昌黎一带。到了1921年的时候,有一个唱大鼓书的艺人叫王瑞喜,把乐亭带到了天津,开始流行了。要说在京津二地真正流行起来,那得力于鼓书艺人王佩臣先生,她表演上很幽默,规范了那个乐亭调的腔调,让大家更接近。更主要的是她的表演很自然,这样呢,和观众的距离拉近了,特别受到观众的欢迎。而她的这个曲调呢,有点酸溜溜的,因此,戏称她唱的乐亭调叫“醋熘大鼓”。一说“醋熘大鼓”王佩臣,京津一带没有不知道的。乐亭大鼓呢被群众所喜爱,因为词呢比较通俗,而且曲调听起来既很好听,它又不像其他的曲调那么复杂,听起来很流畅的。 主持人:您刚才说的王佩臣先生,实际上是一位女演员,她善于在唱腔的尾字甩滑音,以独有的诙谐俏皮自成一派。我这里有一张王佩臣先生1957年录制的老唱片,叫《姜太公卖面》。 【《姜太公卖面》片段】 主持人:好,朋友们,听完了《姜太公卖面》的片段,我们再来说说京东大鼓。哎,姜昆老师,记得在去年中央电视台的春节晚会上,冯巩还有郭冬临在他们表演的相声中,用了京东大鼓的腔调,演出效果还是很不错的,观众比较乐于接受。	在这种“采访录音编辑的曲艺专题”节目形式中,解说词起到非常重要的线索作用。靠这条线索穿起京韵大鼓、西河大鼓、乐亭大鼓、京东大鼓、河南坠子、梅花大鼓六种北方的大鼓形式。

续表

姜昆：对，提起京东大鼓，大家可能会想起“文革”风行一时的【唱】“火红的太阳当头照，朝霞染红了半边天……”那时大家都会唱，而且小型的业余宣传队会有一个人出来学京东大鼓。当时京东大鼓有一个著名的人物，他叫董湘昆。董湘昆是一个业余的工人演员，他把当时流传于京东一带大鼓的发音方式——冀东口音，改成了京味，就是北京的口音，一下子就进入了普通话的这样一个行列，使得京东大鼓发展起来，而且他归纳了板眼。现在相声当中经常用的都是董湘昆老师把那个传统的那些唱段，把它规范了的，【唱】“你上这边来，我上……”一填词就上去了。 主持人：嗯，确实是这样的，董湘昆老师的演唱是非常有特点的。 姜昆：第一呢，他口语化。它不是像所有的我们这些传统的鼓词当中，有一些是文人的介入，非常工整，非常讲究。他呢，“火红的太阳刚出山，朝霞映红了半边天，打那边来了人两个，一个老头，一个青年。”非常口语化，让你感觉到了生活气息非常浓厚，朗朗上口。第二一点，唱得非常幽默，时不常地抖一些小的包袱，大家哈哈一笑。这个时候，你会感觉到作者和演唱者的匠心所在，让你能够赞叹，这样就增加了这个艺术上的感染力，所以这也是京东大鼓为什么能够脍炙人口，许多人都能够传唱的原因。再有一点呢，董湘昆老师继承和发扬形成了自己的流派以后，他在音乐上的改革非常大。 主持人：嗯，对，是这样的，伴奏乐器的丰富，大大增强了听觉上的美感。现在我们欣赏的是董湘昆演唱的风趣幽默的京东大鼓小段《反常》。 【《反常》唱段】 主持人：河南坠子从酝酿到形成，一直在民间流传，所以它保持着朴素的乡土风味和浓郁的生活气息。马季老师，您能不能谈一谈这方面的感受呢？ 马季：河南坠子之所以能够这么发达，跟这个形式在群众当中受欢迎是分不开的。我们的刘慧琴呢，在60年代初，那时候曾经有一次去给毛主席演出，就是在人民大会堂的山东厅。她演的什么呢？演的那个《偷石榴》。演唱完了之后，和毛主席去跳舞。毛主席就非常风趣地用了《偷石榴》里面的词和刘慧琴开了玩笑。 主持人：呃，那您能不能说一说当时主席是怎么说的？ 马季：说，拿花鞋去砍，一砍呢，正好树枝上落着一个斑鸠。怎么着，这只花鞋正扣在斑鸠的头上，斑鸠吓跑了。毛主席就说，你给它扣了帽子。说明什么呢？说明主席那时对这样一个演唱是认真地、仔细地听了，所以他的记忆非常地清楚，说明我们的领袖也非常关心和喜爱河南坠子。我在说唱团接触了一些演唱形式，欣赏了好多经典曲目，像《大西厢》、单弦的《风雨归舟》，加上这些名家们的演唱，它的内涵、它的韵味非常深奥。 主持人：马季老师，您处在这种环境当中，是不是也有过鼓曲方面的创作呢？ 马季：虽然干了几十年，除去写个相声，有时候也想在这上面去做做努力，但没有能成功。由此可以看得出来，这鼓书的词要求得非常严格，你不仅要熟悉写鼓词的规律，而且要熟悉演唱的形式，所以这个难度是很大的，比写诗啊都见得功夫的。 主持人：是啊！任何艺术的真正掌握都不是一件容易的事。像您刚才提到过的刘慧琴，那么她在向前辈学习的过程当中，有意识地兼收并蓄，从其他剧种和曲种中吸收营养，博采众长，这才使她成为曲艺演唱的多面手。 【放唱段】 主持人：侯耀华老师，梅花大鼓，又叫“梅花调”，是本世纪初流传于北京、天津两地的曲种，据说呢，它是产生于北京。	

续表

侯耀华：说起梅花大鼓，在20年代，著名的大鼓艺人金万昌先生和他的琴师苏起元先生，已经对梅花大鼓的板式和它的旋律做了很大的改革。实际上，最早的梅花大鼓基本上是个上下句的那个板式，一开头【唱】“哎，这一天……”后来就一点儿一点儿地发展成了以唱为主，这样呢就更吸引人了。 主持人：后来这个曲种传到了天津，著名弦师卢成科再次对梅花大鼓进行了艺术上的改革。他特别丰富了段落之间的过门音乐，并把这种唱腔传授给花四宝、花五宝、花小宝等一批女弟子，形成了“卢派”，又叫“花派”唱腔。 侯耀华：你说的刚才这几位“花派”老师，我都见过。应该说梅花大鼓的女演员当时在舞台上是最漂亮的，因为我在史老师那儿看见过她们年轻时候这姐儿几个的照片，哎呀那简直是，就是说在那个时候，感觉不像是曲艺演员，感觉像电影演员。刚才我给你说的苏先生和金先生，那个年代，实际上我也没有赶上，我能看见的、最早的梅花大鼓，接触的就是“花派”的这些主要演员。因为她们在舞台上出现的时候，年龄实际上很小。在我印象当中，都比我父亲的年龄要小。也就因为此，我才有机会见着她们，真正亲耳听过她们唱的梅花大鼓。那么发展到50年代以后，著名的琴师白凤岩老师，应该说也对梅花大鼓做了很大的贡献，从创新、出新和在原有基础上的提高，都倾注了他们的心血。 主持人：嗯，是这样的。下面呢我们来欣赏花五宝的弟子、天津市曲艺团的优秀演员籍薇演唱的梅花大鼓《二泉映月》的片段。 【放唱段】 主持人：听众朋友，今天呢，我们给您奉献的只是曲艺百花园中的一束鲜花。 侯耀华：希望大家呢，在欣赏和聆听中国传统的曲艺形式的时候，您别忘了，您要把一个形式、一个形式的特点掌握住。这就跟咱们买蔬菜，“蔬菜”听起来是一个词，实际上什么都有，所以希望您在欣赏曲艺节目的时候，别光吃这一盘菜，什么都尝尝。 【音乐扬起，渐混入】 主持人：【放音乐，混入】听众朋友，刚才您听到的是曲艺专题《漫话北方鼓曲》，根据马三立、赵连甲、常贵田、姜昆、马季、侯耀华采访录音编辑而成。责任编辑：邹宇平；合成：陈燕霞；监制：刘晓龙。是由元轶为您主持的，感谢您的收听，再会！ 【音乐扬起，停】 【中央电台2000年9月20日首播】	

第六章 广播剧

目前公认的世界上第一部广播剧是 1924 年 1 月 BBC 播出的《危险》(*Danger*)。但也有人认为,1923 年美国格拉斯哥电台播放的根据英国小说家司各特的《罗布·罗伊》改编的同名广播剧是世界上第一部广播剧。实际上,BBC 早在 1923 年 5 月也曾小范围试播过莎翁名剧《第十二夜》。而最近英国广播剧史专家蒂姆·克鲁克则又把广播剧诞生的时间向前推到了 1922 年。

第一节 广播剧的诞生

1922 年 10 月 17 日,英国空军上校彼得·埃克斯利(Peter Eckersley)在切姆斯福德[①]附近一个叫瑞特尔(Writtle)的地方,带领一些朋友在皇家空军的小屋里进行了广播剧的实验,在彼得·埃克斯利 1942 年出版的《话筒背后的力量》(*The Power Behind The Microphone*)一书中描述了当时的情景。尽管缺乏相关的证据,但他还是有可能进行了广播史上第一次的广播剧实验。

我们进行了无线电戏剧(wireless play)的实验,我们选择了埃德蒙·罗斯当(Edmond Rostand)的《西哈诺》(*Cyrano*)中阳台的一场戏,在半黑暗的条件中,演员们坐在小木屋中间的餐桌四周,以适合广播。一个叫特拉维斯的年轻女演员和她的兄弟来帮忙,餐桌边的架子和长椅上放满了各种仪器,我们每个人都向着自己的话筒充满热情地表演台词。

这一切都很有趣,有时我肆无忌惮地开玩笑,但是我试着与我的听众交流,并对他们表现出友好的姿态……我们没能让自己保持严肃,而广播的效

① 英格兰东南部的一个自治城市,位于伦敦东北。1920 年,无线电广播创始人、意大利的马可尼在这里创办了世界上第一家广播机构。

果，正如我们所看到的，对于听众和我们自己，都是一种娱乐。①

两年后，1924年1月，BBC正式播出了第一部为广播媒体创作的广播剧作品《危险》，这部作品后来被翻译成多国语言，并被有些国家借鉴制作成本国的第一部广播剧。例如1925年8月，日本东京广播电台播出了小山内薰翻译并导演的《危险》的日本版——《煤矿之中》。

通过已经停刊的BBC周刊《听众》(*The Listener*)保留下来的1956年理查德·休斯(Richard Hughes)的谈话记录，我们还可以了解理查德·休斯应BBC制片人奈杰尔·普雷费尔(Nigel Playfair)要求连夜创作历史上第一部广播剧的情况。

那是默片时代。他说：并且我们的"听的戏剧"(listening play)恰恰弥补了默片缺失的那一部分，也就是单独通过声音去讲述一个完整故事的那一部分。严格说起来，即使是默片也不是仅仅依靠画面，而是还有字幕部分，通常还有一个人弹奏各种主题的钢琴曲，有实力的影院还要雇佣一些音效工作者(effects man)，他操纵"风机"把豆子撒在鼓面上来为暴风雨的场景配音效，他敲击两个半圆的椰子壳来为飞驰的牛仔配音。我们曾经考虑过使用一个解说者，但是感觉效果不好，我们必须完全依靠戏剧语言和声音，这在以前还无人尝试。

我们的听众习惯于使用眼睛，我们想要通过声音介绍给他们的是一个盲人的世界。他们以后必然会适应这样的接受方式，问题是第一次怎么办？例如，为了让听众更好接受，我们让角色在剧情中都保持在黑暗中，不断抱怨自己什么也看不到，这样我们也许会引导听众关掉灯在黑暗中收听。

"这就是你的第一行台词"，奈杰尔·普雷费尔说，"灯光都熄灭了！"回到新牛津街的公寓，我把所有可能的不需要光的情形都想了一遍，"灯光都熄灭了！"它应该不是一场卧室戏，我也不喜欢什么卧室里的故事。煤矿里的一次事故怎么样？可是我对煤矿还一无所知，但是煤矿里的条件确实符合我想象的环境：完全的黑暗，爆炸声，水流奔涌的声音，救援队伍的敲打声，以及剧作家们所热衷的触动人们灵魂的感觉。但是所有矿工的声音都是一个样，很难分辨，或许来一些参观者最好，一个老人、一个年轻人、一个姑娘，于是我写了一整晚，在普雷费尔喝早咖啡时拿到了这部剧——《危险》。

但在彩排和制作时，我清醒过来，我把整个精力放在想象那些音响上了，

① Tim Crook, *British Radio Drama—A Cultural Case History*，摘自 http://www.irdp.co.uk。

但是没有考虑如何实现它们。有些人跑到街角上去临时招聘人，有些人从电影院里找来音响师，但是我们仍然没法制造出我们需要的声音来。因为在广播的初期，即便是在录音间里，那些拾音的设备也会把所有的声音都衰减成难以区分的"嗡嗡"声，那些昆虫的鸣叫、刀剑的撞击、尼亚加拉瀑布的轰鸣或者是关门的声音听起来都一样。此外，所有的演播室都是巨大的隔音间，这使得所有声音听起来仿佛飘浮在外太空。

怎样使我们的声音听起来像是在地底隧道中？普雷费尔让演员们把脑袋全都探进水桶里表演。我们招募到的威尔士矿工唱诗班，就是我在手稿里写到的"遥远的赞美诗的歌声"也存在问题：一旦录音开始，我们就没法控制工人们，因为只有一个录音间，一个麦克风，普雷费尔让唱诗班都待在走廊里，他靠打开或是关闭录音间的隔音门来控制矿工的歌声。

但是最麻烦的是，我们提出来需要一次爆炸声，工程师们竭尽所能，却毫无办法。即使是轻轻拍击空纸袋的声音，也会使拾音器的保险丝烧掉。普雷费尔真是一个天才，记者和批评家被邀请到一个特别准备的房间里听，那里有个高音喇叭，总是会发出仿佛乳鸽喧闹轻微的"砰"的噪声，于是普雷费尔在隔壁房间发出声音，这样在记者们聚集的房间就听到了备受好评的爆炸声，他们没有想到这个爆炸声来自隔壁。

就这样，世界范围里第一次特别为收听而创作的"听的戏剧"(listening play)播出了。感谢普雷费尔的创造力，以及所有在萨沃伊山[①](Savoy Hill)工作同事的帮助，广播剧第一次发出了稚嫩的声音。[②]

广播剧《危险》讲述了老矿工巴克带领杰克和梅里到矿井中参观，结果遇到煤矿事故被困在井下，经过漫长的等待终于脱险的故事。

有记者描述当时播出广播剧时的情景：在一个灯光明亮的房间里，一个姑娘穿着晚礼服，两个男人拿着各自的台词在话筒前面表现他们被困矿井中的惊恐。房间外，一个小伙子坐在地板上，守着电话听筒，从电话中他可以听到戏的进程，根据戏的进程他发出信号，让两个助手制造声响来表现相应的动作。在一个过道里，有五个男人隔着半开的门向录音间里唱歌，他们表演在煤矿中另一条巷道里歌唱的矿工们。

---

① BBC的电台播音室所在地。

② Tim Crook，*British Radio Drama—A Cultural Case History*，摘自 http://www.irdp.co.uk。

第二节　广播剧的语言

广播剧的语言主要分角色语言与解说语言两大类。角色语言可分为对话、独白、旁白、书信白等形式。解说语言又可根据叙述视角的不同，分为第一、第二、第三人称解说以及综合人称解说等形式。

一、角色语言

(一)对话

在影视语言中，对话是一种动作类型。从编剧的角度来看，对话也应该是充满了交锋的动感过程。对话应该具备揭示人物性格，富于动作性、口语化等特点。

相对于电影电视，广播剧缺乏具体可感的视觉化信息，所有的关于人物形象的描述都要通过声音，尤其是通过语言中的对话部分体现出来。这就要求广播剧的语言要比电影电视的语言更加凝练，目的性更强，更能够参与到情节的发展变化中来。而且就演员演播的层面来看，还应该注意把握对话过程中人物形象除语言外的丰富的副语言信息，例如人物的语气、语速、语调等，演播者要在演播中体会人物的情绪状态、身体姿态、运动的方式等等有可能会影响到声音表达的因素。

下面是广播剧《裂缝》中的一段对话。这个剧讲述某省信访组组长李平被派遣调查东海市建筑研究所所长郭一滨的任命问题。郭一滨是李平的大学同学，而李平的父亲正是主管建筑研究所的基建局局长，剧中人石虚是基建局的办公室主任。下面是李平到了父亲家以后的一段对话：

【敲门声】

李局长：嗯，谁呀？进来。

李　平：爸爸！

李局长：平平！怎么有空来的？

李　平：出差。到你们局调查有关郭一滨工程师的事。

李局长：哦，孩子们好吗？

李　平：挺好的，您在打拳？

李局长：唔。每天的必修课。

【外喊：李局长在吗？】

李局长:是石虚吗?进来。

石　虚:李局长。

李　平:石主任,您好。

石　虚:李平同志,你好,从省里来?

李　平:嗳!

石　虚:有一两年没回家了吧?

李　平:是呀。

李局长:石虚,一大早就闯来了,有什么事?

石　虚:我这个办公室主任难当啊,还不是东郊重点工程的事,为那个进口的八号部件运不到工地,下面又吵上门来了!

李局长:上次不是定了么?等深水码头建好后再起运。

石　虚:他们说要等三个月,等不及啦!

李局长:也不过九十天嘛!这些同志,"四化"哪能在一个早上就实现?

石　虚:是呀。问题是那个郭一滨,他搞的那个新花样,捅到市里去了,群众也跟着起哄。

李局长:喔!就是那个将八号部件用大平板车从一号桥强行通过的方案?

石　虚:可不。

李局长:乱弹琴!一号桥目前的限载量只有……

石　虚:八十吨。

李局长:对,八十吨。而八号部件重量要有……

石　虚:百吨以上。

李局长:是嘛,百吨以上,很明显的问题嘛!

石　虚:他呀,就是喜欢给领导出难题。据说桥上还发现了裂缝。

李局长:裂缝?简直胡闹!这个人必须尽快从工程上撤下来。不然要捅大娄子的。对了,老石,平平这次来,就是为调查郭一滨的问题。

石　虚:哦?那太好了!

李局长:老石,你就把他的问题和平平扯扯,请省里决断。

石　虚:李局长,还是您谈吧。

李局长:我刚来半年,不太了解,你谈吧,我太极拳还没打完呢。

李　平:爸爸!

李局长:这是医生的命令,我得服从。打完就来。哈哈哈!(远去)

李　平:唉,爸爸真是!好吧,石主任,您请坐,您先谈谈,郭一滨有些什么问题?

这段对话是李平到父亲家之后，故事主线——调查（实际也就是让听众了解）郭一滨——的自然延续。李局长和石虚对于八号部件运送情况以及对郭一滨态度的自然流露，于情节来说并不突兀。

通过上面的对话，听众可以很明显地感觉到三个人的性格特征：李平比较爽直，也比较重视工作；李局长对于工作漠不关心，不了解也不愿意了解情况，善于推卸责任；而石虚也是一个官本位者，考虑问题的出发点是个人的官威是否被冒犯，对郭一滨有较深的成见。

李局长和石虚对于八号部件运送情况和郭一滨的态度，通过这样一场对话交代得非常清楚。李局长是事不关己，高高挂起，但是如果要威胁到官位的稳定，则勃然大怒，只要不捅娄子，就只管"打太极"，需要谈问题、拿主意时，则是"不太了解""请省里决断"。而石虚是对郭一滨造成的影响颇为不满，所以才有"办公室主任难当……下面的吵上门来……捅到市里去了，群众也跟着起哄……就是喜欢给领导出难题"等牢骚话。从李平的几句简短对话我们也可以看出李平的态度是保留疑问，先了解情况再说。三个人对于同样事情的三种态度体现在这样一段对话中，符合广播剧语言的凝练、集中、积极参与情节发展的特点。

人物的对话首先一定是服务于情节发展和人物形象塑造，而绝不仅仅是信息的传递。例如，我们经常在一些广播剧中听到类似的人物语言：

> 李大婶：张书记，为了保住村里的地，你昨天在抗洪抢险的大堤上干了一整天，也没落着休息，腰疼的老毛病又犯了。今天一大早你又不放心，非要过来看看乡亲们的安置情况，真叫我们，心里不落忍啊！

这样的对话听起来非常别扭，因为现实生活中很少有人会去告诉另一个人他们共同知晓或是共同熟悉的事情，除非这样的解说有着某种戏剧性的动机。如果非要让演员以这样的方式进行对话，那么一定要为这样的对话方式找出一个合理的动机，而不仅仅停留于为了告诉听众某些信息的目的。

（二）独白、旁白与书信白

独白与旁白都是人物的内心语言的外化形式。独白发生在一个人独处时。出声的独白就是自言自语；不出声的独白就是内向的心理活动，是剧作者对人物内心活动剖析后的外化表达。有时同样一句台词，也可以根据编导的创作意图或是具体情境需要，表现为自言自语或是内向的心理活动。例如，角色"我该怎么办？"既可以是出声的自言自语，也可以是不出声的心理活动。在某些特定情况下，用第三人称的解说转述人物的内心活动显得笨拙而有隔阂，反而不如独白来得直接和自然。

旁白发生在两人或多人的交流过程中，传统戏曲舞台上也称旁白为“背躬”。独白经常用来表现人物的内心活动或是人物的幻想状态；而旁白则用来揭示交流过程中人物的内心活动，旁白与人物的外在语言和外在行动结合在一起，可以更丰富、更全面地表现人物的特质。

有时独白、旁白会对场景和人物神态、动作等的描述起到辅助作用。独白和书信白有时也会成为广播剧的特殊解说形式。

独白、旁白与书信白是一种不同于角色的对话与普通解说的语言表达，所以在广播剧中，独白、旁白、书信白往往都会采用一些变形声音的方法予以区分，例如，让演播者转换语气、语调，或者是后期加入少量的混响等。

1.独白

山东人民广播电台录制的十一集连续广播剧《孔繁森》，讲述了西藏阿里地委书记孔繁森献身西藏建设的感人事迹。为了更深入人物的内心世界，编剧采用以女儿玲玲的独白替代解说的处理方式，这种方式便于人物直接表达内心的思想感情，避免了因转述可能带来的虚假的感觉。但也需要注意，角色的独白应自然、口语化，避免编剧代替角色说话的情况出现。

该剧以玲玲的独白开场：

玲玲：(低语)我不知道说什么。是的，那个被千百万人传颂的人，那个被称为时代英雄、领导干部楷模的人——孔繁森，他就是我的爸爸。我，是他最宠爱的小女儿。可是当他活着的时候，我从来也没觉得他哪儿了不起。我经常和他争论，有时故意说话气他，在许多时候，我都把他当成一个对家庭、对子女不够合格的爸爸。在我们能够在一起的有限日子里，爸爸经常拿那双善良的眼睛看着我，希望看到我的内心，希望和我深谈，可是都被我忽略了。我对自己说，我和他之间有代沟；我对自己说，我和他分属两代人，我不可能理解他，他也不可能理解我。现在，我终于理解我的爸爸了，我有了那么多的话想对他说，可是生死两茫茫，天人永隔，纵然有千言万语，又让我对谁说？

我永远也不会忘记，爸爸以身殉职的第二天，1994 年 11 月 30 日，是我十九岁生日，妈妈一早就打来电话告诉我，爸爸将在那一天给我往学校打电话，祝贺我的生日。我一直在等待着，等待着，等待着十九年来第一次在生日那天来自爸爸的祝福。

【几个女孩嘻嘻哈哈的说笑声】

这些独白讲述的是“玲玲”的内心活动。如果以解说形式，也可以通过揣摩心态或是把直接引语变成间接引语的方法予以表达。如改为：玲玲是孔繁森最疼爱的小女儿，她经常和孔繁森争论，有时故意说话气他。在许多时候，玲玲把孔繁森当成一个对家庭、对子女不够合格的爸爸……就不如人物的内心独白来得直接和深入。

黑龙江人民广播电台的广播剧《地质师》，也通过人物的独白来深入剖析人物内心。当剧中人罗大生从电视上看到昔日的老同学成绩斐然，倍感痛苦，他随手关上电视机，妻子芦敬的独白响起：

芦敬：（独白）我理解罗大生的痛苦，这痛苦并不完全是滋生于嫉妒。两鬓斑白的人，时常被镜子提醒，禁不住回首往事。当初从一个起跑线出发的运动员，如今站在跑道外边看别人冲刺，听别人为成功欢呼，该是个什么滋味呢？

【静夜，北京站悠悠的钟声】

这样的独白来自于罗大生痛苦情绪的顶点，来自于深深了解他的妻子，剖析的分寸合理、自然，为听众深入感受人物形象起到了很好的作用。

2. 旁白

旁白是发生在角色和别人交流的过程中，一般表现为：对别人的话，表面上不予回答，但是暗自嘀咕，在心里做出了不出声的回答。旁白与独白的区别就在于，独白可能是一个人独处时的自言自语或是心声表达，是一种单人的非交流状态的表达；而旁白一般都发生在交流过程中，场景中至少有两个角色。旁白可以揭示交流中人物想说又不好说、不敢说、不愿说的一些真实想法，使对话在明暗两个层次进行。

在传统戏曲舞台上，为了区分旁白与正常对话状态的不同，采用演员旁白时则背过身去的方法，也称为“背躬”。而广播剧中的旁白，则需要对声音做特殊处理，如去掉背景杂音、加混响等。

3. 书信白、日记白

书信是广播剧中披露信息、表现情感的一种重要方法。书信的内容可以通过剧中收信人直接念出；也可以通过“画外音”的书信白形式由发信人自己念出；或是先由收信人念个开头，然后由发信人自己接着念，后期处理时，两者的声音的空间感应该有明显区别。

与书信白类似的还有日记白，就是通过别人或是角色自己的声音念出日记内容。

例如，广播剧《山里的老师，儿的娘》讲述女知青苏梅献身山区教育事业几十年，她处处以学生为重，为了支持一个女生到农校学习，她动员儿子刚健放弃教育资助的指标，儿子刚健对此耿耿于怀。为了让儿子能够理解母亲的行为，瘫痪在床的父亲找出母亲的日记……最终，儿子理解了母亲的选择。

刚健：（哽咽地读）"1989 年 11 月 25 日，小雪转大雪"（苏梅的声音）"……妈妈临去世时的最后一句话，仍然是让我回北京。现在北京有了政策，今天我就要举家离开这生活了 20 多年的东圪落村了，她老人家也可以瞑目了。三头驴驮着我们的全部家当，顶着小雪出了村。突然，我惊呆了，我的 36 个小学生整整齐齐地排着队，一声不响地站在山坡上，冻红的小手里都托着鸡蛋、黄米、红豆……平时最捣蛋的愣娃子忽然喊了一声，'老师，您一走，谁还管俺呀'，喊得大家一片哭声，哭得我也肝肠寸断；连雪都突然大起来，纷纷扬扬、铺天盖地。人也留，天也留。我知道，我走了就没有人来这儿教书了。要是因为我走，让这里的娃娃念不成书，我就是回到北京心里也不快活。真是亏了我的一双儿女，恐怕他们长大了以后，会说我不是好妈妈。其实我是既爱学生又爱女儿的人哪！我想让儿女和学生都得到我的爱呀……唉，命中注定，留下来，我认啦。"

这是一段日记形式的独白。通过日记的形式来描述人物的内心活动，优点是可以深入人物内心世界，缺点是如果内容不自然或是演播处理不好，反而会给听众假的感觉。

二、解说语言

因为广播剧只能靠声音传递信息，所以在人物语言所能涉及的范围之外，仍有不能说清楚的事物，例如时间、地点、环境、人物的外貌、动作、表情、内心活动等，这些信息当然也可以通过人物语言婉转点出，但是有时通过人物说出会显得牵强、啰唆。

广播剧中的解说词可以有多种叙述角度和叙述形式。

（一）第一人称解说

第一人称解说往往是由剧中某个人物形象来担任解说，通过剧中人的话来展示需要传达给听众的相关信息。这种传达往往是采用有明确对象感的讲述、与听众对聊的形式,或是没有明确对象感的独白形式,抑或是两种形式的结合。

这个人物形象既担任剧中角色,又担任解说,这两重功能可以靠演员变换声音形象来区分,或是后期处理为略有区分的声音形象,也可以由两个演员来分别表演,或者不予区分。

第一人称解说的优势是有角色的介入,解说者同时又是剧中当事人,所以这种类型的解说可以不必保持一个纯客观的叙述立场,可以有主观情绪、情感的介入,可以赞美、可以感慨、可以误解、可以牢骚,从而形成较多的戏剧冲突。

例如,广播剧《资格》讲述一个副厅级干部坐软卧过程中遇到的形形色色的人和事,这个自己享受副厅级优待的人,亲身感受到社会上处处讲级别、论资格的庸俗风气。在这个过程中,副厅长目睹种种不平,内心情感发生剧烈起伏,思想也有很大的转变,从心安理得享受所谓特权,转而思考特权的种种不公。这种变化,以第三人称视角是很难讲清楚、说明白的,而选择第一人称的独白形式做解说,就可以时刻展现人物的内心活动给听众。

副厅长:我们这些当领导的,经常在说别人。不说不行啊!手下百把号人,要指挥、要表扬、要批评……今天,让我在广播里对着成千上万的听众说说我自己,这可让我为难了。说什么呢?

【划火柴,抽烟】

副厅长:就说说我前不久坐软卧的那件事吧……

……

【列车行进声】

副厅长:对面那位局长太太不知什么时候出去了。等到她再进来时,后面跟着一个五大三粗的小青年。我看了他一眼,脑袋里"嗡"的一声,觉得全身的血一下子涌到了太阳穴。这不就是换票时要和我打架的小青年吗?

女同志:(吩咐)你睡上铺。

小青年:您不是说下铺吗?哟,老没见了您哪?

女同志:怎么,你们认识?

副厅长:哼(独白),我不知道这个流里流气的小青年是什么级别。高干?高知?外宾?侨胞?还是什么行政级别十四级以上?但是他大模大样地睡到刚才被撵走的专业户小伙子腾出的铺位上。资格?难道他有资格?

【列车行进声】

副厅长:整整一夜,我都没合眼……

第一人称的解说往往选择以剧中人“我”独白的形式来讲述他人的故事，这样可以突出“我”的内心活动。例如，广播剧《青青的马桑树》就采用女儿的角度独白，而独白的内容又主要是对剧中其他人物形象的行动进行描述。

【一个男人低缓、略微沙哑的歌声】

马桑树儿搭灯台咿哟，

写封书信与姐带，

郎当红军姐吔在家，

我三五两年不得来，

你个儿移花别处栽……

晶晶：(自述)爸爸又在唱他的“马桑树儿搭灯台”了。爸爸告诉我，这首桑植民歌，还是他当红军的时候，老班长教他唱的。后来，老班长牺牲了，这首歌却在爸爸心中活着。这些日子，他离休在家，一坐下来就不知不觉唱起这首歌，唱得那么入神，那么动情。看他这样子，谁能想到几个月前，他还是指挥着千军万马、威风凛凛的司令员……

【歌声继续】

(二)第二人称解说

第二人称解说，主要发生在两个谈话对象之间：如解说以听众为对象，与听众聊天、向听众对话；或是解说以剧中人物为对象，与另一个角色对话。由于第二人称解说的适用范围较小，不利于展开多个人物形象的剧情，所以它更多的是出现在一些广播剧中的某个部分，经常配合其他人称解说出现。

例如，广播剧《爱迪生的同年》的开头部分，解说采用与听众交流的第二人称方式，形成问答的感觉，有利于引发听众的思考，从而迅速进入剧情。

【音乐】

解　说：当我们工作之余，走进电影院，银幕上放映出千变万化的镜头，随着剧情的发展，使我们沉浸在喜怒哀乐之中……你可知道是谁发明的这种能记录下音容笑貌、再现生活的电影呢？

【音乐】

解　说：当电唱机传出阵阵优美动听的音乐旋律时，你曾否想到，这又是谁给我们创造了这样的幸福，增添了这样的欢乐呢？他，就是人类科学史上著名的发明家——爱迪生。

而广播剧《这里，只有龙种》则采用女记者不断从前方发回报道的形式，运用第二人称进行解说：

女记者：各位听众，您听到这个长沙籍新战士的话了吗？可惜，您无法看到我们这位小老乡的形象，他斜挎着冲锋枪，军帽歪着，军衣的五个扣子有三个没扣，这样的形象不怎么光辉，对吧？（笑声）在前线，我见到过不少像刘小宝这样的城市兵，他们平时看起来像个顽皮的孩子，显得有点散漫和淘气……

（三）第三人称解说

第三人称是使用最多的一种语言叙事角度，也是广播剧中运用最多的解说人称。这类解说能够超脱剧情中的人物形象，进行比较灵活的叙述、描写、议论、抒情等。

（四）综合性人称解说

综合性人称解说往往有两个或是两个以上的解说人称，以第三人称与第一、第二人称进行灵活组合或是转化，从而丰富叙事角度。

广播剧《杜十娘》的开头就是利用第二人称与第三人称的转换来进行解说的：

【音乐——哀婉而庄重的旋律】

解说：杜十娘，杜十娘，你是无瑕的白玉，你是不染的莲花。你那样美丽，那样聪慧，那样纯洁，却遭受着人间无情的风雨。可怜红颜多薄命，落入风尘花柳中。

【马车奔驰，铃声，蹄声，欢快的节奏】

解说：阳关道上，车轮滚滚。明朝燕京名妓杜十娘和太学生李甲，并肩坐在车厢里，他们相依相偎，情切意密。跳出了火坑赎身从良的杜十娘，像脱笼的小鸟一样，欢欣地伴随着自己的丈夫奔向江南。他们离开了花花世界的京城，奔驰在田野的大路上。

第三节　广播剧的情节与人物

广播剧的情节结构通常如下：

首先是介绍性的部分，向听众告知时间、地点、人物、环境、事件的起因等信息。

然后是危机性事件出现，把角色推向戏剧冲突中来。

接下来是主要或次要角色出场，角色的目标和角色达成目标的阻力出现。

最后，人物间的对抗与冲突推动剧情向前发展直至高潮、结局部分。

当然，这种结构安排并非一成不变，也可以合理地调整各环节相互之间的位置关系。

一、介绍性部分

向听众告知时间、地点、人物、环境、事件的起因等信息。

例如，广播剧《伤痕》开头的解说就是向听众介绍一些基本的信息。

解说：1968年深秋的一个夜晚，一列满载着知识青年的内燃机车，由上海向祖国的北方飞驰。车厢里的男女青年随着列车有节奏地摇晃，都已经安然地进入了梦乡。唯独坐在窗边的一个女孩子还呆呆地望着漆黑的窗外发愣。她十五六岁，梳着小短辫子，紧皱的双眉似乎在思索着什么，那痛苦的表情与她那张白嫩、丰腴，并带着童年稚气的脸庞很不相称。

（一）开头部分的危机

广播剧的开头部分可以有一个小的事件，而且为了吸引听众，这个小的事件也经常是牵扯到各方人物的危机性事件，与危机有关的角色必须有所选择，有所行动。危机可以迅速把人物形象集中到剧情中来，并可以让人物形象有必须作出选择的压力。例如，广播剧《国公墓》讲述一个县的文化馆馆长魏少文受族人之托，玩弄权术、上下活动，最终使县里要修的公路改道，保住了其实没有什么文物价值的“魏家坟”。剧情从“修公路要刨祖坟”开始，全村老百姓聚集起来商讨对策，矛盾的两方面迅速对立起来，一方是要保祖坟的族长魏仁义，一方是主修公路的王副县长。怎么办？双方如何化解矛盾、解决问题？这才引出后面王副县长坚持修路，魏仁义行贿不成又去求魏少文等一系列戏剧性情节。

又如《裂缝》的开头部分，李平受组织委派调查郭一滨，围绕主人公郭一滨，群众一致推荐他出任建筑研究所所长，而基建局送来的材料却反映他问题严重，要求撤掉他的职位。这是一个男主人公是否胜任工作的信任危机。同时李平作为郭一滨曾经的同学和恋人，她也陷入到对过去的痛苦回忆中，能否正视过去的情感经历和价值判断？女主人公李平也正面临着一场心理危机。

当然并不是所有的剧情结构都是把危机展现在开头部分，但是开头部分的危机确实可以较快入戏，容易吸引听众，所以比较适合广播剧的创作需要。

（二）人物的出场

人物可以由解说介绍出场、由自己的声音直接出场或由配角引出等。

如《瓜儿为什么这样甜》中，主人公生产队队长刘霸蛮就是由自己的声音直接出场：

刘霸蛮：（扯着长声喊道）大家听着，男劳力出猪、牛栏粪，筑凼、整秧田，半劳力到草籽田开排水沟。眼下备耕工作紧张，大家莫要怪我刘霸蛮又要霸蛮了……

而广播剧《南宫玲霞》中的主人公南宫玲霞则是未见其人，先闻其声：

【音乐。春日的早晨，湖水荡漾，鸟儿欢唱】

【南宫玲霞在月明湖畔喊嗓子】

解　说：月明湖畔，朝霞洒满碧波荡漾的湖面。风吹岸柳，鸟儿欢叫，人儿歌唱。这是1978年春天一个美好的早上。

【南宫玲霞喊嗓子的声音渐响】

解　说：在这黎明的交响乐里，喊嗓子的女声盖过了一切音响。她的声音明亮清脆，而且富有感人的魅力，像一块吸铁石，吸住了清晨在湖畔散步的人们，连市里京剧团的年轻导演谢文也被吸引过来了。

（三）人物的压力和阻力

压力是促使人物做出某种自认为正确选择的力量。在没有压力、没有任何风险的情况下，人物所做的选择很难真正触及内心的真实。所以从这个角度理解，压力也是促使人们表达真实自我、流露本性的力量。

阻力则是在人物达成目标过程中遇到的各种障碍。

例如，讲述试飞员故事的广播连续剧《飞行万岁》第一集的开场，飞行员邹延龄面临一个是否要到某飞机制造厂试飞大队去工作的选择。飞机制造厂地处深山，去，老婆有意见，孩子上不了好学校，试飞大队是正团级封顶，自己的前途要受影响；不去，自己试飞国产飞机，护送国产飞机上蓝天的梦想就变成了幻想。这时邹延龄的选择所面对的压力，不仅仅是关系到个人的发展，也涉及他与其他人的相互关系的变化，从而促进情节向前发展。而到了试飞大队以后，试飞队员们不相信他会在山沟里坚持下去，厂子里对国内试飞员能力的不信任态度，以及试飞项目的高风险等，都成为邹延龄实现目标的阻力。主人公如何克服阻力，成为吸引听众的重要动力。

（四）人物对抗推动剧情发展

不同角色面对相同的事件，会感受不同的压力，由此做出各自的选择。选择不同就会形成交流与对抗，而人物之间的对抗则是推动剧情发展的主要动力。

例如广播剧《序幕刚刚拉开》，讲述新上任的林业局局长柳春鹤与林场损公肥私的歪风邪气作斗争的故事。故事从林场普通职工牛大力私自拉走四百根木桩回家当柴烧开始。柳春鹤一心要狠刹歪风，而牛大力则因痛恨“只许州官放火，不许百姓点灯”的现状而拒不认错；一个要坚决处理，一个偏不服软，最终导致矛盾激化。牛大力打着“向党要口饭吃”的旗号，带着老婆孩子住到柳春鹤家；没想到，柳春鹤一方面热情接待，一方面仍坚持处罚。

柳春鹤处理问题的坚决态度，使得曾侵吞公有财产的前林业局局长也感到寝食难安。前局长在幕后斡旋，为牛大力争取免受处分，以免自己的问题暴露出来。牛大力被柳春鹤感动，表示愿意协助柳春鹤把林场的问题解决清楚。

这个剧由牛大力砍伐林场木桩开始，但编剧并没有花太多笔墨去描述这件事，而是从事件涉及的多方面的反应着手，在人物性格的冲撞和行动的对抗中，推动剧情向前发展。

二、悬念

广播剧为保持听众持续的收听注意，还应该充分利用悬念吸引听众。悬念往往是在节目开始部分出现的某个未得到解决的事件。例如，广播剧《国公墓》的悬念是这个妨碍了道路施工的墓究竟会不会被平掉；而《青青的马桑树》的悬念则是父亲所惦念的革命战争年代牺牲的老班长的家人能否被找到；《裂缝》的悬念是郭一滨究竟是个什么样的人，究竟哪方面对他的评价比较准确，李平与郭一滨究竟怎样面对过去的裂痕；《序幕刚刚拉开》的悬念是牛大力会不会受到处罚，牛大力背后真正侵吞国有资产的人是否会受到处罚。这些悬念往往是推动剧情发展的主线索，而在剧情进行中，也可以用悬念来连接情节的各个部分。例如广播剧《裂缝》中，建筑研究所前任所长被说成是被郭一滨“全盘否定”“挤下了台”，而这个老科学家对于郭一滨的真正态度成为一个悬念，吸引听众想去了解。李平从省里来到东海市，直到拜访了老所长，这个疑问才真正得到解答。在这个过程中，悬念成为推动剧情发展的一个动力。多集广播剧也需要悬念来连接剧情并吸引听众收听，这与中国传统章回体小说的悬念设置是一样的。

三、富于动态的处理

开头、危机、高潮、结局的处理并不一定严格遵循戏剧动力的原理，很多富于动力的广播剧，往往是从“山雨欲来风满楼”的时候进入剧情，从即将出现高潮的地方开始进入，这样可以使剧情更凝练，也更富于张力。而广播剧的结局也并不一定总要等到尘埃落定，提前结束也许能给听众留下想象和思考的空间。

例如广播剧《裂缝》的开头部分，按照事情发展的时间顺序是：郭一滨的问题已经出现了一段时间，在群众和官僚中也有对他不同的评价，此时“我”才介入整个事件。但是广播剧并没有这样从起因开始，而是直接从“我”介入调查开始，各方面矛盾都集中在郭一滨的身上，然后在调查中对问题的起因有所交代。这样一方面比较符合该剧的叙事视角——“我”对事件的介入顺序，另一方面也使全剧在开场就很快进入到当事几方的冲突之中。

又例如《青青的马桑树》的结尾，“我”的父亲知道了原来家中的老保姆七婆也曾有“送郎当红军”的经历，是和老班长的妻子一样对革命奉献了亲人生命的老姐姐，父亲立即准备把七婆的孙子长庚调离前线；而一直盼望孙子平安的七婆说了一句“如果真把庚伢子调回来，别人不说，他爷爷在地底下也会怪我的，会怪我的……”到这里，淡淡的解说声中混入“马桑树儿搭灯台咿哟……”的歌声，全剧戛然而止，却让人感到一种情绪在心底激荡。

另外，从演播的角度考虑，广播剧由于受听众的收听状态和节目规格的限制(通常为半小时一个单元)，使得广播剧的人物形象设置要有一些具体要求，如人物不宜过多，一般为四五个人物形象，且主要人物为一到两个，情节和戏剧冲突相对要集中。人物设置应该充分考虑声音形象的搭配，如利用男声、女声，青年、中年、老年，清脆、沙哑的不同声音形象进行搭配产生变化。

第四节 广播剧中的音响

通常我们把广播中的声音分为语言、音乐、音响三种元素。在这三种元素中，音响的存在最为广泛，甚至从广义的角度来讲，语言、音乐也不过是具有某种特定形式和含义的音响。而狭义的音响则是指排除了语言和音乐之外的声音元素。这一节我们主要论述狭义的音响，也包含那些被当作音响来使用的语言和音乐，例如，被用作环境背景的模糊不清的人物对话，用来描述大型飞机起飞时螺旋桨轰鸣的低音提琴的乐音等。

音响可以传递空间信息，从而激发我们的视觉想象力；音响可以唤起听众的某种情感；音响可以在我们心中创造视觉形象。广播艺术节目中的一些最具广播特性的类型，就是通过精心混合的各种广义的音响来讲述故事的。

通过音响去还原时空，或是再现一个运动过程，是视听思维的一个有机组成部分，也是广播之所以成为独立艺术形式的根本。在没有现代的广播媒体出现之前，人们曾用各种方法试图去捕捉、去记录声音的形象。从《诗经》的“坎坎伐檀”，到唐诗的“空山不见人，但闻人语响”和“千里莺啼绿映红”，再到宋词的“四面边声连角起”和“寒蝉凄切”，可以说，历代的诗词歌赋高手也都是敏锐的听觉艺术家。而从宋的像生到明清的口技艺术，更有一些民间艺术家为广播媒体出现之前的声音艺术形式开拓了广阔的天地。

一、音响要素

（一）音响的种类

从真实性的角度，我们可以把音响分为真实性音响和非真实性音响两个类别。

真实性的音响倾向于呈现声音本来的面貌。那么，声音能够创造形象的基础，或者说声音能够产生特定联想的基础是什么呢？这是基于声音与物体运动的必然联系而形成的一种纽带关系，因为声音来自于物体运动的一种基本形式——振动，所以可以说，只要有物体运动，就有可能产生声音。不同的物体运动产生的声音形象也必然会依据其运动状态的不同而有所差异。例如，流水冲击浴帘的声音带给我们的形象，肯定与刷牙或洗盘子的声音是不一样的，这就带给了我们用声音去描述不同的运动状态，进而用声音进行艺术创作的可能性。

非真实性音响类别则是指象征性的或者是联想性的音响效果。它在客观世界中并不存在，而是我们赋予某种事物的一种主观的音响形象。非真实性音响经常被用来暗示无法被模仿、被感知的那些声音。例如，鬼的声音到底什么样？鲨鱼在水中穿行的声音究竟什么样？宇宙飞船在外太空穿梭的声音会是什么样？这些情况一般都会用音响或是某种具有音响性质的音乐来表现。这些音响一旦和我们的意识建立某种关联后，就会使我们联想起所对应的事物形象。

（二）常见的音响类别

1. 环境音响

环境音响，有时也称为氛围音响或是背景音响，主要用来提供一种所在环境的听觉感受，或者是事件发生时的时代氛围。环境音响是经常用来明确地点、场景或是历史事件的声音。创作者应该知道在这个世界上，每个地方都有属于自己的声音。这些声音随着时间和季节等可变因素会有所变化。环境音响还应该体现出环境的空间特性，一个空间的内部通常多少会有些混响，这些混响可以暗示这个封闭空间的大小。而外部空间的声音缺少混响变化、比较平，同样的一个声音形象被置于室内或是室外将会有不同的表现。在创作中，我们应该注意避免把各种声音元素放置在一个没有回响的空间里，因为这样处理往往使声音元素失去了所依附的环境。在具体创作中，环境音响还经常被用来掩饰一段被剪辑得支离破碎的对话，使得这样的对话听起来真实且连贯。

2. 环境中的背景噪声

环境中的背景噪声，也称为“Wallas-Crowds”式的音响。很多人在一个拥挤的环境里会发出“Walla、Walla”的声音，没有什么特别精确的声音或是可辨识的语词细节。酒吧的 Wallas 既不同于棒球赛的 Wallas，也不同于音乐会的 Wallas。例如，酒吧是一个难以控制的环境，像演奏什么样的音乐，或是多大的音量，或是什么时候出现令人分神的事情等等，因为没有特定的要求，所以我们可以录制一大堆这样的背景声音以备使用。

3. 点式音响

点式音响，也称为断续的音响，是指那些简短而独立的音响效果或者是某些音响的组合。点式音响可以为单独的场景或是动作设定特殊的时空坐标，同时还可以暗示一个孤立的事件，例如解答什么、怎样、多少之类的问题。很多点式音响效果可以用嘴、手或是其他小的拟音手段制作出来。点式音响中最主要的一类就是通过人工拟音实现的音响效果，也被称为“Foley Effects”，这是根据 20 世纪 40 年代美国环球公司的导演——对人工拟音有重要贡献的Jack Foley而得名，是指伴随事件或是运动的音响效果，一般用来配合场景或是动作。有些Foley Effects可以被生动地记录在音轨上，演员可以利用Foley Effects来帮助调整效果，Foley Effects还可以帮助演员传递运动的信息，它可以完成复杂的录制。

4. 对话

很多情况下，对话也是一种音响类型。对话者的声音特征可以暗示角色的很多信息，也可以揭示对话者所处的空间环境。要仔细考虑声音的对比，选择对于听众来说容易识别和区分的声音形象。

5. 沉默

沉默是一种非常戏剧化的元素，有时甚至可以达到振聋发聩的效果，因为"此时无声胜有声"。

二、声音的属性

(一)声音的基本物理属性

1. 音量

声波的振幅大小对应着我们所感觉的声音的响度大小，振幅大，则声音的响度大，或称为音量大。在广播创作中，创作者经常需要对音响的音量或不同音响的音量对比作出艺术化的调整。

2. 音调

音调是指听觉赖以分辨乐音高低的一种特性，也称为音高。声音的音调高低取决于声波的频率高低，频率高，则声音的音调高，或称为音高较高。

3. 音色

音色也称为音品，主要是由某一种声音的谐音的多寡以及各个谐音的相对强度所决定的。因为发音体的振动一般都是复合振动，振动时会产生不止一个声波，其中频率最低的被称为基音；其他声波的频率都是基音频率的倍数，与基音相对，这些频率较高的声波也被称为泛音或谐音。不同的声音形象即使音量和音调相同，我们的听觉也能辨别出来。例如，琵琶、二胡所发出的声音，即使音量和音调等都相同，我们也能够觉察其中的不同，原因就在于琵琶和二胡的音色不同。

4. 直达声、反射声和混响声

声音在传播过程中，可能会直接到达听众的耳朵，也可能会碰到各种界面的反射而形成反射波继续传播。直接到达听众耳朵的声音被称为直达声，它可以提供声源的方向，传递声音信息，提高声音清晰度。通过界面反射后被听众听到的声音叫作反射声。一般室内反射声可分为两种：一种是早期反射声，指在50毫秒内被耳朵接收到的反射声，耳朵无法把它和直达声分离出来，它可以提高声压级和声音清晰度，增强声音的空间感；一种是声源停止发声后，经过多次反射交混起来的回响声，称为混响。混响声无方向性，不包含声音信息，但它使声场分布均匀、音质丰满，可提供辨别房间的空间特性（房间的大小）。过大的混响会降低声音的清晰度，掩蔽直达声，超过100毫秒延时的混响声会形成回声。混响严重时，会影响声音清晰度。直达声（包括早期反射声）与混响声的声能比，是直接影响声音清晰度的重要参数，也是我们感受声源空间特性的重要参数。

（二）听者对声音的感受

1. 空间感与环境感

同样的声音在不同的空间中会产生不同的听觉感受，人耳对声音所处空间物理特性的感觉就是空间感。

影响空间感的主要因素有混响与直达声的比例关系、混响时间的长短和空间自身的材质特性等。

两个人在较大的空间内进行远距离对话，因为直达声相对较少，而混响较多，所以不容易听清楚；而走近之后，直达声逐渐增多，混响减少，对话就清楚了。根据这个特点，我们可以制作出两个人在对话时的空间距离感或是这种空间距离感的变化过程。

一般来说，空间越大则混响时间越长，空间越小则混响时间越短；反之，较短的混响时间会暗示空间较小，较长的混响时间会暗示空间较大。听众可以由此判断声源的环境是一间起居室、一间教室还是一个大厅。

此外，空间内地面、墙壁的表面材质，室内的陈设多少等因素，也会影响声音的空间感。例如，吸音良好的音乐厅虽然空间巨大，但是混响时间都控制在合适的范围内；而有些硬材质表面的小空间，会产生较多的混响，听起来要比实际感觉空旷些。

不同的空间也有各自不同、独具特色的声音形象，这些声音形象可以揭示所处空间的文化特性，人耳对声音所处空间的文化特性的感觉就是环境感。例如，乡村和城市、田野和森林、图书馆和车站、酒馆和剧院，这些各不相同的环境都有专属于自己的典型的音响形象。有时一些物理特性非常接近的空间也有可能给我们不同的环境感。例如，一个欧洲的咖啡馆和一个东方的茶馆，两者之间虽然空间的物理特性可能比较接近，但是都有各自的典型音响形象。

声音的空间感和环境感之间，既有密切的联系，也有一定的差异。这种联系表现在，特定环境中的音响往往具备声源所在的空间特性，而具有空间感的音响也往往能够揭示环境的特点。恰当的音响可以帮助我们判定空间的物理特性，并有可能通过这些物理特性揭示出这个空间的文化属性。而两者之间的差异则表现在：空间感的形成有时需要人物的对话或是伴随动作的音响来予以暗示，而环境感的建立则更多依靠典型音响。

2. 距离感

影响声音的距离感的主要因素有三个：

(1)音量的变化

声源距离我们远近不同时，首先表现出来的是音量大小的变化。同等条件下，声源远则我们感受的音量小，声源近则我们感受到的音量大。

(2)直达声和反射声比例的变化

通常我们在广播节目录制中会通过调整拾音器与声源的远近来形成不同的距离感。多数音响师不提倡在后期通过单纯调整音量的方法来调整距离感，就是因为影响距离感的不单是音量变化，还有直达声和反射声比例调整的问题。一般来说，在某个封闭空间中，拾音器距离声源越近，直达声越多，反射声越少；拾音器距离声源越远，直达声越少，反射声越多。如果在室外，由于反射声较少，影响距离感的因素变为直达声与环境噪声之间的比例关系。拾音器距离声源越近，直达声越多，环境声越少；拾音器距离声源越远，直达声越少，环境声越多。例如我们在电影中经常看到：两个人在室外环境对话，距离(与观众的距离)近时，直达声比较清楚，对话的内容清晰可辨；而距离远时，环境声(如风声)就比较明显，对话内容听起来隐约断续。

(3)音色的变化

声音在传递中，随着距离的增加，高频部分较低频部分更易衰减，距离越远则高频部分损失得越厉害，而低频部分的衰减则不如高频部分明显。

同时，人耳对同等音量条件的不同频率声音的感受也会有所不同。一般情况下，人耳在音量较低时，对低频不太敏感，而感觉实际是同样音量的中高频声音要更加响亮；随着距离变近，音量逐渐提高，人耳会感觉到低频的音量有较明显的提升，层次也变得丰富起来，而中高频的音量增加似乎不如低频音量那么明显。

当一男一女两个人物形象，男子的声音频率较低，女子的声音频率较高，他们用同样大小的音量对话，一边对话一边从远处走向听众。在较远的距离时，男子的声音较为模糊，而女子的声音较为清楚；随着距离越来越近，两人的音量都有所提高，但听众会觉得男子音量的变化比女子更明显，男子的声音形象也变得饱满和丰富了。距离感的改变会带来相应的音色的变化，我们可以根据这一点来赋予声音形象不同的距离感。

有些广播剧在处理人物声音形象时，就是因为不了解影响距离感的因素究竟怎样发生作用才出现一些错误。比如，两个人一边对话，一边越走越远（远离拾音器，也就是远离听众），我们只听到音量变小，但是感受不到直达声与反射声或是环境声的比例关系变化，也听不到音色的变化，感觉比较假。

3. 方位感

人类用双耳听声音，而两耳间大约有 20 厘米的距离，所以到达双耳的声音会在时间以及音量、音色等声音特性方面有细微差别，我们可以由此判断声音的方向并确定声源的位置。由于人耳的生理特性，人耳能够较好地分辨水平方向和纵深方向上（距离感）的声源方位差，而对于垂直方向上的声源方位差的辨别力较弱。现代的立体声广播技术在表现声源水平方向方位变化方面已经达到很精细的程度，这也对创作者真实再现声音形象的方位感提出了更高的要求。

4. 运动感

声音的运动感是指当听者和声源发生相对运动时所带来的听觉上的变化。这也是广播艺术再现时空、再现运动过程的一个重要方面。

有时这种运动感表现为剧中演员（声源）自身的变化。例如在广播剧创作中，当演员处于不同的运动状态时，他的声音表现会给观众不同的感觉，甚至当演员在说话过程中有抬头、低头或是转身等并不大的肢体动作时，也会带来声音形象细微的变化。广播剧制作人员应该敏锐地察觉到这一点，在广播剧录制中，特别注意对演员声音运动感的处理，从而带给观众真实细腻的声音再现。

有时这种运动感也表现为听众的耳朵随着剧中人经过不同的声音环境时感受到的运动变化。例如，听众跟随剧中人从户外走到室内，从嘈杂环境走到安静的环境。

当这种运动速度不是很快时，运动感体现为音量、直达声与反射声比例以及空间感的变化。当这种运动速度较快时，声音会随着听者与声源相对位置的迅速改变而产生音量和音调的明显变化，也称为“多普勒效应”，这是指声波被快速压缩与扩展引起的声音变化。例如，当两列火车错车时，错车前，声波被挤压，音调提高，音量增强；错车后，声波立即被扩展，音调又迅速降低，音量减弱。很多音响师常利用“多普勒效应”来表现物体快速运动或制作有很强速度感的音响形象。

三、处理技巧

(一)音响的运用

通常我们在录音间工作的目标是准确、清楚地复制声音。在广播剧里,特别是在音响效果处理方面,我们通过变化声音来建立或是维持听众心中的画面形象。但是,太多的音响效果或者是某个声音的多次出现,将会转移听众对故事的注意力,并且减慢场景的节奏。所以,广播艺术工作者应该学会扬长避短,尽量避免使用大量音响效果去构建一个视觉化的动态场景,而应学会选择最典型的音响形象来再现场景。

真实的声音当然比人工合成的声音更令人信服。但在广播、电影、电视中,很多事物发出的声音往往并不像我们想象的那样,其中大多数音响(特别是在电影里)都是由一个音响工作团队制作出来的音响效果。一个音响效果通常由几个部分构成,就像一个小型的戏剧,有开头、中间部分和结尾。打开门的声音并不只是简单的插销"咔哒"一声就完了,接听电话的声音也并不是我们在实际生活中摘下话筒所听到的"咔嗒、咔嗒"声。

对于声音的空间特性的把握,也是音响运用中非常重要的一环。这个声音听起来像是发生在什么空间里?这是否与创作意图相吻合?录有声音的唱片、磁带以及CD都记录有特殊的空间和环境信息,这些声音素材体现出的空间环境也许和你所需要的声学空间并不吻合,这会破坏你试图建立给听众的形象,破坏一场戏的气氛。例如,一个人走出房间到户外,但是重重的关门声却充满了房间里的回响。

创作者应该摆脱掉对已有的声音素材的限制,制作属于自己的音响,这样可以为创作提供更多的选择。我们可以尝试近距离录制声音,类似于电视中的特写镜头,从各种各样的距离录制声音,甚至选用不同的麦克风来录制声音,然后,把所录制的这些声音效果作为素材保留起来。

一般来讲,在广播节目中再现场景时,听众应该先听到音响,编导应尽量不要用对话或是动作暗示相关的声音形象。因为听众先接触音响,容易形成一种"进入感",自然进入剧情中,接下来的对话是对声音信息的一种补全和印证;而通过对话或是其他暗示方式,则会使接下来的声音形象显得被动而多余。

处理声音形象时,把两个或是多个声音混合在一起创造声音的混声效果,比单独使用某一个声音元素的情况要更常见。人们经常在非特定的背景音响效果中加入一些联想性的声音来进行环境识别或是特征的区分。餐馆的场景可以从背景中人声和厨房的噪音开始,然后加入前景的杯盘交错、金属餐具碰撞以及倒葡萄酒的声音,于是我们就可以大体了解我们身处的餐馆是一个什么样的类型。荒野的场景可能会有鸟和昆虫的鸣叫，但是如果加入一些远距离的狼嚎、近距离的脚步声或是电锯的声音，有了这种声音层次的变化处理，即使没有一句对话，我们也可以照样展开故事。

（二）音乐的运用

音乐的运用遵循和音响效果一样的原则，音乐也可以被当作音响效果来使用。音响效果是伴随动作而产生的，有一种动作的内容；音乐则有一种比较主观的、内在的、情绪化的内容。所以，一般来说，在处理声音场景时，我们应该首先出现音响效果，然后音乐紧随其后。音乐是直达情绪中心的最便捷的手段。其他声音形象（对话或是音响）都需要首先被翻译过来或是被理解，而音乐可以直指心灵深处，所以对话和音响可以用来建立场景，而音乐用来制造场景所需的氛围。

此外，音乐还可以用来使一段比较杂乱的音响融为一个整体，或是为一个场景奠定基本的节奏。

混录音乐时，音量不应该太大，否则它就喧宾夺主、脱离情节了。音乐有可能会干扰我们听对话或是音响效果。与人声频率不同的音乐，可以在混录时音量稍大而不影响其他元素。

常见的音乐形象按其功能不同，可以划分为以下几类：

（1）主题音乐（thematic music）——用作开头或是结尾，起过渡、强调等作用，奠定作品的基调。

（2）强调性音乐（underscore music）——戏剧性的潜台词；配合段落的情绪，不受其他声音元素的干扰。

（3）刺激性音乐（“sting” music）——一般是由一个或者两个以上的音符构成。

（三）特技手段

这是指我们对声音所做的效果处理。通过使用声音信号处理器，我们可以对声音做以下三个方面的转化：（1）振幅或是音量方面的调整，也就是音量控制；（2）谱性方面的调整，如使用平衡器对声音的音色作出调整；（3）对时间或是相位的调整，如改变回响或延迟。有时也会是其中两到三个方面的组合。

我们可以通过平衡器来转化声音的音色。在声音的所有频谱（高、中、低频）当中，使用平衡器可以加强些频段或抑制某些频段；平衡器也可以用来制作与普通音色有所区别的声音形象，例如人物内心的思索、电话里的声音或是机械发出的声音等。

声音的速度控制（变速）——通过录音机改变正常的磁带运行速度的做法，有直接改变录音转速倒放、减慢或是加速等多种方法。现在这些操作都可以通过软件的数字模块来完成。如果我们想要使用同样的声音元素而又避免为听众所察觉，就可以通过控制声音的速度有所改变来实现。在开盘录音机时代，可以通过在磁带转动轴上缠绕一些磁带的方式，使磁带轴的直径加大，由此来实现播放速度的变化。很多好的盒式录音机或是开盘录音机都能够控制播放的速度。而今天对于声音元素的速度控制，只需要在音频处理软件中改动相应的时间参数就可以了。

反复录制——把已经录制好的声音通过麦克风放出来，然后用录音机录下来，这样会使声音有明显的改变。例如，我们以两倍的速度播放在一个房间里录制的环境声，然后让录音磁带以两倍正常速度把这个声音录下来。用正常速度回放刚才录下的声音，你会发现这个声音把空间的尺寸放大了至少两倍。这些操作也可以在音频处理软件中以增加或是复制音轨的形式实现。

随着计算机技术的发展，声音已经能够较容易地转化为计算机可以识别的数字信息，而不是传统的模拟信号。利用计算机可以使声音很容易地被转换、被精确地复制，可以进行回响、延迟、合唱、震颤以及声像位置变化等诸多形式的调整。

第五节　场景处理与时空转换

一、场景处理

广播剧的场景指一个相对集中的时空，有时虽然时空发生变化，但剧情相对集中，情节相对单一，也可以视为一个场景。

广播剧场景的处理只能靠声音完成。一个场景之中有多少人物，相互关系如何，如何对话，如何行动，发生哪些音响，有没有音乐等，都是与剧情发展紧密相关的。

广播剧编导要学会场景的声音设计，要在生活中积累关于声音场景，或是不同场景声音形象的相关经验，要观察，更要听。

例如，一条清晨的街道，会有哪些音响？哪些是主要的、构成一条街道所必需的音响要素，失去它就会听起来不像是街道？哪些是次要的、构成一条街道的充分的声音条件，没有它也可以，但是有了它，街道这个声音场景会更生动？在这个场景中，哪些声音形象是静态的？距离我们有多远？它们空间感是什么样的？哪些声音形象是动态的？它们的运动速度、方向、路线和方式是怎样的？听起来强弱变化是什么样的？这个街道是什么时代的？哪个城市的？生活在其中的都是些什么人？这些人有哪些活动？这些活动的声音形象都是什么？

解决了这些问题，我们开始考虑第二步：如何从生活化的、自然主义的声音场景中汲取创作素材，进行提炼加工，进行广播化的艺术创作？如同画家只会画出河岸上的风景而把那些破坏构图的元素去掉一样，我们对于声音场景的处理也绝不是照相式的照单全收，而是有所选择的。涉及声音场景处理的几种艺术类型，例如广播、电影、电视、舞台艺术等，对于来自于生活的声音素材有不同的处理方法。就仿佛画家即使面对同一个环境也可以有不同的选择和不同的表现手法一样，画家画速写作品时会勾勒大概，取其精华，再现动态，而画素描或油画时，画家可能会关注更多的光影色彩信息，务必使其真实。而电影创作中的声音处理往往如同画素描或是油画，讲求精细和高度写实。舞台艺术形式对于声音场景的处理则往往是写意的、象征性的。而广播剧创作中的声音处理则更像是画一幅速写作品，把握几点，得其精髓。所以广播剧的声音场景处理并不是以高度写实为第一目的的，也并不是声无巨细、一并收纳的，而是选择一个声音场景中的那些必要元素，配以一些个性化的充分元素，进行艺术化的加工再现。

这时我们再回到那条清晨的街道，首先确定这是20世纪90年代的一个冬天、北京的一条胡同，时间是早上七八点，天气晴朗，居民都是最普通的老百姓。构成这条胡同的必要音响应该有哪些？充分音响又有哪些？这里应该注意的是，这些必要音响往往是铺垫环境基调的氛围音响，是我们采取远景或是全景景别观察环境时所能注意到的声音形象。而这些充分音响往往是一些为声音场景增添生趣的细节化的音响，是我们采取近景或是特写景别观察环境时所能注意到的声音形象。

其中，构成场景氛围的必要音响可能有：早上上班时搬自行车出大门的声音，自行车铃声，自行车链盒咣当声，可能还会有汽车驶过胡同口，胡同口早点摊子的吆喝声，远处无轨电车行驶的嗡嗡声，远处传来上学孩子们呼朋引伴的笑闹声，小学校里的高音喇叭传来的早操音乐声，便携收音机中传出的中央台《报纸和新闻摘要》节目，电报大楼的报时钟声等。

突出场景细节的充分音响可能有：不远处熟人见面的打招呼声“哟，大爷，锻炼回来啦”，两个大妈在离我们很近的位置上边走边聊“什么时候拆到我们这儿啊，总也没动静”，等等，赶早市买菜的老太太推着破旧儿童车的声音，着急上班的大人呵斥孩子的声音，炸油条的声音，指挥倒车的声音，羽绒服的摩擦声，板车的吱嘎声，送晨报、送牛奶的声音，一边走路一边冲着手机大声嚷嚷的声音，过冬的小麻雀叽叽喳喳叫的声音，等等。这里场景氛围音响和细节音响没有一定的分隔，可以根据剧情需要而相互转化，细节音响往往与剧情发展或是角色行动有较密切的关系。

广播剧的声音场景设计需要从中间选出数量有限的几种声音，能够配合角色或是解说的语言体现出场景的特点。所以真正进入广播剧里，我们所选用的声音可能就是几种最具普遍性的音响：自行车铃声，便携收音机中传出的中央台《报纸和新闻摘要》节目，胡同口早点摊子的吆喝声，不远处熟人见面的招呼声“哟，大爷，锻炼回来啦”。同时编导需要根据广播剧剧情中的具体要求予以个性化的处理，比如，想要表示天气冷，可以加入打喷嚏的声音、雪地的脚步声等。如果是接近年节，还可以偶尔听到一两声鞭炮声。如果年代往前移十几年,可以听到的汽车喇叭声少了,多了一些叫卖声。天气较现在冷,可以听到雪地或是结冰路面的行走声,甚至是树枝掉落的声音。那时牛奶是瓶装的,叮叮当当的,音乐背景也不一样了。如果主人公情绪不好,可以强化交通拥堵的音响。如果主人公心情不错,可能会有麻雀啁啾的声音或是鸽哨的环绕。总之,广播剧场景的声音处理是为人物形象和情节展开而服务的。

对于场景的介绍,除了使用音响以外,还可以通过角色的语言或是解说予以说明。重视场景的音响设计并不意味着排斥用语言介绍场景,有时用语言或是用语言与音响相结合的方法也会收到很好的效果。

二、时空转换

因为听众仅通过声音去感受一个场景需要一定的时间,所以广播剧的时空转换,或是转场的节奏,较电影或是电视要慢很多,频繁的转场会使广播剧听众疲于接受。一部电影的场景经常多达上百个,广播剧则少得多。例如,广播剧《裂缝》就只有六个实写的场景,分别是火车上、李平父亲家、工地指挥部、老所长家、江边、八号部件通过的大桥。其余场景都是通过回忆的方式做了虚化的处理。

广播剧的时空转换主要有以下几种方法:

(一)利用人物语言转场

下面是《千古流芳彭元帅》中利用角色语言转场的一例。

彭　　总:好,接受你的意见。现在咱们找个地方休息休息。

小　　景:上哪儿?

彭　　总:安顺场,当年红军抢渡大渡河的渡口。

【汽车行驶声、刹车声】

【大渡河奔腾声】

小　　景:彭总,当年红军抢渡大渡河就是在这里吗?

(二)解说转场

在广播剧《彭元帅故乡行》中,利用解说转场,其中也使用了音乐和音响予以配合:

【音乐扬起】

【汽车行驶】

解　　说：……彭总在县委书记老王的陪同下来到了天岳书院。

【音乐起，描绘环境，间杂鸟叫声】

（三）利用音乐转场

利用具有时代特点的音乐进行转场，往往可以使场景有一个较大时间跨度的转换。例如《二泉映月》当中，由“二泉映月”的乐曲转化为“解放区的天”，就是从旋律变化中说明时间的变化。

（四）利用音响转场

利用音响效果转场往往会选择一些具有环境特征的音响。例如《伤痕》中，王晓华从火车上的回忆转回到校园的场景：

解　　说：……几天前那个难忘的、令人痛苦的情景又展现在眼前。

【校园里的嘈杂声】

解　　说：那是一个星期六的下午，上完最后一堂课……

刘　　刚：王晓华，你等一会儿走！

（五）无技巧转场

这是指前面的场景完成，后面紧接着又开始新的场景，通过人物谈话内容的不连贯性，例如转换话题或是转换了谈话对象等，我们可以感受到时空的变化。

（六）音量处理或是静默的方法转场

有时无技巧转场也会采用前一个场景的声音形象渐弱、后一个场景的声音形象渐强的处理方法，用来加强时间流逝的间隔感；也有的广播剧会在两个场景中加入一小段静默，以示时间流逝，实现场景的过渡。

除了上述的转场方法外，还有使用两种以上方法的综合转场方式，以及利用角色特定状态的意识流、梦境、回忆等方法进行时空转化的方法。

第六节 广播剧的演播

一、声音演播

（一）演员的声音搭配

广播剧应根据演员的声音形象特点进行声音的搭配，要考虑年龄、性别、音高、音色等多方面的因素，如果对话全都是在男中音或是女高音之间进行，听众会因为缺乏变化而感到疲倦。国外有些广播剧为了实现声音形象的对比，宁可放弃专业演员而请一些声音比较有特点的非专业演员演播，从声音形象的层面尽可能处理得丰富多变。此外，演员声音的合理搭配也有利于人物形象塑造，有利于听众的辨别与接受，有时还会起到丰富人物形象性格表现的作用。

（二）音乐的选配

广播剧的音乐对于编导来说往往是个挑战，因为大多数剧本并不提供音乐的信息，最多写上"音乐"或是"抒情性音乐"的提示，所以很多广播剧的配乐就交由专业的配乐去完成。但是有时专业配乐对于广播剧情节、人物形象的把握，较广播剧编导或是导演来说又差了一些，所以这就需要编导和导演自身多注意积累音乐的信息。

这里应该注意的是音乐，尤其是广播剧中的配乐，很多人会关注它的旋律，例如一般的音乐赏析评介都会谈到旋律如何，但是对于广播剧编导来说，应该掌握的是音乐的整体特色，如乐器、速度、力度、节奏、和声、音色、配器、乐队规模以及旋律等。因为有时相同的旋律可能会有不同的表现方法，用不同的乐器、不同的节奏、不同的情绪色彩演奏，会得到完全不同的效果。同样，有的编导只记录音乐的节奏，诸如抒情的中板或是慢板之类的，但是到用的时候你会发现，符合这种节奏要求的音乐非常多，造成搜索的困难。再有按照音乐的情绪或是音乐的想象记录，也是非常不精确的，例如"抒情的音乐"这样的描述在每一个配乐或是作曲那里所对应的都是一个庞大的范围，所以编导有必要掌握精确分类的方法来积累音乐信息，从而使自己与配乐或是作曲能够进行更好的沟通。

速度：很慢，慢、中、快、很快。

乐器组合：管弦、民乐、电声、混编。

乐队规模：大、中、小。

国别、地区、民族：首先按国别划分；中国的则分出地区或是民族来，如西南、东北或是维吾尔族、蒙古族等。

情绪（情景）：对于抒情性音乐，要记录它的情绪色彩，如喜悦、悲痛、忧虑、深情等；对于描绘性音乐，要记录它联想的情景，如室外美景、阴森恐怖、滑稽行走、紧张战斗等。或是通过音乐的体裁记录，如牧歌、进行曲、小夜曲、圆舞曲等。

关于音乐的情绪描绘，历来没有统一的标准，这里我们将上海人民广播电台杨树华所记录的、20 世纪 80 年代召开的配乐工作四川研讨会的分类标准①罗列如下：

首先把音乐内容分为四大类：积极情绪、消极情绪、动态行为和色彩音乐。

积极情绪方面的主题词有：恬静、思考、幻想、深情、激动、优美、喜悦、欢快、壮美。

消极情绪方面的主题词有：不安、忧郁、动荡、惊讶、悲痛、愤怒。

动态行为方面的主题词有：动态、号召、行进、叙事、恐吓、战争。

色彩音乐方面的主题词有：戏谑、宗教、粗俗。

其中，壮美包括庄严、豪迈、有气概、激情昂扬、隆重庆典、辉煌灿烂、宏伟壮观、史诗般等含义。

动荡包括不规则地、破碎、零碎、忙乱、颤动、挣扎、狂吼等含义。

动态包括摇晃、匆忙、急促、突然、爆发等含义。

音乐内容的情绪标准可以为广播剧编导构思音乐部分提供一个参照。此外，还有乐派、曲式、时代等多种分类和记忆的标准，广播剧编导也都应该有所了解。

（三）音响

广播剧的音响主要来自演播室人工拟音、音响素材和外景录制的音响素材。三者各有优缺点。人工拟音可以按照剧情要求来实现情绪化的表现，例如走路的节奏感、开关门时的情绪等，制作较为简单，缺点是缺乏环境感和空间感。音响素材的优点是使用方便，缺点是难以实现个性化，需要配合体现人物情绪时则不一定符合要求。外

① 杨树华：《配乐资料的听记技巧与电脑存储构想》，摘自上海广播学研究委员会编：《广播界 · 论丛（第四辑）》，中国广播电视出版社 1990 年版，第 155 页。

景录制音响素材的优点是环境感和空间感以及情绪配合都很好，但是成本较高，同时易受环境干扰。

当前广播剧创作的一个国际化趋势是越来越重视音响的真实性，有些广播剧采用外景录制剧情的方式，我们国内也早有实地录制一些特殊音响场景的广播剧。其实，广播剧的特征并不在于音响环境的真实再现，广播剧的声音场景也大多采用经过筛选的声音形象来合成处理，所以外景录制声音作为改善音响环境感、空间感和人物动作感的一种手段是可以的，但是作为一种创作追求和一种广播剧创作的必然趋势，还需要时间的验证。

二、演员的声音调度

广播剧编导或是广播剧导演的职责，除了应承担一般的戏剧导演或是电影导演的责任之外，还应注意的一点就是把握好演员的声音调度。因为广播剧的录制多数在录音间里完成，为了克服演员直立面对话筒表演台词所容易形成的声音形象呆滞、静态、缺乏变化等缺点，导演应该注意调动演员在话筒前的距离变化，还有就是演员在表演台词的同时也应该配合做一些合理的身体动作，从而在话筒前形成自然的声音形象。这些小小的变化能大大提升广播剧声音形象的真实性。而这些动态变化在后期通过广播数字技术是很难模仿出来的。

例如，两个人物形象在对话过程中，其中一个一边说着话，一边转身要走，忽又停住，再说了一句，然后走开。这样动态的对话过程，在广播剧的录制过程中应有所体现，编导也应该注意为演员进行合理的动作设计，这里演员声音形象的变化，绝不仅仅是音量的变化，涉及声音在两个运动体之间传播和反射的声场变化，是后期难以制作的。

有的广播剧编导会在演播室为演员画出几个表演区，例如按照距离话筒的远近，参照视听语言中景别的概念，画为远、中、近、特四个表演区，把演员的语言分别放在各个区域进行录制。这样做，一方面可以获得声音形象不同的距离感，另一方面也可以通过距离感的改变来简单模仿环境感。

附一　广播剧创作的要点[①]

开头

开头就是一切。如果开头不能使你摆脱困境，你就会被听众遗弃，你就失败了，你

① Tim Crook，*Principles of Writing Radio Drama*，摘自 http://www.irdp.co.uk。

没有任何的机会进行下面的一切。

抵达的时刻

也就是你怎样让你的听众进入到故事中。不要让他们试图躺在一个温暖的床、枕着一个舒适的枕头舒舒服服地收听。故事的背景和之前的铺垫部分必须在揭示戏剧性动作的过程中予以揭示出来。然后让你的听众被空降在戏剧性瞬间的峰顶，但还不是最高潮的部分，这还为时尚早。让听众们通过这个戏剧性瞬间的峰顶进入到故事中来，避免缓慢地曲折解释，而是应该把听众推到一个更高的能量循环中，促使他们快速奔跑。

结构

开场……斗争……解决。如果开场比解决部分更具有戏剧性和爆炸性，那么你可以考虑把这个顺序反过来。要把你的戏当作是由一系列的阶段组成的。

情节

情节就是故事里很多的迂回曲折，情节越曲折越好。多数听众喜欢令人兴奋的情节。没有好的情节就仿佛你是在吃被压扁的蛋糕一样。所以我们需要更多的情节，至少要有两条故事线，两个潜在的情节也许更好，把所有情节合逻辑地贯穿在剧中。最好的处理是一条主线一条辅线互相关联，最后让它们走到一起。

惊奇

人们对于娱乐是非常渴求的，他们听广播剧就是为了寻找一些有趣的东西，广播剧应该让听众充满渴望。

角色

主要角色必须得到听众的同情，获得听众的认同感，否则剧情就失败了。

冲突

戏剧＝冲突＝听众。广播剧里必须要有一些情绪、财产、人性、道德、肉体的冲突，以使听众能够笑或是哭。你必须使你的听众笑或是哭或是又哭又笑。如果不行，就别做广播剧了。

极限或是极端

故事讲述的艺术就是探索我们心理或是生理的极限，从一个极端走到另一个极端。

高潮

好的剧情应该有前奏、发展、持续、惊奇和爱。不仅仅爱需要有强烈的爆发，广播剧也是如此。如果你不使用这种情感，你就失去了它。

对话

这是我们彼此为什么会被戏剧性地连接在一起的原因。角色的倾诉、争论、取悦、爆发都是通过起伏不断的对话来完成的。当我们按照上面所说的去做时，就会发现伟大的广播剧是怎样由戏剧性的对话构成的。

气氛

这是确定整部剧情绪基调的东西，决定了你的听众是否信服你所创作的剧情世界。世界不只是由戏剧性的对话组成的，还有身体姿态和气氛，这是由细节和相关细节所决定的。气氛也许存在于一个音响中，也许存在于一段文字中，或者是一段音乐中，气氛存在于剧中的任何一个地方。但气氛的结果却是广播剧创作的第五维度——听众的想象——形成的内心视觉画面中。

情绪

想要形成内心的视觉画面，你还必须创造反映自听众的情绪……特别是主要的角色……以及其他相关角色的、并不那么强烈的情绪。情绪就是爱、恨、尊敬等。不要在意情绪的类型……而是要关注为什么在这里产生了情绪或是没有产生情绪。在作者和听众之间的情绪连接，是一部好广播剧的必要条件。

平衡角色和情节

你不得不兼顾角色和情节。你没法用其中一方替代另一方，其中一方支配另一方。两者的平衡，只有依靠角色创造和情节发展的紧密关联。如果你的主线情节中角色更重，那么就要注意在辅助情节中让情节比较重要。

目的

剧作的一个规则就是每一个词、每一句话、每一个场景都应该服务于角色塑造或是情节发展的戏剧性目的。要把所有没有戏剧性目的的元素通通删掉。

张力与幽默

要阻止听众关掉收音机，就要一直保持张力并不时引入幽默的元素。

紧张、幽默，紧张、幽默，紧张、幽默……就好像狐步舞步一样，使广播剧的情绪节奏在听众的情感与意志之间踱来踱去，先是用魅力吸引，然后拉响警报，再往后又是迷人的魅力，接着又是警报响起。当然在这种紧张与幽默之间应该有某种联系。你的角色应该用幽默对剧中或是场景中的紧张因素作出反应。注意让角色使用幽默来摆脱困境。但是要确定这种幽默是口头的，因为那种闹剧属于另一个剧种或是另一种娱乐形式。要保证角色不会因幽默而变得滑稽，因为广播剧不是那种喜剧或是肥皂剧，需要确保表现出幽默一面的角色要在剧中保持前后一致的幽默感。

附二　BBC 为广播剧爱好者准备的剧本写作注意事项

1

ACT 1 SCENE 1

NO!

Radio has no"scenes"in the way a stage play has. A sequence in a radio play might be one line long, or last for 20 pages but no single sequence should go beyond its natural length. Beware of boring the listener. Radio is fatally easy to turn off.

1

第一幕第一场(广播剧爱好者的写法,以下相同)

错!(BBC 的评价,以下相同)

广播剧并没有像舞台演出那样的场景概念。一个片段在广播剧中可能只有一行长,或者是持续二十多页,但是没有一个单独的片段能够超越它自身的自然长度。千万别招听众烦,广播剧最致命的一点就是很容易被关掉。

2

GEOFF, CAROL, ALICE, ROGER AND RICHARD ARE IN A CROWED PUB WITH SOME OTHER FRIENDS

NO!

The only means of establishing a character's presence is to have them speak or be referred to by name. If there are too many characters in a scene the listener will lose track.

2

乔治、卡罗、爱丽丝、罗杰、理查德和另外一些朋友在一个拥挤的酒馆里

错!

角色出场的唯一方法是让他们自己说话或是被别人提到他们的名字。如果一个场景中有太多角色,很容易让听众失去头绪。

3

GEOFF (LOOKING ANGRILY AT IRENE, HIS PALE FACE FLUSHED)"I WILL NOT"

NO!

"Stage directions"for the producer's or actor's benefit are to be avoided. If it is important it should be there in the dialogue.

3

乔治(愤怒地看着艾瑞尼,他苍白的脸变得通红)"我不想"

错!

"舞台"式的指导内容对于制片人或是演员来说最好省略掉(译者:可能考虑到演员演播时会分神)。如果这种"舞台"式的指导内容特别重要,则应该把它放在人物的对话里。

4

A CAR DRAWS UP. ENGINE OFF. DOOR OPENS AND SHUTS. FEET WALK TO THE FRONT DOOR. KEY IN THE LOCK. DOOR OPENS. FEET WALK DOWN THE HALL TO THE KITCHEN. "I'M HOME DARLING."

NO!

Sound effects should be used sparingly. They should work with the dialogue. Out of context they will mean little. Effects are useful in setting a scene but the sign posts must be subtle.

4

一辆汽车停下来。关掉引擎。门打开又关上了。脚步声走到前门。钥匙在锁里转动。门打开了。脚步声穿过大厅走向厨房。"我回来了,亲爱的。"

错!

音效的使用应该非常谨慎。音效首先是服务于对话的。离开了对话的上下文环境,音响就什么也不是。音响效果对于建立一个场景非常重要,但是一定要注意,在什么地方插入音效应该处理得非常精细。

5

GEOFF'S BREATHING IN THE PHONE BOX BECOMES MORE LABOURED; PAINFUL. BEHIND HIM A SYMPHONY ORCHESTRA, AT FIRST QUIETLY, PLAYS MAHLER'S FIFTH. BRING UP INTERIOR OF ALBERT HALL.

YES, THINK IN SOUND!

Plays which are set mostly in one location with a lot of talk will sound dull on radio without the visual stimulus of the theatre. So a variety of sound is essential for holding the listener's attention and engaging their imagination. This can be achieved by varying the lengths of scenes, number of people speaking, pace of dialogue, volume of sound, background acoustics and locations.

For example on radio, one room sounds very like another, if they're about the same size, but the difference between an interior and an exterior acoustic is considerable. Also the contrast between a noisy sequence with a number of voices and effects and a quiet passage of interior monologue, is dramatic and effective.

5

乔治在电话亭中的呼吸变得更沉重、更痛苦了，在他之后是一曲交响乐。首先是寂静，然后开始演奏马勒的《第五交响曲》，将人们带入阿尔伯特演奏厅①内部。

对了，这是在用声音思考！

没有了剧院里那种视觉上的刺激，那种在一个场景里不停地说很多话的剧情在广播中听起来太沉闷了。所以多变的声音形象对于吸引听众注意力、诱发听众想象力就非常重要了。我们可以通过变换场景的长度、说话人物的数量、对话的节奏、声音的音量、背景的声音以及环境音响等方式来实现声音形象的变化。

例如在广播中，一个房间听起来非常像其他同样大小的房间，但是在房间内部和外部的声学特征却会有很大的不同。再有就是一个有很多人说话、很多音响的喧闹环境，与一段安静的内心独白之间的对比，也是颇具戏剧色彩和生动效果的。

附三 早期广播的拟音工作②

杰克·弗伦齐(Jack French)

20世纪20年代，广播中的音效还没有被广泛使用。广播在最初发展阶段，经历了由军事通信手段向大众娱乐、文化和新闻传播工具的转变。

最初人们使用的音效是简单的、单纯的，经常是很难听的。任何在麦克风前腾得出手的人，都可以制作转场的音效。人们用摔钢琴盖模仿关门的声音；一根木质火柴棍在麦克风边上被猛然折断来模仿棒球棒击球的声音；而枪声可以用钉子刺穿皮沙发或是鼓槌敲击鼓的边沿的方式模仿出来。

---

① 阿尔伯特演奏厅，1871年建成，原为艺术科学厅。维多利亚女王(1837—1901)为纪念去世的丈夫阿尔伯特，将其更名为阿尔伯特演奏厅。以举办各种类型的音乐会而闻名于世。

② Jack French, *The Original Old Time Radio*，引自 http://www.OTR.com。

这些方式都无法、也根本不可能产生现实主义的音响。在广播早期，电台用免费的管弦音乐、诗歌朗诵者、歌唱家和传教士来填充播出时间。直到一些有剧情的演出把这些"免费的天才们"挤出电台后，更好的声音效果才成为一种需要。

最早的音响工作者肯定是没有受过什么训练。有些人有点舞台剧的后台经验，他们摇动金属薄片以制造雷声，敲击两块木板来模仿枪声；另一些人是来自乐队的打击乐手，他们可以在需要的时候制造各种平常较难听得到的音响。

但是，大多数的音响工作者既没有经验，也没有接受过培训，他们被迫做音响工作是因为在电台员工中数他们资历最浅，有些人甚至没有什么薪水；在受过高度专门训练的音响工作者成为无线电广播中不可或缺的一部分之前，这种情况延续了有三十年之久。

20 世纪 30 年代，大量出现的儿童剧、侦探剧、神秘剧和肥皂剧等广播剧类型需要真实的音响效果。这时的声音基本分为两大类：

第一类是有助于推动剧情发展或是有助于故事线索展开的音响。

第二类是背景音响或是情绪铺垫音响。

对于旧广播时代抱有无尽怀恋的纯粹主义者来说，存在这样的误解：曾经有一个时期，人们只使用人工制作的声音，而只是在录音设备出现后才开始使用录制的声音素材。但是实际上，各种形式的录制声音素材在广播的黄金时代到来之前就已经开始使用了。

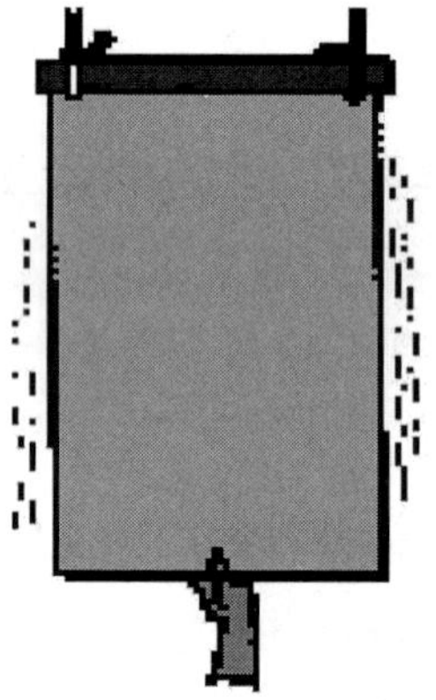

图 6.1　摇动金属薄片制造雷声

在大量的录制音乐（一般都是不受版权限制的古典作品）之外，为了配合每一个场景，有很多的声音效果被录制下来代替某些真实的音响。这些真实的音响往往是一些巨大的物体所发出的，或者是一些对于广播演播室制作来说花费较高的真实音响。例如：汽车引擎、飞机、加农炮、人群、爆炸声和远洋客轮的声音等。

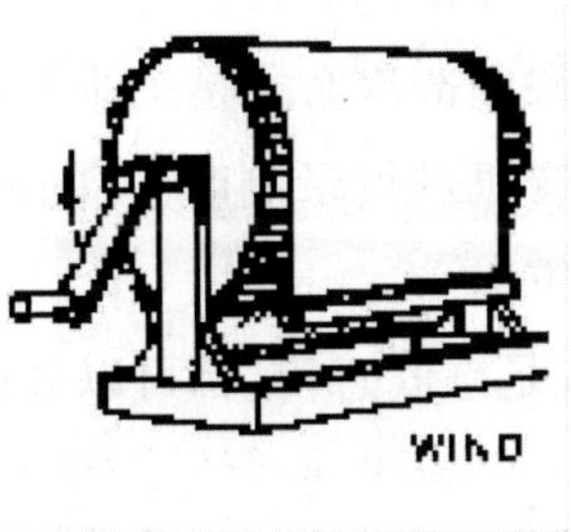

图 6.2 制造风声的装置

因为有些动物不可能按照节目的录制要求随时发声，所以有时也有必要事先录制一些动物的声音：蟋蟀、青蛙、奶牛、大象等，但是很多优秀的音响工作者可以用他们自己的声音模仿狗、猫、马、鹦鹉等动物的声音，甚至能够用半个椰子壳敲击木板来模仿马蹄声。

图 6.3 敲击小铁桶内壁来模仿小汽车、活塞式引擎的飞机或是小艇的声音

除了考虑到录音间空间大小的限制(最早用来制造雨声的装置是由很多 4 英尺见方的板子码放到足有 6 英尺的高度而成)，人们还出于经济方面的考虑而被迫使用录制好的声音素材。它们相对便宜而且可以重复使用。

少数旧广播爱好者仍然坚信人工制造的音响是更可信的，而且录制好的声音素材逐渐取代人工制造的音响这种趋势是随意的、不必要的，甚至是由于美国人对于电子声音的特殊喜好造成的。但是历史告诉我们，用磁带上录制好的声音素材取代人工制造的音响，除了经济方面的考虑外，还有如下三个原因：

(1)随着收音机保真度的提高，人工制造的模仿自然的音响会显得越来越假。

(2)一个储存成百上千的录制声音资料的磁带资料室，显然比一个大型的人工音效室要节省空间。

(3)灵活的、多功能的录音机和多个拾音器可以大大提高音响工作者的效率。

例如，一个有三台录音机和四到六个拾音器的音响工作者，可以轻而易举地制造以下凭借人工模仿几乎不可能制作出的声音：

- 通过变化录音机的速度来制造汽车或是工业引擎加速或是减慢的声音。
- 用两个拾音器和一台录音机进行录制时，马的嘶叫声可以被扩大为两倍，或者是一辆汽车驶向另一个方向。
- 任何声音的长度、距离或是空间感等，都可以通过直接调整来实现。

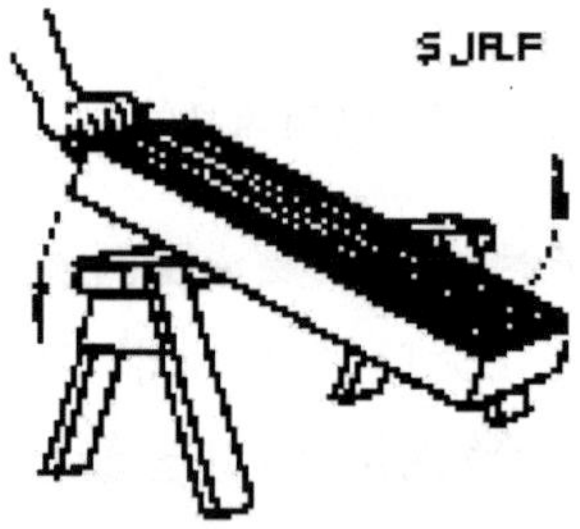

图 6.4　摇摆装满豆子的长条盒子发出海浪的声音

很多电台音响师的工作空间装满了武器、电话、蜂鸣器、门、铰链、易碎的盒子等。同样的，一些早期电视剧的配音师也几乎不用他们的录音机，而是利用各种人造器具创造了各种各样的音响效果。

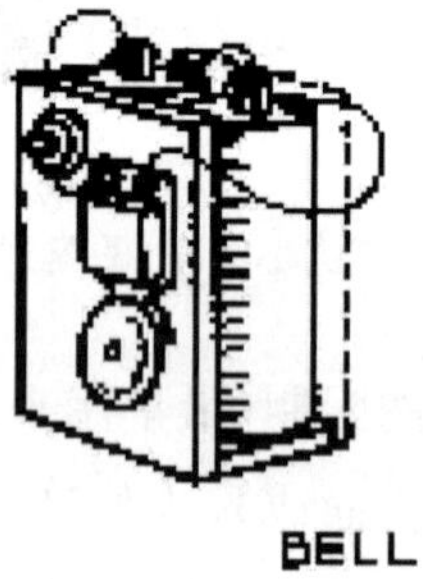

图 6.5　用来制造铃声的装置

好的音响工作者受到导演的信任来制作各种合适的声音或是背景的声音，一些常见场景需要把各种普通的声音糅合到一起处理，有时会利用一点点的改变来变化故事发生的时间或是地点。例如，一个餐馆的内部通常包括碗碟的声音、玻璃器皿的声音和各种模糊不清的谈话。

如果我们添加了弦乐四重奏的声音，那就是一家高级餐厅的感觉。但是，如果我们用自动唱片点唱机的声音来代替四重奏的声音，然后加入一点偶然发出的雾天的汽笛声，那我们就是在一个码头区地下室的下等酒吧间里。或者，在最初的混合的声音里我们加入钢琴演奏的《哦，苏珊娜》(*Oh Susanna*)和木地板上的脚步声，那就是一个老式的西部沙龙。

广播剧中一个很好的规则是，在使用任何不寻常的声音之前，应该通过对话提示防止听众误解。例如，瀑布的轰鸣声，听起来和发电机或是正常匀速运转的内燃机几乎没什么两样。我们应该原谅可怜的听众把一对情侣步行观赏尼亚加拉瀑布的场景想象成在加速的汽车里进行的普通对话。

当然，如果不考虑背景，音响应该持续足够长的时间以"建立起场景"，然后音响的声音会逐渐减弱，使演员的声音在背景音之上能够被清楚地听到。

建立情绪的最普通的手法是只使用音乐，可以使用一个管弦乐队，或是一个管弦乐队的录音。但是，通常考虑经济和便利的因素，很多旧广播剧只雇佣了一个有才能的风琴演奏家。肥皂剧中的想象部分，儿童历险剧、成人神秘剧中经常会使用风琴演奏的声音来间隔、连接、强调以及转换场景。

在很多广播作品中你都可以听到风琴家的演奏。令人印象深刻的是，绝大多数的风琴家都不是按照乐谱之类的东西来演奏，而只是面对一些写着"危险""刺激""预兆性的"之类字眼的草稿即兴演奏来传达情绪。

尽管人工制作的音响效果有一定的局限，但仍是音响工作者的全部技能的重要组成部分。很多声音可以由多种方法制作出来，但仍然是人工制作的效果最好，例如脚步声和敲门声。一个敲门声可以是羞怯的、威严的、快的、慢的或是惊慌失措的，这些都是机器难以模仿的，所以还是直接人工制作出来比较恰当。

图 6.6　用半个椰子壳敲击木板模仿马蹄声

同样，任何能够简单创作出来的声音，都比从录音资料里搜寻的要受到创作者的欢迎。所以除了敲门声、脚步声、电话铃声外，其他能够被人工制作的声音还有：揉捏玻璃纸（劈劈啪啪爆响的火），挤压一盒玉米淀粉（雪地脚步声），通过吸管向水里吹气（水沸腾的声音），摩擦两片金属片（滑冰的声音），从瓶子里拔出湿木塞，然后用针扎破气球（开启香槟的声音），挤压折叠的砂纸（打鸡蛋的声音），用废弃的闪光灯灯泡在一罐水里搅动（调制鸡尾酒）。

另外，一些广播中常见的人工制作的音响有：用指甲挠梳子边（蟋蟀），甩动两英尺长、一英寸宽的汽车内胎条(落水狗在抖落水珠的声音),把大的罐子或是水桶从浴盆里拽出来(有人落水的声音),猛地撑开伞(突然着起来的火焰),扭动挂锁(盖格技术器或是保险柜的密码盘),在板子上撒一些金属碎片(玻璃的破碎声)。

还有其他的一些人工制作的声音:把矿泉水瓶子压到水桶里(挤奶的声音),摇动钉在一起的纸杯,纸杯里面放六到八颗铅弹(响尾蛇的声音),在麦克风附近扭动一只新皮夹(坐上马鞍或是从马鞍上下来),用小刀戳卷心菜或是瓜类水果(刺中身体),摇附有小链子的羽毛(公牛或是马的挽具发出的声音),洒落金属洗衣币(硬币的声音),用直的别针刮擦粗纸(钢笔写字的声音)。

在20世纪40年代末期磁带录音机出现后,除了广播辛迪加的录制剧外,多数的广播节目都是直播出去的,因而在直播中出现了很多不恰当的音响效果。比如,在一部黑帮剧里,一个恶棍向陷入重围的执法者说:"到此为止,挨枪子吧,你这个混蛋。"然后本来接着应该是两声枪响,但是关键时刻枪却卡壳了,当时的音响师几乎抓狂。幸亏演员迅速改变了台词:"不,毙了你就太便宜你了;我要用刀子来对付你。"就在这时,刚才出故障的手枪终于发出了巨响。

在另一部名为《大侦探尼克·卡特》(*Nick Carter, Master Detective*)的广播剧中,我们的大英雄尼克和他的搭档帕特西进入一间房子,当时应该响起三声枪响。但是用来制作声音效果的枪只开了一枪就出了故障,扮演帕特西的女演员可能本来应该说:"尼克,那些听起来像是枪声!"但是她很快改口:"尼克,那听起来像是一声枪响!"几秒钟过后,按照剧情他们找到一具尸体,扮演尼克的男演员忘了改口,还是照念台词:"他在这儿,啊哈,可怜的恶棍,两枪在前胸,一枪打在脑袋上。"

到了20世纪40年代末期和50年代初期,已经有一大批训练有素的音响师为广播网的广播节目服务。那时,甚至每一座电台都有一位能够影响到其他人的时间计划的高级音响师。在晚上并没有什么热门剧播出的共有频率电台,高级音响师可以把最后的儿童剧安排在下午5:45,这样他就可以早一点回家吃晚饭了。但是CBS和NBC在曼哈顿的分台里,高级音响师可以参与晚上的提供报酬不错的好节目,而把下午的儿童系列剧交给年轻人去做。

最后,应该说,录制的声音素材和人工制作的音响效果之间的完美结合、剧作者的建议、导演的创造和音响师的努力,这些因素才是一部伟大作品成功的关键。

第七章　影剧录音剪辑

影剧录音剪辑主要指对电影、电视剧、话剧、歌剧、音乐剧、戏曲等一度创作作品的广播化改编处理。影剧录音剪辑在群众文化生活并不丰富的时代，曾经有过非常好的收听表现。在中央人民广播电台20世纪80年代初的调查中，中央台的《电影录音剪辑》节目的收听率一度仅次于《新闻和报纸摘要》节目，位列所有节目中的第二位。

进入21世纪，影剧录音剪辑逐渐回暖。一方面是经典重温，一方面是新的作品出现。但是，新作品由于考虑成本原因，普遍制作不够精良。具体表现为：解说词的写作较为粗糙；解说词演播较为浮躁；编导对于原剧的理解不够深入；广播化过程中的结构处理不够精细；缺少传统录音剪辑作品的艺术底蕴等。

第一节　影剧录音剪辑节目的类型与样式

影剧录音剪辑的类型主要有电影录音剪辑、电视剧录音剪辑、歌剧录音剪辑、音乐剧录音剪辑、话剧录音剪辑、戏曲录音剪辑等。从播出总量的情况来看，这类节目主要是以电影和电视剧的录音剪辑播出为主，所以一般笼统称为“影剧录音剪辑”。

影剧录音剪辑作品根据创作特点不同，可以分为以下几种样式：

一、传统剪辑样式

传统的影剧录音剪辑作品，以中央人民广播电台曾经制作的电影录音剪辑作品为代表。一般将长度在90—120分钟之间的电影作品改编为55—60分钟的录音剪辑作品。因为改编前后时长有较大变化，所以编导需要做大量的结构删减工作，然后根据需要增加解说。解说词一般与剧情有机结合起来，夹叙夹议，以说明剧情、连接场景。

传统剪辑作品大部分是对译制片和声音条件较好的国产故事片的二度创作，因为这些影片的配音做得比较精细，配音演员音色搭配和谐，对原剧的声音诠释精美典雅、极富美感，为原剧增色不少，具有可听性强的特点。

二、伴读样式

伴读样式的影剧剪辑作品以近年来在一些志愿者或是助盲团体中出现的为盲人所创作的“听电影”作品为代表。通常是对影剧作品的低度再创作。这种形式对原剧几乎没有删减或仅作极少的删减，所以这类影剧录音剪辑形式基本保留了原剧一两个小时的时长。

伴读式影剧录音剪辑的解说部分通常游离于剧情之外，仅作纯客观的介绍，类似于电视足球转播时的现场解说。例如在电影播放中，见缝插针地加入“电影开始了”“镜头一转”“现在是黑场”“镜头现在叠过去了”“黑场字幕是……”“镜头在树梢上快速推进，下面是一辆疾驰的小车，开车的就是皮埃尔”之类的解说词。

三、影剧介绍样式

影剧介绍样式的录音剪辑作品主要出现在一些与影视剧作相关的广播栏目中，用来配合原剧的播出进行宣传介绍。目前的影剧介绍样式的录音剪辑作品主要是在原剧播出以后推出。其实考虑到影剧录音剪辑的声音传播特性，也不妨大量推广在原剧播出前的录音剪辑作品，为影剧作品的播出起到预热作用。

影剧介绍样式的录音剪辑作品一般以栏目本身为主，而不是以影剧作品为主，而且一般因栏目时长在半小时左右，所以受到较大限制。很多这类节目都只是选取原剧部分片段播出，大部分的剧情靠主持人的介绍来连贯。

有很多简单的剧情梗概式的录音剪辑实际上只是在主持人节目中加入少量的电影片段而已，已经不是严格意义上的影剧录音剪辑节目。

第二节　影剧录音剪辑的创作技巧

一、删减处理

多数情况下，录音剪辑作品都会对原剧有所删减，以适合广播播出。

(一)删改动作场景

在听众无法感知视觉信息的情况下，单凭听觉渠道接收剧情信息时，听众有可能感觉影片节奏太慢。所以无语言和音响的镜头段落，如打斗、战斗、舞蹈、跋涉等动作类型的段落，要考虑是否应该缩短或是删除。例如两个角色走进房间之后，相互对视默默无语，观众在剧院中观看这一段时，有可能会被演员精彩的演技所吸引，但对于听众来说，则需要解说词的描述，或是删减这个段落的长度。

原剧中的很多场景是以视觉化表达为主，而并非以声音表达为主的人物动作场景。这类场景往往人物形象较多、动作复杂、语言短促含混、矛盾冲突集中、情节较为复杂，一般需要删减或利用解说词予以说明。而有些场景，因为时间太短、人物动作太多、矛盾过于集中、线索头绪复杂，甚至凭借解说词也难以达到好的效果（例如会令听众觉得解说词跟在人物动作后亦步亦趋，描述过度；或是讲清楚、说明白后，发现解说词时长超标等），就只好忍痛割爱了。

例如，某节目曾经播出过影片《阳光灿烂的日子》的录音剪辑。片中"文革"时期中学生大闹历史课堂的恶作剧场景被简单剪辑后保留下来，而未加任何解说。这个场景人物较多，情节较复杂，人物动作也比较丰富，视觉化的笑料和噱头相对集中，除非是熟悉影片的人，才能够理解到底是什么内容，而影剧录音剪辑的叙事不能寄希望于听众看过原剧。

再比如，电影《为黛西小姐开车》中有一个场景是霍克和黛茜前去祝寿时在路边停车休息，两个巡警因为霍克是黑人而前来盘查，在盘查中他们表现出对黛茜和霍克不同肤色的不同态度，他们对霍克的不屑更多的是通过表情和眼神传递给观众的。这样的场景虽然与主题密切相关，但是经过权衡还是被编导放弃了。

在影片《巴顿将军》中，有些战争场景，例如对隆美尔坦克军团的伏击战等场景，虽然在影片中这个场景恢宏壮阔，但是长时间缺少台词而仅凭战场的同期声，或是仅凭解说，则很难满足听众的需求。这样的场景也往往做删减处理。

（二）删减情节

1. 对过渡性情节的处理

在影视剧中，有时为了时间、空间过渡得平稳顺畅，需要一些过渡性的情节，如利用人物出画、入画表示空间转换，利用四季风景叠画表示时间流逝等。例如，在电影《为黛茜小姐开车》中，黛茜和霍克驱车前往祝寿的一组镜头（表示时间改变的黛茜家的外景叠画等），这些部分在情节线中的重要性相对较弱，也缺少对白等声音信息，所以通常可以删减掉。但是值得注意的是，影片中的这些部分往往会有较好的、无对白干扰的背景音乐，而这些音乐可能会被裁剪出来用作解说词的衬底音乐。

2. 对铺垫性情节的处理

在《为黛茜小姐开车》中，黛茜小姐的女佣埃迪拉在工作中去世，黛茜因此大为感伤。这个情节是推动主人公黛茜小姐的心理变化的次要情节，但是如果保留则需要较长的铺垫，所以编导把女佣临死前，黛茜和朋友们打牌、前来厨房要点心、埃迪拉的葬礼等相关情节都删掉了，只是用一段解说词点明埃迪拉之死对黛茜小姐的影响，将此事一带而过。

(三)删减次要人物

影剧录音剪辑作品与原剧的所有区别都源于两者的接收方式不同。对于听众而言，影剧录音剪辑作品中的人物形象宜少不宜多。很多影片为了突出主要人物形象，会安排有较多的次要人物予以配合。这些次要人物在影片中的作用比群众演员重要，一般与主要人物形象会有较多的交流。但是，当这样的次要人物数量较多时，有可能会因为音色区分不大等因素而造成听众理解困难。所以创作者要在考虑演员音色差别与平衡，以及保证剧情顺畅的前提下，删减次要人物形象。

对于以背景形式出现的群众演员形象，一般可以作为背景音响的一部分予以保留。

对于声音演出较少的演员可以做简化处理。例如，影片《为黛西小姐开车》中的黑人女仆埃迪拉，她出场较多，但台词很少。所以在录音剪辑中，编导采用删除她的部分戏份和加入少量解说的方式，对这个角色进行了简化处理。

二、解说词写作与演播

影剧录音剪辑的创作，一般是编导先看原剧，在看原剧的过程中，找出时空信息表达、心理信息表达、以人物动作为主或是以视觉信息为主等不适合听觉表达的段落，然后考虑删减或是用解说词替代。

(一)解说词的作用

1. 演员的出场介绍

电影录音剪辑《夕照街》的开场，通过对人物群像式的描述来介绍即将出场的演员。

【音乐起】

解说：夕照街，多好听的名儿，透着一股诗意，其实呢，它只是北京一条不出名的小胡同，几户普普通通的人家论辈儿地住在这儿。他们中间，有退休的裱糊匠、热心无私的郑大爷；有默默献身教育事业、现任各种主任中权力最小的那种中学班主任的王璞和刘雯夫妇；有诚实负责的放射科医生周艳艳；有好搞发明新式爆破法的推土机手吴海波；有可爱刚强、和寡母相依为命的待业青年石头；有扑克迷老孙头，和他那靠喂养鸽子倒卖赚钱的儿子——小二子；当然，也有处处想占人便宜、灵魂酸臭、外号叫万人嫌的科长李鹏飞。他们的生活里有喜怒哀乐，他们的生活里有苦辣酸甜。正是由于他们的生活，才推动着夕照街不断地变化前进。

【音乐渐止】

具象化地表达并非广播的长处，电影录音剪辑解说词对出场人物肖像的描绘不宜太精确，否则容易束缚听众，一般写出人物的气质、特点就可以了。例如，影片《生活秀》的录音剪辑开场部分的解说，先是概括描写吉庆街的场景，然后进入到对女主人公的肖像刻画。

【音乐起，人声】

解说：吉庆街的夜市可是个好去处，夏日的夜晚，来这里逛街的、看戏的、吃宵夜的，人来人往，好不热闹。街上有个九久酒家，店老板是个漂亮女人，叫来双扬，她在吉庆街上卖酱鸭颈，也就是鸭脖子，一卖就是十几年。也不知是她做的鸭脖子出名，还是她的姿色出名，反正提起来双扬没有不知道的。

现在她正坐在自己的摊位前，保养得很好的手指优雅地夹着一支烟，她的眼神有几分迷离，又有几分心不在焉，时不时地瞟一眼过往的人们。如果不是偶尔要招待一下客人，你怎么也想不到她是个开餐厅的小老板。

【顾客：老板，给我来点鸭脖子……】

2. 场景的描写

场景指相对固定、集中的时间和空间。在电影录音剪辑中，重要的场景信息一般都是通过解说词或同期声表现出来的。

例如，日本影片《我的老师》的录音剪辑开场就是通过解说词和同期音响配合表现学校放假的场面。

【音乐起，喧闹】

解说：拿到通知书的孩子们就像一匹匹脱了缰的小马，高兴地朝校外跑去。

【老师：放寒假了，要注意身体，再见……】

电影《国歌》的录音剪辑开场也是通过解说词点明场景的时间、空间、事件等相关信息：

【火车行驶】

解说：1931 年冬天，一个清冷的早晨，最后一列运送东北难民的火车驶入上海火车站，以田汉、聂耳为首的大道剧社的成员们夹杂在拥挤嘈杂的人群中体验生活，为他们排演反映“九·一八”事变的话剧《乱钟》做准备。

【嘈杂的人群】

3. 细节描写

解说词的作用还包括对影片中视觉化细节的描写。例如，录音剪辑《夕照街》中的一段：

【石头妈：别弄了，快吃吧。】

【石头：唉。】

解说：石头见桌上妈给自己留下的又是馒头和猪蹄儿，他站到了门口。

【石头：妈，您总这样，光吃窝头咸菜。】

【石头妈：你二十大几的人，正需要营养。】

【石头：我二十大几的人，一个镚子儿不挣，老是手背朝下，跟您要钱。我不吃。】

在这段场景中，餐桌上的细节是完全视觉化的，对于听众来说，需要通过解说来点明。

在录音剪辑《生活秀》中，来双扬发现陷入恋情的阿妹在恍惚中切伤了自己的手，通过双方的台词，虽然知道阿妹的手受了伤，但是缺乏细节的描述，编导通过加入解说，一方面交代了细节，另一方面也描述了阿妹的表情。

【来双扬：阿妹，她在哪儿?】

【女服务员：阿妹她……】

【脚步声】

【来双扬：阿妹，你怎么啦? 起来，我说话你听见了没，让我看看，啊，你——】

解说：阿妹的手腕上胡乱缠着许多纱布，纱布上渗出点点血迹，她那苍白的脸上挂满了泪水。

【来双扬：你这是干什么?】

【安妹：没事的，老板，我自己切菜不小心。】

4. 动作描写

例如，录音剪辑《夕照街》中的一段：

解说：坐在院门口凉快的石头正要回屋去，瞧见二子扛着辆坏了的自行车回家来了。

【自行车链盒叮当响】

【石头：回来，让谁给花了?】

解说词在描写动作的同时，也应注意切勿盲目追随动作，对影片中的动态作亦步亦趋的描述。如影片中随后就有对动作的解释，就无需解说词。

例如，电影录音剪辑《卧虎藏龙》开场不久的一段：

【李慕白：你要出门了吗?】

【俞秀莲：有一趟镖要到北京，已经收拾好了，就要上路。】

【李慕白：有件东西烦劳你替我带给贝勒爷。】

解说：李慕白小心地将包裹中的盒子打开，一把玄光宝剑横卧其间。

【俞秀莲：青冥剑！把它送给贝勒爷?】

【李慕白：是……】

这一段剧情中对人物动作随后就有说明，解说实际上就没有必要了。

5. 发表议论

例如，《我的老师》中的一段：

解说：看到儿子会用功了，做父母的就没有比这更高兴的了，怕的是像连阴天出的太阳，刚一露头就又藏起来了。看来，五郎还挺满意他的古谷老师，打这以后，倒是晴天多，阴天少。

在录音剪辑《生活秀》中，来双扬为了能够将父亲被占多年的房子收归自己的名下，不惜厚着脸皮去找多年没有来往的继母修复关系。对于来双扬的精明，编导通过解说词发表了自己的看法。

【同期声】

解说：三个人兴致勃勃地吃着西瓜，有真实的成分，也有表演的成分。不过这次会面叫双扬修补了破裂多年的父女之情，又顺势将房主改成了自己，这本事怎是双元和小金能比的呢？

又比如在《生活秀》中，当来双扬第一次拒绝卓雄洲时，原剧是通过镜头来揭示人物复杂的内心状态的，录音剪辑的编导则把视听语言转换为解说词，通过议论的形式表达出来。这种议论既是对来双扬回答“不为什么”的潜台词的发掘，同时也通过与阿妹的比较转入下一个场景。

【雨声】
【卓雄洲：我想跟你进去。】
【来双扬：不行。】
【卓雄洲：为什么？】
【来双扬：我哥哥的孩子住在这里。】
【卓雄洲：那你跟我走。】
【来双扬：不行。】
【卓雄洲：为什么？】
【来双扬：不为什么。】
【音乐起】
解说：来双扬毕竟是个成熟老练的女人，她才不会像阿妹那样痴情。
【店面内同期声起】
【来双扬：阿妹，怎么不去招待客人？】

有些影片录音剪辑的解说几乎全都是在议论，形成一种批判的风格。例如，电影录音剪辑《莆田进行曲》的解说：

解说：看来一个人一点能力都没有，而又有人对他过于热心的话，婚姻就难免被包办了。不仅玩弄女性，而且欺侮男性，这就是有能耐的演员，这就是阿寅。旋风过去了，留下的是被摧残的生命。

解说：真是，谁说婆婆和媳妇生就是水火不容，婆婆和媳妇在一个根本点上是一致的，这就是她们在同一个人的身上寄托着自己全部生活的希望，这一点的一致使她们的关系既可以是针锋相对，也可以是同舟共济。而要同舟共济，首要的一点就是互相尊重。

解说：酒能使人发疯，也能使人犯傻。这时候的安次可以说是又疯又傻。有意思的是，有的人在不正常的时候倒显得更真实，如果你仔细品味安次刚才的那番话，就不难得出这个结论了。

6. 时空转换的交代

转场的功能，在广播剧类节目中越来越多地被音响所代替，但是在录音剪辑中还受限于原剧的声音条件，如果没有明显的声音元素交代，就可以用解说词来辅助转场。例如，在录音剪辑《夕照街》中，通过解说词交代时空的变化，起到转场的作用。

【背景声】
解说：天黑了好一阵儿了，石头妈吃过晚饭，心疼地看着儿子还在忙活。
【无线电调谐声】

在录音剪辑《我的老师》中，利用解说来转换空间：

解说：瞧，现在他又和他的两个小伙伴折腾到河滩上来了。
【脚步声】

解说词还可以通过压缩剧情，实现不同时空的连接。例如，录音剪辑《生活秀》中，阿妹因为思念久久而切伤了手，来双扬无奈之下只好告诉阿妹，久久并非下落不明，而是正在戒毒，并带阿妹前去探望久久。

原剧中，久久在戒毒所的事实，观众在阿妹切伤手之前已经知道，在阿妹切伤手后，还有来双扬和卓雄洲见面的一场戏隔在两人去探望久久之前。为了压缩剧情，编导之前并没有交代久久的下落，也省略了中间的间隔；在阿妹受伤后，就通过解说词直接转换到戒毒所，使得剧情更为紧凑。

【音乐起】

解说：阿妹喜欢久久，当姐姐的怎会不知道？久久从小没妈，是双扬一手带大的，双扬娇惯他，连酒家的名字也以久久命名。可久久偏偏不争气，染上了吸毒的恶习。双扬狠下心，把久久送进了戒毒所，可这一切怎么跟阿妹说？事已至此，双扬决定不再瞒着阿妹，她带阿妹来到了戒毒所。

此外，解说词对于剧情有一定的间隔作用，即使不直接点明时间和空间的变化，也可以利用解说词自身的时间间隔作用，直接转换场景。

7. 对平行或交叉蒙太奇时空的表达

有些影片使用平行或交叉蒙太奇的手法，在较短时间里有反复的不同时空的相互切换，因为无法看到银幕上空间的变换，所以往往容易造成听众理解上的混乱。对于这种情况，编导可以适当删减，如果确实有必要保留，可以考虑用解说词来描述。例如电影《莆田进行曲》末尾处，临产的小夏前往摄影棚探望即将做危险表演的安次，银幕上交替出现小夏走在路上和安次在摄影棚中准备开拍的场景。电影录音剪辑则通过解说词交代了两个空间的关系：

表 7.1

序号	场景	主要画面内容	长度	音乐	保留的台词与录音剪辑补充的解说
1	外景，夜	小夏守在电影厂门口	9917—9929	音乐	音乐、同期声保留
2	摄影棚内景	安次在拍滚楼梯的戏	9929—9941	音乐	解说：安次惨叫着滚下楼梯，挺着肚子赶到摄影棚的小夏终于看到这撕人心肺的一幕。
3	外景，夜	小夏惊叫	9941—9950	同期	
4	摄影棚内景	安次再次爬上楼梯	9950—10241	音乐	解说：流吧，让鲜血惬意地流，洗掉那生活涂抹在这脸上的虚假的一切，给这个用死换来的特写增加一点亮色，用整个生命从最底层爬向那望不见的尽头，把一寸寸的艰辛展现给今天的世界。
5	外景，夜	救护车，小夏	10241—10302	音乐	解说：摄影棚里导演着死亡，妇产医院里迎接着新生。小小的婴儿，她懂得从新生到死亡这两个世界的距离只有一步之遥吗？

（二）解说词的人称

解说词的人称选择决定了解说的自由度和介入程度，也有助于编导选择解说词的风格。影剧录音剪辑的解说词通常会选用第三人称，这样做的优点是叙述视角较为灵活，可对角色的外在状态做精确描述，也可以在多个角色间灵活转换而无须做出解释。缺点是只能在角色之外观察，而无法进入到角色的内心世界当中，或者仅以揣测的方式低度介入角色内心。

例如，电影录音剪辑《巴黎圣母院》的开场解说：

【开场音乐衬底，钟声】

解说：高耸的巴黎圣母院尖塔，伸向虚无缥缈的天空，仿佛只要攀援而上就能抵达天堂，脱离这凡尘苦海。可是，据说就在这座圣母院钟楼的一个背阴的角落里，曾发现用手指在墙壁上抠划的两个字迹——命运。这是不甘心离开人世而发出的愤懑诘问，没人知道这个痛苦的灵魂是谁。今天，字迹已不复存在，伟大的法国文豪维克多·雨果声言曾在那墙上见到过字迹，而写下这不朽名篇。

【愚人教皇节音乐转场衬底，喧哗】

解说：16世纪的法国巴黎，市民们赢来了一年一度的愚人教皇节，用演出欢庆节日，不分中外，古已有之……

【乞丐克鲁班：行行好，行行好……】

【哄笑】

解说：……可是看戏起哄，从起哄里获取更大的满足也是不分中外，古已有之，倒真是源远流长。

【演员：我是大神丘比特。】

【观众：这你说过啦。】

【演员：可是你们不听。】

【众人哄笑】

【剧作者刚果瓦：真要命，简直疯了，我让他们静一静，让我来。】

【哄笑】

【剧作者刚果瓦：这，这出戏叫《圣母的审判》，这是一出宗教剧。】

【乞丐克鲁班：行行好……】

【众人哄笑】

解说：请记住，这位剧作者刚果瓦，因为他还要登场。至于他的剧作，既然人们一心要从起哄里寻求欢乐，也就无须再探讨刚果瓦剧作水平的高低了。而那些叫嚷行行好的乞丐们，别以为他们光是伸手掏钱，他们还有哪些招数，以后就自然知道了。

第一人称的解说更适合自述风格的影片，有利于展现人物的内心世界。但是，在有些人物多、场景大的片子中，“我”的视角会显得覆盖力不够，有些不能亲临、亲历的场景就无法表述。

第一人称解说一般由编导创作解说词或直接使用影片主人公的独白或旁白。例如，电影录音剪辑《阳光灿烂的日子》和《城南旧事》的解说词就是直接采用原剧第一人称的独白，这是由原剧的自述风格延伸而来的。

而由编导创作的第一人称解说词则有两种类型：一是跳出剧情之外的、以解说者自居的“我”，适合解说者发表个性化的议论；一是剧中角色的“我”，这种人称在演播时需要解说者音色与语言风格尽量与原剧角色相近。

(四)解说词的风格

解说词的写作风格比较多样化，可以根据原剧的风格，或严肃、或平和、或公正、或游离于剧情之外、或戏谑、或调侃等。

很多情况下，影片的基调会通过镜头的拍摄和组接方法等视觉化的手段潜移默化地传达给观众，如何把这种基调准确地通过声音传递给听众，就需要编导在解说词的写作风格上加以探索。例如，电影录音剪辑《幸福的黄手帕》的开场解说部分，就采用一种调侃的风格，奠定了影片轻松、明快的基调。

【音乐起】

【花田钦也：任子，混蛋，这女人真的混，竟敢把我甩了。】

解说：就从他开始，他不是主角，可也不是龙套，这部戏缺了他还唱不好。他叫花田钦也，就瞧他那言谈举止、一身打扮，与其说是一副流氓相，不如说他还不知道怎么样才不像流氓。是不是就因为这些，钦也才又让姑娘给甩了？还不清楚，没法说端详。钦也决定出门逛逛，说是为了医治心灵上的创伤，感情虽也没这么细腻，但毕竟也是肉体凡胎，也还是知疼知痒，出门散心，要求也属正当。让人给甩了，积攒的一笔钱可留下了。要不然，哪来这辆漂亮的小卧车呢？好吧，祝他一路顺风，身体健康。

【汽车驶近】

【花田钦也：唉，你们二位上哪儿去，要不要坐车，我送你们去……】

解说：主动请人搭车，是不多见；过分热心，反遭怀疑，也是常情。钦也未必真是居心不良，可不是姑娘，他就是不邀请。

《大阅兵》的开场解说则尽量追求一种庄重、严肃的风格：

【方阵整齐划一的脚步声，衬播】

解说：1984 年，为庆祝中华人民共和国成立三十五周年而举行的那场大阅兵真是令人难忘，无论是对于检阅者还是受阅者，它都是一场深刻的经历。抬腿三十厘米，转头四十五度，间隔一米二，每分钟一百一十六步，横看一条线，竖看一条线，斜看还是一条线，这其中该包含有多少荣誉、快乐、辛苦和烦恼。

【嘈杂的人声起】

影响解说词风格的另一个重要因素是解说词的演播处理。解说词的演播首先需要考虑演播者的声音形象与剧中角色的声音形象的搭配问题，要讲究与剧中声音形象的性别、音色、气质等方面的搭配。解说词的演播不同于一般的播音，它是一种表演性的朗诵，所以解说者需要根据剧情决定演播的处理。

四、解说词与原剧声音元素的配合

解说词应注意与原剧声音元素的密切配合，而尽量避免使用纯净但不自然的背景声。解说词如能以原剧的同期声、音乐、对白作为衬底，将会使解说词与剧情更好地融为一体。

使用背景声干净（不包含过多的同期声）的原剧音乐、同期声作为解说词的衬底，可以连接不同的场景，使场景间的过渡更加顺畅、自然。

例如，在电影《为黛茜小姐开车》中，黛茜和霍克长途驾车去为华特叔叔祝寿这一段是一个篇幅较长的抒情性段落，背景音乐较为完整，而且同期声也较少，对音乐的干扰较弱。像这样的音乐段落应该引起编导的足够重视，因为这种音乐素材原汁原味，获取又方便，如果能恰当使用，将会收到事半功倍的效果。

使用原剧的对白作为解说词的衬底，可以在压缩剧情的同时保持原剧的对话氛围。例如，录音剪辑《巴黎圣母院》的开场部分，解说词几乎都是在原剧声音的衬播下出现的，间或有剧中人的声音突起，与解说词相映成趣。编导通过原剧声音与解说词音量的不断调整对比，使两条声音线相互穿插、此起彼伏。

对译制片中的电影歌曲的利用,一般是采用解说词诵读翻译后的歌词,同时衬播电影原声音乐的方法。例如,在电影录音剪辑《我的老师》中,原剧开场不久有一段表现小学生五郎内心的歌曲,采用原唱衬底、解说者朗诵歌词的方法处理。

【音乐起,日文原唱衬播】
解说:我要是当了老师,
上课可不在教室,
不留课外作业,
尽量少点考试。
喜欢体育课,喜欢星期日。
最爱的是画画,
最烦的是补课练字。
到那时候,你再看通知书吧,
嗯,我就喜欢这样的老师。
【音乐止】

这样的处理既保留了原剧歌曲音乐的欣赏性,也使听众能够了解歌曲的具体内容。

第三节　其他形式的录音剪辑

除了常见的影剧录音剪辑以外,歌剧、舞剧、音乐剧、话剧、戏曲等表演形式也都可以以录音剪辑的形式出现在广播中。这些曾经因为社会文化生活匮乏、艺术欣赏渠道不畅应运而生的广播化的表演艺术形式,在广播恢复发展的年代,出色地发挥了普及艺术作品、提高听众艺术欣赏水平的作用。今天广播中的录音剪辑类作品又被赋予了充分利用节目资源的新使命,焕发出强大的生命力。

除影视剧以外的其他形式录音剪辑,按照创作特点可以分为三类:

一是歌剧、舞剧、音乐剧类的录音剪辑。歌剧、舞剧和音乐剧的录音剪辑都是以音乐欣赏为主要目的,具有一定的相似性,在创作手法上也是相互融通的。

二是话剧类录音剪辑。话剧创作以演员的形体表达和台词表现为重点,在转化为录音剪辑时,以欣赏演员台词为主。与影视剧相比,话剧演员的形体表演更夸张,也更集中。话剧的舞台时空相对稳定,变化较少,也较稳定。

三是戏曲类录音剪辑。戏曲录音剪辑作品以戏曲唱段、唱腔欣赏为主。与话剧相比，戏曲的表演具有程式化、虚拟化的特点，时空转换极为灵活，很少受约束；场景的时空背景也更为虚幻。

一、歌剧录音剪辑

歌剧录音剪辑的主要欣赏对象是唱段和音乐。为了保证优美旋律的完整性，歌剧录音剪辑的解说一般比较集中。例如，编导会在幕间唱段开始前加入解说，或是在较次要的旋律处衬播解说。而区别于影剧录音剪辑中解说词的多种功能，歌剧录音剪辑的解说是以简单勾勒剧情或介绍唱段大意为主要目的，以保证听众能够集中精力欣赏音乐作品本身。一般来说，唱段开始部分的解说多为勾勒剧情或是对重点唱段的分析评介，而唱段中衬播的解说，则是对唱词的语义翻译。下面是歌剧录音剪辑《弄臣》中的一段：

【歌剧原声，衬播利戈莱托的出场唱段】

解说【女】：一个身穿小丑服装的驼背出现在众人面前，他就是弄臣利戈莱托。在生活中，他不过是公爵的一个玩偶，一个小丑，受尽了贵族的凌辱【音乐渐止】。他痛恨身边的这群人，他的报复手段就是引诱公爵去勾引别人的妻子、女儿。

解说【女】：看到公爵挽着切普拉诺伯爵夫人离开了众人，利戈莱托痛快地笑着走了。骑士马努诺跑来，他告诉大家一个新闻，驼背的利戈莱托原来也有一位漂亮的情人。他把这个情人藏在一所秘密的房子里。贵族们恨透了帮着公爵为非作歹的利戈莱托，他们决定采取一次行动惩罚这个小丑。

解说【女】：正在这时，外面传来了一阵高声的喊叫。【音乐渐起】年迈的蒙特罗内伯爵挣脱了卫士的阻拦冲进宫殿。他的女儿受到了公爵的侮辱。

【公爵的独唱衬底】

解说【男】：我要高声怒吼，
直到得以申冤报仇，
即使送我上断头台，
我的鬼魂也不会罢休！

【公爵的独唱】

解说【女】：蒙特罗内伯爵恶狠狠地诅咒利戈莱托。

解说【男】：你竟敢嘲笑一个做父亲的悲愤，
你将不得好报。
【公爵的独唱】

二、戏曲录音剪辑

中国传统戏曲表演具有高度程式化、虚拟化的特点。在戏曲舞台上，时空变化不受舞台物质条件的限制，自由灵活，往往靠演员的表演一笔带过。这种时空转换在录音剪辑中必然会造成听众理解上的困难。戏曲录音剪辑节目的编导应该非常熟悉戏曲作品的时空特点，这样在改编时才能把握好一个度：既能够把握戏曲的主要时空，不至于跟在戏曲原著的后面疲于奔命；也不至于简单化一地忽略掉戏曲的舞台时空的变化。

戏曲录音剪辑应注意保持唱腔唱段的完整，同时也应从培育年轻听众的角度出发，注意对重点唱段的艺术特色进行分析评介。

三、话剧录音剪辑

话剧主要靠人物动作和台词配合表现。相对于影视剧而言，话剧更讲究演员的肢体语言表达，而这恰恰是广播难以体现的部分。同时，话剧的台词表演也较影视剧夸张，与人们的日常生活感受有较大差异，在转换为广播形式播出时，话剧台词的节奏会显得较慢。这些都是话剧录音剪辑编导应注意的。

例如，话剧录音剪辑《日出》中的一段解说词：

【脚步声，方达生下场，陈白露在舞台上】

解说：方达生无可奈何地听从了这个安排，走了。陈白露真是感到疲倦了，她随手点着了一支烟，深深地呼了一口气，仿佛有多少沉郁、心酸和她自己也说不清的一种失望情绪，要连同她刚吸的那口烟统统吐露干净。在喧闹中，她只盼着安静。现在，她又感到寂寞凄清。

【鸡鸣，远处传来火车汽笛】

解说：身后边有动静，谁？一个穿着肥大裤褂的人影儿。

【陈白露：谁，谁，(脚步声)你是干什么的?】

《日出》中的这一段表现陈白露安顿好方达生后，在麻木中感到痛楚、寂寞中感到凄凉的内心状态，这种状态基本靠演员的形体动作表现，是一种无声的状态。然而，无声不等于没有戏，这是陈白露面对方达生的时候，不能也不愿表露出的一种虚弱和无助，是对之前这两个角色对话的重要总结。所以编导用解说词一面捕捉人物动态，一面挖掘人物内心，使听众通过解说来感受舞台上的演员表演。

第四节　影剧录音剪辑节目实例简析

表 7.2　电影录音剪辑《为黛茜小姐开车》　　　　中央人民广播电台

序号	场景	主要画面内容	长度	声音不好表现的部分	音乐	保留的台词与录音剪辑补充的解说	简析
1	黛茜家内景	上了年纪的退休教师黛茜小姐准备出门。	0000—0056	黛茜出门前的准备和前景黑人老女仆埃迪拉的简短对话。	主题音乐	删。	压缩剧情。
2	黛茜家花园	黛茜倒车错踩油门，车子掉下路沿。	0056—0219	黛茜的一系列动作。	主题音乐	音乐起。 解说： 故事的主人公黛茜小姐是个富有的犹太人，看上去固执冷漠，脾气有些古怪。就像所有这把年纪的老太太一样，行动反应也不像过去那样得心应手。 这不是，一早开车去美容院，倒车的时候，本想踩刹车，结果却碰上了油门，险些出事。她的儿子沃森先生急忙从自己家里赶来。	黛茜小姐倒车的场景主要是由一系列动作组成的，几乎没有语言。所以编导把这部分的音乐和音响保留下来，配上解说。这段解说并不介绍人物的外形，而是介绍人物性格，给出一个人物性格定位，便于听众想象和接受，同时这样做可以删繁就简，引领听众迅速进入剧情。
3	黛茜家花园	警察和救援人员吊起黛茜的车，围观的人议论纷纷，黛茜在家里向外偷看。	0219—0320	围观者的表情，现场的救援动作。		删。	压缩剧情。

续表

序号	场景	主要画面内容	长度	声音不好表现的部分	音乐	保留的台词与录音剪辑补充的解说	简析
4	黛茜家内景	黛茜和儿子沃森之间的争论。沃森试图说服母亲请个司机。	0320—0607			沃森：妈妈，这次你开车出事没有受伤进医院，真是不幸中的万幸…… 黛茜哼唱小曲干扰儿子的讲话。 解说： 听听，黛茜小姐她根本就不在乎，可沃森先生是个孝子，他不能再让老太太自己开车出门了。当务之急是为她找个司机，当然了，这得硬着头皮，也不管老太太自己愿不愿意了。	解说词介绍剧情，以加快节奏，缩短时长。
5	黛茜家内景	黛茜打电话叫出租车，但是出租车公司需要提前预约，这个时候没有车。	0607—0640	与女佣的对话，音量低而简短。		删	
6	黛茜家内景	黛茜请了几位夫人到家里打麻将。	0640—0709			删	
7	黛茜家楼梯	楼梯上的对话，沃森夫妇来探望母亲。闲聊几句，但是显得格格不入。	0709—0757			删。	
8	沃森公司的厂房	电梯卡住了，员工在围观，黑人司机霍克凭借经验解决了问题。	0757—1049	这一段是霍克出场的场景。通过对突发事件的处理，表现出霍克聪明、富于经验的一面，同时也通过移动镜头对沃森的工厂环境进行了介绍。 但是场景中动作较多，同期声可能会影响听众收听。		删。	

续表

序号	场景	主要画面内容	长度	声音不好表现的部分	音乐	保留的台词与录音剪辑补充的解说	简析
9	沃森的办公室	霍克和沃森的谈话。沃森请霍克受雇于自己，而不要受母亲的坏脾气的影响。	1049—1228			霍克：我听说你为家里人找个司机……	
10	外景	沃森带霍克前往母亲黛茜家里。	1228—1303		音乐起，霍克主题。		音乐起。
11	黛茜家内景	沃森介绍霍克与女仆埃迪拉认识。	1303—1353			沃森：你好啊，埃迪拉，我买的吸尘器在哪里……	这里在沃森的脚步声远去后，埃迪拉和霍克的交流让听众稍有迷惑。因为听众对黛茜和埃迪拉的声音还有可能区分不出来，所以无法判断接下来的对话者是黛茜和沃森，还是霍克和埃迪拉。这是因为配音演员的音色差别不大，各自的形象不突出。所以可以适当运用解说说明。
12	黛茜的卧室	沃森试图说服保守的母亲接受雇佣司机。保守的黛茜认为请司机不符合犹太人节俭的生活原则。	1354—1527			沃森上楼劝说母亲接受霍克来为她开车。 解说： 不管老太太态度如何，霍克还是走进了黛茜小姐的家，而黛茜小姐却对霍克表示了明显的敌意。这也不许他碰，那也不许他动，霍克就只好整天闲着。 一天，终于来了个机会。	
13	黛茜家厨房	霍克和埃迪拉聊天，黛茜干涉。	1556—1638			删。	

续表

序号	场景	主要画面内容	长度	声音不好表现的部分	音乐	保留的台词与录音剪辑补充的解说	简析
14	黛茜家客厅	霍克擦吊灯，黛茜禁止。	1639—1703			删。	
15	黛茜家门厅	埃迪拉、霍克与黛茜告别。	1704—1718			删。	
16	黛茜家花园	霍克在干活，黛茜让他离花园远点。	1719—1759			删。	
17	黛茜家内景	霍克端详墙上的照片，黛茜让他别多事。	1759—1841			删。	
18	黛茜家起居室到外景	霍克问好，说咖啡和清洁剂没有了，需要去买。霍克试图说服黛茜让自己开车送她，但被拒绝。	1842—2041			霍克：早上好，黛茜小姐…… 霍克坚持送黛茜到食品店。 黛茜拒绝霍克，坚持自己走去。	
19	街道	黛茜步行，霍克驾车跟随。黛茜最终上车。	2041—2205		音乐起。	音乐起。	这里对霍克驾车跟随步行的黛茜交代得不清楚。 黛茜最终上车后，音乐扬起。这里提醒我们，要重视使用原剧音乐。必要时可以有所删节，但是要尊重旋律的完整性。
20	车内	黛茜牢骚不断，和霍克一直就速度、路线在争论。	2206—2401			黛茜：那好吧，到杂货铺，再回家，不去别处…… 黛茜：你就待在汽车旁边，你用不着跟人家去议论我。	
21	超市外	霍克等待黛茜时，打电话给沃森。	2401—2523			霍克：（打电话）你好，沃森先生…… 解说：从霍克给沃森先生打电话的声音里，我们不难听出他的得意。黛茜小姐上了车，也就是承认了霍克是她的司机。	

续表

序号	场景	主要画面内容	长度	声音不好表现的部分	音乐	保留的台词与录音剪辑补充的解说	简析
22	黛茜家内景	霍克与黑人清洁工聊天，黛茜让霍克准备开车出去。	2528—2606			删。	
23	教堂内外	犹太教堂内讲经，霍克在教堂门口擦车。黛茜出来后发脾气，认为霍克是在向人们宣扬她的奢侈。	2606—2734	没有对话。	教堂内唱诗班在歌唱。	唱诗班歌声起。 教堂散场，大家相互告别。 黛茜：我自己会上车，快离开这里……	使用歌声转场，歌声长度有所删节。
24	车内	黛茜认为霍克在教堂门口等自己太招摇，会引发别人议论。	2734—2910			霍克：出什么事了？黛茜小姐，是我做错了什么事吗…… 霍克抱怨黛茜实在挑剔。 解说： 看样子要有足够的耐心才能够忍受这个古怪的老太太的挑剔和责难。真不知以后她要怎样找霍克的不是呢？	解说词预示了即将到来的冲突，从而使前后场景的时空间隔被连接起来。
25	沃森家内景，然后到黛茜家内景	清晨，因为所谓的"偷窃"事件，黛茜打电话让沃森赶过来。 而事实证明，霍克是一个诚实的人。沃森被母亲的偏见和固执搞得啼笑皆非。	2910—3425			电话铃响起。 沃森：喂…… 黛茜让沃森赶来处理霍克"偷窃"事件。	这里编导删掉了黛茜早上起来发现少了罐头的部分，而直接使用黛茜向儿子告状的电话铃声转场，直接明了，符合听觉接受特点，也颇有紧张气氛。 这部分的对话本身比较完整，也富于戏剧冲突，是情节发展的主干，所以编导将之保留下来。

续表

序号	场景	主要画面内容	长度	声音不好表现的部分	音乐	保留的台词与录音剪辑补充的解说	简析
26	外景到黛茜家内景 再到墓地外景	黛茜边听歌剧边做手工。 墓地，霍克擦车，等待祭扫墓地的黛茜。 霍克与黛茜聊天。 黛茜发现霍克不识字。	3425 —4040	后半段中，霍克在墓地中穿行按照黛茜教的方法找到鲍尔的墓碑。这一段基本没有对话，只是人物的动作。	黛茜收音机里的歌声	音乐起，歌声转场。 解说：霍克的诚实使老太太哑口无言，说不定还会改变她对霍克这个老黑人的看法呢。美妙的音乐、温暖的阳光使坐在窗前绣花的黛茜小姐露出了慈祥的目光。谁还能看得出这老太太是个古怪苛刻的女人呢？ 霍克：我说黛茜小姐，这个月我们已经到这个公墓来过三次了……	这一段中，黛茜知道霍克不识字后，教他“鲍尔”的拼法，是一个生动的细节，也能够凸显人物的性格，所以被比较完整地保留下来。
27	沃森家厨房	圣诞前夜，沃森的妻子斥责黑人女佣。	4040 —4148			删。	
28	黛茜的车内	在去参加圣诞晚宴的路上，黛茜向霍克诉说儿媳妇总是喜欢在一些新鲜玩意儿上乱花钱，而不知节俭。 在沃森家门前，黛茜送了霍克一本识字教材。	4148 —4454			骑车行驶声转场。 黛茜：公司里的职员都要到她那里去欢度圣诞…… 黛茜向霍克抱怨儿媳妇不知节省。 黛茜送了一本识字课本给霍克。	
29	黛茜家内景	日常生活。	4454 —4506			删。	

续表

序号	场景	主要画面内容	长度	声音不好表现的部分	音乐	保留的台词与录音剪辑补充的解说	简析
30	外景到车行内景	沃森和霍克。沃森想替母亲买辆新车。而霍克则买下了黛茜的旧车，并表示如果黛茜怀念旧车时还可以坐。沃森表示感谢。	4506—4639	沃森把黛茜的旧车卖给车行，想为母亲再买辆新车。沃森和霍克一起到车行看车时，才知道霍克已经买下了黛茜的旧车。沃森问为什么不直接向黛茜买这车，而是宁可多出钱通过车行来买。霍克表示黛茜教自己识字已经帮了很大忙，自己心甘情愿买这辆二手车。同时表示还欢迎黛茜来乘坐。		删。	这一段是沃森想为母亲换一辆好车，同时霍克则通过车行买下了黛茜的旧车。既因为买二手车便宜，也可以为黛茜留下一份纪念。因为这一段主要是沃森和霍克在车行里看着车子的对话，所以有些指代并不清楚，而且其中关系较为复杂，要想交代清楚细节需要较多解说词，所以整体删掉了。
31	黛茜家内景到院子外景	早晨，要赶去为沃森的叔叔华特祝寿的黛茜等不及霍克，自己搬运行李。 沃森和霍克到来，沃森请霍克照顾母亲，并请母亲带去礼物和问候。	4639—5012			同期音响转场。 黛茜：七点零三分了。 霍克：可是你说要七点三刻才动身的……	
32	外景	黛茜指路，霍克开车。	5012—5156		霍克主题起。	保留原音乐。 黛茜：向左拐。 霍克：是。 黛茜：不，向右，向右拐…… 黛茜和霍克聊天。 音乐延续。	影片中5011－5026和5034－5113之间有两段空镜头的配乐没有同期对白的干扰。这两段音乐可以被裁剪出来用作解说词的衬底。
33	外景	黛茜和霍克停车在湖边休息聊天。两个警察表现出对黑人的不屑。	5156—5553	两个警察在黛茜面前表现得彬彬有礼，但在黛茜背后却表现出对犹太人的歧视。	继续上路后音乐起。	删。	

续表

序号	场景	主要画面内容	长度	声音不好表现的部分	音乐	保留的台词与录音剪辑补充的解说	简析
34	外景到车内	黛茜和霍克停车看地图发现开过了。 往回开。	5553—5630		音乐延续	删。	
35	加油站，公路，车子内	黛茜在加油站用洗手间。黄昏，两人还未到目的地。 入夜，车子在路上。 霍克请求在路边"方便"被黛茜拒绝。	5630—5742		音乐渐弱	音乐延续。 霍克：我们得停一下，黛茜小姐。 黛茜：汽车出毛病了？ 霍克：不，汽车没毛病，是我得停一下……	由于中间删掉了部分场景，这里的音乐开始部分与前面第32号场景之间的音乐需要仔细连接。
36	野外，夜	霍克坚持停车"方便"。	5742—5926			霍克：不。 黛茜：我叫你别停车…… 解说：黛茜小姐和霍克不断地争吵，也不断加深彼此的理解。不久，女佣人埃迪拉突然去世了。埃迪拉的死给了黛茜小姐很大的打击。她似乎一下子苍老了许多，精神也更加孤独了。	这里通过解说词把华特叔叔的生日聚会、霍克与沃森的谈判、埃迪拉的去世以及黛茜的孤独感(场景37—场景42)一带而过。
37	沃森家到华特叔叔家内景。	沃森打电话祝贺。生日聚会，黛茜非常开心。	5926—0028（表示1小时0分28秒，下同）			删。	
38	沃森公司厂房外景到办公室内景	霍克到公司暗示沃森应该为自己涨工资了。	0028—0302			删。	

续表

序号	场景	主要画面内容	长度	声音不好表现的部分	音乐	保留的台词与录音剪辑补充的解说	简析
39	黛茜家内景	黛茜和朋友打麻将。霍克和埃迪拉在厨房。埃迪拉去世了。	0302—0455			删。	
40	教堂外景到内景	埃迪拉的葬礼。	0455—0617		葬礼音乐	删。	
41	黛茜家内景	黛茜自己准备晚餐。	0617—0735			删。	
42	黛茜家花园	黛茜和霍克在种菜。	0735—0751			删。	
43	外景到黛茜家内景	冬夜。 霍克为黛西送来煤和咖啡。两人怀念埃迪拉。 沃森打电话来,黛茜倔强地表示不需要他来看。	0752—1121			开门的声音转场。 黛茜:谁呀? 霍克:是我,黛茜小姐,霍克…… 霍克来探望黛茜。	
44	内景	沃森获得年度成功商人奖。	1121—1223			删。	影片中这部分用来为沃森不与母亲一起出席关于马丁·路德·金的演讲会埋下伏笔。作为成功商业人士,沃森不愿受到不利因素的影响。因为下文(场景46)还有类似内容,此处被编导删掉。
45	外景,雨天	黛茜和霍克在去教堂的路上得知犹太教堂被炸。霍克说起小时候黑人的悲惨遭遇。	1223—1539			汽车喇叭声转场。 黛茜:怎么样啊,你为什么去了那么久? 霍克:天晓得,黛茜小姐,现在没法开过去…… 黛茜要去的教堂被炸了。	

续表

序号	场景	主要画面内容	长度	声音不好表现的部分	音乐	保留的台词与录音剪辑补充的解说	简析
46	黛茜家内景	沃森告诉母亲，因为生意原因，自己不愿意参加马丁·路德·金的演讲会。	1539—1821			直接转场。 沃森：妈妈，你在哪儿呢？ 黛茜：在楼上…… 沃森向妈妈说出自己的担忧，表示不愿去马丁·路德·金的演讲会。	
47	黛茜家厨房到外景，再到车上，然后是宴会厅内景	霍克在努力看报纸。 黛茜试图影响霍克去参加马丁·路德·金的宴会。 霍克在汽车里听马丁·路德·金的演讲。	1821—2238			汽车行驶同期转场。 黛茜：沃森那天说了件非常奇怪的事。 霍克：哦，他说了什么？ 黛茜：他提起了马丁·路德·金…… 黛茜参加了演讲会。	
48	黛茜家外景到内景	黛茜变得神志不清，吵着要找学生作业。 清醒时，黛茜告诉霍克，他是她最好的朋友……	2239—2808			直接转场。 霍克：早上好，黛茜小姐。 黛茜：霍克，霍克是你么？你把卷子弄哪去了…… 黛茜变得神志不清。霍克打电话请沃森来。	
49	黛茜家内景到外景	内景叠画。 又是一个感恩节，霍克与沃森在已经被出售的黛茜家见面，一起去看望住进养老院的黛茜。	2808—3055		音乐起	保留音乐起。 解说：霍克以他的诚实善良使黛茜小姐逐渐接受了他，并改变了黛茜小姐那冷漠的外表。两个不同阶层、不同肤色的老人成为了朋友。又是多少年过去了。霍克更老了，也不能开车了。 霍克与沃森聊天。	

续表

序号	场景	主要画面内容	长度	声音不好表现的部分	音乐	保留的台词与录音剪辑补充的解说	简析
50	外景	沃森开车带着霍克去养老院看母亲。	3055—3110			删。	
51	养老院内	黛茜和霍克单独谈话。霍克喂黛茜吃蛋糕。	3110—3534			养老院同期声转场。 沃森:感恩节快乐,妈妈。看谁来了? 霍克:你好,黛茜小姐。 霍克与黛茜聊天,喂黛茜吃蛋糕。 音乐起。 音乐延续。 解说:在淡淡的灯光里,在温馨的气氛中,一个犹太老妇人和一个老黑人的故事,一个平凡而又充满真诚和友谊的故事,就这样结束了。	

第八章　娱乐广播

国内大陆广播电视媒体的娱乐化趋势最早可以追溯到20世纪90年代初，以《正大综艺》和《综艺大观》为代表的电视综艺节目的出现，其后综艺、速配、益智、博彩、竞技、游戏、真人秀等各种形式的电视娱乐节目纷纷登场。而娱乐广播节目的一些元素则兴起于90年代末期的综艺版块类广播节目中，直播节目的主持人在传统节目内容之间加入一些逸闻趣事、笑话小段和调侃打趣之类的内容。2000年以后，随着娱乐化趋势在各媒体间逐渐形成气候，娱乐广播节目也开始从中获得更多的节目资源。例如，笑话资源的网络化，手机彩铃作品的兴起，传统滑稽表演的复归，以及真人秀和“恶搞”之风的盛行等，都为娱乐广播节目注入了活力，娱乐广播节目开始有了进一步的发展。2004年，中国广播电视协会广播文艺研究委员会牵头发起了首届娱乐广播节目大赛，标志着中国娱乐广播节目的发展正式进入繁荣期。

第一节　娱乐广播节目的思辨与类型划分

一、娱乐广播节目思辨

有学者认为，“娱乐化是中国社会从泛政治化社会向世俗社会过渡的一个有意味的环节，也许有点儿矫枉过正，但是，并没有什么太大的危害。”[①]还有学者认为，娱乐化是广播电视媒体尤其是电视的本位回归，是对文化消费市场中大众消费群的应有尊重。这些观点都为媒体娱乐化倾向的存在做出了合理性的解释。

但同时我们也应该看到，文化领域的娱乐化，包括广播电视媒体的娱乐化，实际上是市场经济的若干规则显现于广义意识形态领域的具体表现，这些规则包括供需平衡原理、价格波动原理、追求利益最大化原则等；也是资本收益成为衡量文化价值的主要标准时的一种必然。问题是如同市场开放之初，厂商总是以适合多数消费者购买力的

① 葛红兵：《娱乐化，文化的一种本质属性》，载《解放日报》2007年3月19日。

低端产品占领市场一样，文化领域资本化的主导价值观是竭力倡导廉价、肤浅、虚假的通俗文化。这种以市场占有和资本收益为评价标准的娱乐化进程，很可能会在资本的挟持下走向反智和审丑的歧途。对收听率及其背后广告收益的追求，也使得一些娱乐广播节目不惜降低品位，一味迎合听众追求刺激和体验快感的欲望，在节目中恶搞戏谑、肆意诋毁，使广播媒体的公信力受到损害。

娱乐广播节目是对现代广播节目的一种后现代解构，其中不乏对传统广播的富于深意的批判和反省，但在“娱乐至死”的狂欢状态下，也隐藏着对传统价值观的肆无忌惮的颠覆。这种解构与颠覆，如果缺少必要的历史反思精神，娱乐化则必将走向文化虚无主义。

二、娱乐广播节目的类别

为鼓励节目形式和内容的创新，带动评奖机制与日常播出节目的接轨，更好地推动各地电台娱乐类节目的发展，中国广播文艺研究委员会列出了主要的娱乐广播节目参赛类型：(1)充分发挥编辑和主持人的想象力、创造力，力求节目形式创新的娱乐节目；(2)运用广播的多种手段定位制作，具有幽默的喜剧风格和时尚特点的娱乐节目；(3)以休闲娱乐为目的，有着强烈的欢乐氛围的娱乐节目；(4)采用游戏、竞猜等手段来体现欢乐性和互动性的娱乐节目；(5)益智、知识类娱乐节目；(6)轻松欢乐、可听性强的连续类娱乐节目；(7)戏曲、曲艺、音乐类开心小段主持人形式的娱乐节目；(8)能带给人们轻松、愉悦的谈话类节目；(9)主持风格、题材领域有所突破和创新的其他娱乐节目。这个类型划分主要考虑使评奖能够涵盖电台日常播出节目中大多数的创新性节目，并不具有严格的逻辑分类标准。

一般而言，广义的娱乐节目包含两类：一类是不属于任何传统广播节目类别的娱乐节目；一类是传统广播节目的泛娱乐化创作，例如新闻广播或是文学广播的娱乐化创作。

而狭义的娱乐广播节目则主要指区别于任何传统广播节目类别的娱乐节目。按所包含内容看，主要有以下几种形式：

(一)真人秀

广播真人秀节目以展示普通听众听觉艺术表演才能为主要内容。例如，中央人民广播电台经济之声的《2007年度寻找魅力声音》节目，就是以听众递交讲故事、说笑话、朗诵散文、诗歌以及脱口秀等五种类型的声音作品参赛为主要方式，在全国范围内征集朗诵和播音艺术爱好者的真人秀作品。

有些广播节目还调动听众与听众之间、听众与主持人之间的合作表演。例如，主持人设定了某个情景，通过热线电话要求参与表演的听众分别饰演情境中的某个角色，参与听众即兴发挥，展示戏剧表演才能。

（二）模仿秀

模仿秀主要有模仿演员语言风格、模仿流行台词、恶搞作品、歌曲翻唱、解构经典等多种形式，分单纯的模仿与恶搞两类。例如，获第五届娱乐广播节目评析一等奖的辽宁文艺广播的娱乐节目《可口可乐》节目中，演员一个人模仿19位流行歌手的不同风格演唱一首完整的《青花瓷》，表现出极强的模仿能力。而深圳广播影视集团的《快乐反斗星》则把动物园为非洲狮做眼科手术的新闻做了换位模仿，由主持人模仿狮子来报道人的眼科手术。从2006年恶搞陈凯歌电影《无极》而创作的《一个馒头引发的血案》，到今天数不胜数的“山寨”作品，模仿秀因其独特的颠覆快感和草根特色受到广大受众的追捧。

（三）滑稽表演

滑稽表演指主持人利用类似于传统独角戏、滑稽戏、相声、评书等曲艺形式，对幽默短信、手机彩铃、文字游戏、笑话、脑筋急转弯、影剧或舞台演出的录音剪辑等加以改编、串联，并进行情境化表演。例如辽宁文艺广播的《可口可乐》，就是以男主持“可乐书生”的独角戏表演形式贯穿始终。这个节目主要是播出一些向大家征集来的短信笑话、曲艺小段等，主持人用滑稽表演的形式把这些零散的笑料贯穿起来。深圳广播电影电视集团的《新龙门客栈——文明篇》，通过男女主持人所扮演的新龙门客栈伙计与老板娘的交流对答，编织成情节框架，其中涉及的笑话基本围绕本期节目的“文明”主题，如排队购物、文明驾驶、保护环境、节约能源等。有的娱乐广播节目主持人采用“说相声”的表现手法，将京剧传统剧目中的幽默场面串联在一起，形成幽默的效果；还有的主持人利用曲艺表演的形式，揭露社会上的一些丑陋现象予以批判。

（四）广播情景喜剧

这是指通过闹剧、喜剧的形式揭示生活中的矛盾，引人发笑。例如，上海人民广播电台的名牌节目《滑稽王小毛》，浙江电台城市之声的《阿亮的烦恼生活》等，这些节目每一集故事既相对独立，又相互联系，构成一个完整的系列。从1987年迄今，以塑造顽强奋斗的新上海人形象为主题的《滑稽王小毛》已经播出了一千多集，播出时间延续了近20年。而关注普通市民生活、抨击社会弊端的《阿亮的烦恼生活》也播出了近900集，在听众中引起了巨大的反响。这两部剧因生活气息浓厚，时代特色鲜明，内容贴近受众，因而生发出强大的生命力。

此外，娱乐节目创作还经常糅合其他传统广播节目中可利用的音乐、音响元素，来制造节目所需的轻松、欢快的氛围。

娱乐广播节目的发展尚处于探索阶段，上述几种类型相互之间也有部分重叠，无法截然分开，同时也无法涵盖全部的创作类型。在创作中，我们应该不拘泥于形式和类别，重在把握娱乐节目健康向上的精神。

第二节　娱乐广播节目的创作误区

娱乐广播节目因其内容与各专业频率没有明显冲突，所以除了主要在文艺广播频率播出以外，还延伸到新闻、经济、交通、生活等多个相关频率，成为电台节目播出以及社会娱乐文化的重要组成部分。那么，剥离娱乐节目表面那些低级庸俗的成分、赤裸裸的感官眩惑以外，究竟是什么在吸引听众收听呢？应该是娱乐节目内在的幽默气质。

幽默就是对失态、夸张、矫揉、自大、放诞、虚伪、炫示、纤弱等人性缺点的温和嘲笑与反思。

不同于机警犀利的讽刺、缺乏同情的嘲谑、自我卖弄的俏皮、不合时宜的低俗，幽默是温厚的、超脱的，同时包含普世的悲悯情怀。幽默指涉越广，越容易引起共鸣。所以林语堂说，“愈是空泛的，笼统的社会讽刺及人生讽刺，其情调自然愈深远，而愈近于幽默本色。”

一、流于低级趣味

自幽默之下，还有滑稽、俏皮、打诨和猥亵等不同层次。一般来说，滑稽指借助外在的变形夸张与反常态的表演引人发笑。例如，上海滑稽演员周立波认为：幽默跟滑稽的区别在于滑稽比较直观，滑稽是反常态的，幽默是需要逻辑的。① 俏皮指缺少感情介入的文字游戏，即所谓“聪明人的聪明话”。打诨则是纯粹斗嘴，缺少意义。猥亵指逢迎色情的下流趣味。

这些概念虽然因其词义所指各人理解有所不同，在某种程度上，也都能给人以超脱现实烦闷的感觉，但是基本遵循的一条规则就是，在审美状态与感官刺激之间的渐次过渡：幽默接近超脱的审美状态，而猥亵纯粹是欲望的发泄。在这些层级中，幽默、滑稽，甚至俏皮和打诨虽有雅俗区别，但都可以在无伤大雅的前提下，部分满足受众寻求开心、放松的需求。猥亵与大众媒体形象形成截然反差，娱乐广播节目制作者一般都有所戒备。而有些俏皮和打诨背后隐藏的“把无聊、无知当有趣”的低级趣味，实际上更应引起警惕。

例如，中国广播文艺研究会专家胡妙德先生曾经举例批评部分广播节目主持人语言乏味②：

---

① 周立波 2006 年 6 月 28 日在上海图书馆的讲座。

② 胡妙德：《解读娱乐广播节目——2005 年娱乐广播节目讲评》，http://www.51－radio.com/lw/zhuanjiatan(2005yule).htm。

一个新闻趣说节目打趣刘翔的青春痘，说："他证明了满脸的痘痘并不会在110米栏冲刺的时候造成太大的风阻。"痘痘本来就不存在这个"风阻"问题，何必拿人家的痘痘取乐呢？

还有的节目中，男主持自称："我是人见人爱的玉面小郎君。"而女主持则说："我是美貌和智慧并存的双生花。"事实可能如此，但何必如此张扬呢？为了好笑吗？

还有一个参评的娱乐节目就更神了：听众只要发短信，告诉主持人自己及自己朋友的生日或姓名，主持人根据你的星座、五行或把名字拆开，就能马上算出你的事业运、爱情运和财运。有一对男女情侣，从他们俩的出生年月算出的结果是：你们俩"谁沾上谁都会伤痕累累，会面临许多没有办法处理的窘境。"另一对年轻人的爱情运也不佳，说是"爱情婚姻不会太久"。还有一个男生，被算出他的财运是他"会得到一笔巨款，可是一大半的巨款可能是冒着相当大的危险得来的"。

如此信口开河，到底有什么科学根据呢？再说这么严肃的话题，能随便开玩笑吗？这是娱乐节目吗？你可以摆地摊到闹市去给人算命，但是，在我们的广播里堂而皇之地宣扬这些东西，合适吗？

二、缺乏对社会基本价值观念的尊重

娱乐节目对现代社会中的价值观念作颠覆性的思考并非是完全没有限度的，生命、安全、平等、自由等一系列价值观念是维系社会正常运转的基本准则，如果缺少对基本价值观念的足够尊重，以"引人发笑"为目的的娱乐节目将变成彻头彻尾的闹剧。

例如，有的主持人跟听众开这样的"玩笑"："这位朋友，你含笑九泉吧！"还有一位主持人在闲聊乞丐时如此说道："乞丐这样的人还活着干吗？干脆饿死算了。"[①]类似这样对生命缺乏起码尊重的现象在媒体节目中并不鲜见。造成这种现象的原因，表面上看，似乎是媒体播出时把关不严，而根本原因则在于少数媒体从业者对于人类社会共同的基本价值观念的无视和冷漠。

三、背离节目娱乐性

娱乐广播节目本应以笑为主，并不一定要承担严肃的宣传与教育任务，当然欢笑

---

① 胡妙德：《娱乐节目何去何从——第四届"娱乐广播节目评析研讨活动"节目讲评》，http://www.51-radio.com/lw/zhuanjiatan(2007yule).htm。

之余能够获得有益的启迪更好；如果没有太多积极的内涵，只要笑得无害也行。而目前有些娱乐广播节目却刻意去揭示笑声背后的问题，使本应该给听众带来欢乐的节目变得僵硬冰冷，背离了娱乐节目的初衷。

四、主持人缺陷

主持人是娱乐广播节目的关键，在串联点评、控制节奏气氛、与听众交流互动等方面发挥着重要作用，他们的气质和水准直接影响到娱乐节目的表达效果。

有一档以方言才艺展示为主题的娱乐节目，男女主持人长于自我表现，短于沟通交流，对听众肆意调侃，甚至训斥、嘲笑听众，把大众传媒的公众传播状态与私底下朋友交流的状态混为一谈，缺乏基本的礼貌。私下交流，因为相互熟稔，可以于礼貌上稍有放松，但是广播节目的传播是面向公众的，应该在态度上注意尊重听众，把握亲切与亲狎、风趣与轻薄之间的分寸。

此外，娱乐节目主持人油腔滑调、怪声怪气、矫揉造作、语涉不雅，在一味模仿港台腔中迷失自我等问题也比较常见。

五、节目形式缺陷

多数娱乐广播节目都以笑话、彩铃或是传统曲艺素材为依托，内容雷同，节目形式创新不足。有些节目在包装上下足功夫，光是节目的片花就长达五六分钟，在播出中不断插播进来，以此弥补内容的不足。

有的娱乐节目采用热线电话或短信进行有奖问答。谜题一般都非常简单，但是，最先打进电话或发来短信的人总会答错，答错后奖金不断累积，以此吸引更多听众打电话或发短信参与，产生高额的话费或短信费，达到与电信运营商瓜分收益的目的。这种节目就沦为赤裸裸地圈钱骗局了。例如，有的节目给出谜面："千条线，万条线，掉在水里看不见"，主持人还给出很多提示："这个字是一种自然现象，尤其最近清明这几天特别多"，"是从天上往下掉的，掉到水里看不见就是说和水一样是透明的"。然后就有听众不断打进电话，回答各种错误答案，如光线、雪、霜、瀑布等。直到奖金累积到一定程度后，才终于有"幸运"听众答对。

第三节　娱乐广播节目创新

娱乐广播节目经过多年的发展，已经形成了一定的特色，同时也形成了编排形式上的套路。例如益智游戏、喜剧闹剧、笑话小段、演艺展示、恶搞趣说等形式已经基本固定下来。

在内容上，娱乐广播节目一个普遍的特色是：曲艺舞台演出较发达的地区对舞台演出素材较重视。例如，东北地区的电台对二人转素材吸收较多；江浙一带娱乐节目中滑稽戏的比重较高；四川地区则是比较重视独角戏和评书等。而舞台演出的地域特点相对较弱的地区则比较重视对网络笑话、手机彩铃等新媒体资源的开发利用。由此形成娱乐广播节目各自不同的地域特色。娱乐广播进入一个发展相对缓慢的平台期，在这种情况下，娱乐节目应该如何发展呢？

一、把握节目的基调，要立足大众，告别粗俗

娱乐广播节目的格调不高是一个普遍问题，甚至有些参赛全国评奖的节目也存在言语粗俗、趣味低级的现象，由此可见日常播出的节目格调更是有待提高。

例如，浙江台的《阿亮的烦恼生活》之所以受欢迎，就是因为它的创作“贴近实际、贴近生活、贴近群众”。如林语堂《论幽默》中所言，“有相当的人生观，参透道理，说话近情的人，才会写出幽默作品。”[①]该节目从每天发生的新闻事件，尤其是社会新闻以及平时所见所闻的典型事例中筛选话题。它的每集剧情都来自普通市民生活，通过日常小事，用幽默的语言引领听众化解生活中的种种烦恼，树立乐观的生活态度。由此可见，大众化不等于低俗化，那种靠粗俗笑料博取听众一笑的节目，是很难有长久生命力的。

二、收缩娱乐节目的战线，保证精品

有些娱乐节目以谈话为主，探讨婚姻和家庭情感危机问题，节目内容真实感人，但是情绪严肃、沉重，并不适合做成娱乐节目。对于娱乐节目来说，首先是内容的选择，其次是表达方式的选择。即使确定了节目内容后，也应注意娱乐性内容只是提供了一种可能性，最终还要采取娱乐的手法和喜剧思维去加以表现。在日常广播中，那种一般的新闻性、知识性、欣赏性和服务性节目适当地表现得轻松活泼些是无可非议的，但非要为娱乐而娱乐，在节目中掺杂无谓的调侃和过分的搞笑，必然会影响到听众对节目甚至整个媒体的认同。这种普通节目泛娱乐化的倾向，在现在的电台中具有相当的普遍性，已经引起了社会广泛关注。

三、探索形式变化，创出新意

不同于早期娱乐节目靠主持人的机智点评来串联笑料，现在越来越多的娱乐节目开始选择用主持人角色化表演的方式来串联零散的小段子，将其整合成一个完整的笑话系列；运用相声、评书等传统曲艺表演手法主持节目；设定情景，主持人与听众即兴

① 林语堂：《林语堂散文》吉林文史出版社 2002 年 8 月版，第 54 页。

表演，展示戏剧表演才能，等等。

重视编排，在原作基础上体现广播二度创作的新意。娱乐节目不只是打包播出各类笑料，那种一段一段播出笑话或是彩铃的节目，对于节目的素材内容依赖较多，而忽略了编导以这些素材为基础的二度创作。例如，辽宁人民广播电台新闻台的娱乐节目《寻找后现代的幸福生活》，讲述了主人公在现代社会中寻找幸福生活的一天经历，用这段经历串联了 Rap、恶搞的电影台词和笑话小段等素材。节目把握住不同人对“幸福是什么”的不同理解，启发人们以轻松心态面对生活，摆脱虚荣、攀比的心态，寻找各自的幸福。这样的编排利用情景化的情节，相对宽松的主题线索，通过主持人的精彩表演把各种素材串联在一起，达到了良好的效果。

第四节　娱乐广播节目实例简析

表 8.1　娱乐广播节目《2007 年度“魅力声音”全国总决选》

2007 年度“魅力声音”全国总决选① 中央人民广播电台经济之声 【片花】 【音乐】 男声：2007“魅力声音”总决选鸣锣开战，16 位选手杀出重围，论剑华山。 【音乐】 男声：声音的舞台，好戏连绵；个性的魅力，流光溢彩。 【音效】 男声：谁能夺走 2007 最有魅力的桂冠，让我们一起——侧耳期待。 【音乐】 男声：2007 年度“魅力声音”全国总决选。有请主持人小月、王冠。 王冠：听众朋友大家好，我是王冠。 小月：大家好，我是小月。 王冠：在激动人心的巅峰对决之前，先让我们盘点这样一组数字，6 个月，6000 人，2000 万。 小月：中央人民广播电台经济之声寻找最有魅力的声音年度大型活动从策划到推出，一直到今天的巅峰之战，历时 6 个月的时间，有超过 6000 名选手踊跃报名。 王冠：那么截止到目前，中国网和腾讯网“魅力声音”主页的点击量已经突破了 2000 万次。	片花部分作为节目的贯穿形象，在制作时应当注意音乐、音响和语言的配合，烘托出节目所需的氛围。

① 获第五届娱乐广播节目评析优秀节目一等奖。

续表

小月：而在今天，接下来的三个小时中，16位选手将要共同面对三位评委的点评和全国亿万观众的评判，来共同角逐2007年度最有魅力声音的桂冠。 王冠：好，下面我们就隆重有请今天的三位评委老师。他们是—— 【音乐】 王冠：著名的评书表演艺术家、中国曲艺家协会主席、国家一级演员——刘兰芳老师，欢迎您！ 刘兰芳：你好，我觉得这个活动搞得非常好，给搞播音的爱好者展示自己的平台。对选手呢，我也说一句："宝剑锋从磨砺出，梅花香自苦寒来。" 小月：感谢刘老师。接下来有请著名的演播艺术家、中国电视剧制作中心导演——李野墨老师。 【音乐】 李野墨：今天，参加这个活动，我特别高兴。我希望我们各位同仁一起来维护民族语言的传统美感和纯洁性。"经济之声"办这样一个活动，对维护我们祖国和我们民族的语言的纯洁性和传统美感所做的贡献太大了，我觉得这件事情做得功德无量。 王冠：感谢李老师，接下来有请中央电视台著名主持人、金话筒奖获得者——白岩松老师。 【音乐】 白岩松：我觉得"经济之声"办这样一个魅力声音的大赛，会使这个喧嚣动荡的时代里多一点平静，会使得过于现实的生活让人们在听到优美的声音之后与之保持一定的距离，是使乏味平淡、有些焦虑的日子多一些诗意，让你有一点平静，有一点距离。祝贺所有参加这次大赛的选手。 【音乐】 王冠：好的，非常感谢白岩松老师。各位听众朋友，三位重量级的嘉宾，让我们今天的直播现场是星光闪耀啊！另外呢，我们今天还特别成立了一个场外评委团。 小月：没错，他们是来自"魅力声音"北京赛区的两位参赛选手——宋扬和王笑东。此外还有我们"经济之声"的两位主持人马黎和徐强。 王冠：当我们现场的三位评委的意见僵持不下的时候，场外评委团的作用就会发挥至关重要的作用。 小月：那么，下面我们将请出今天这个舞台上真正的主角——有请16名选手登场。 【音乐】 女：我是一号选手徐曼，我将会永远用一颗真诚的心传递这世间所有的爱。 男：我是二号参赛选手严绪，来自河南，希望您能够喜欢我的声音作品，我的努力才会更有意义。 女：我是三号选手高莉，我给自己的参赛感言就是"加油"。 …… 【片花】 【音乐】 男声：2007"魅力声音"总决选鸣锣开战，16位选手杀出重围，论剑华山。 【音乐】 男声：声音的舞台，好戏连绵；魅力的舞台，流光溢彩。 【音效】 男声：谁能夺走2007最有魅力的桂冠，让我们一起——侧耳期待。	利用短信和网络铺垫，一方面提供选手参赛和听众投票的渠道，一方面也有利于节目的宣传，调动更多人参与。娱乐节目应该注意走出演播室，利用多种手段，发挥良好的社会影响力。 参赛选手的声音展示。

续表

小月：好的，接下来我们要电话接通的是一周以来短信得票的亚军——三号选手高莉。（接通电话）高莉—— 高莉：喂。	
小月：高莉，你好。 高莉：您好，主持人好，评审好，听众好。 小月：高莉，现在怎么样，心情如何，紧张吗？ 高莉：紧张，（笑）生命不能承受之重。 小月：（笑）好的，好的，现在呢，抓紧时间挑选你要挑战的选手，对手是谁？ 王冠：高莉要不先去逛逛街吧（笑）。 高莉：我要选择的是十四号，周岩老师。 王冠，哦，周岩老师。可是一路上，用我们体育比赛的话说——黑八奇迹啊，总是末尾干掉头名。为什么你有如此的勇气来选择周岩老师？ 高莉：王冠兄，您不要再说了，我身上有汗孔的地方都冒汗了，（笑）我是觉得我个人的特点属于那种遇强则强的人，我希望用周岩老师的优秀来激发我自己的一些潜能。 王冠：好的，马上呢，我们先请三位评委老师来听一听你的作品。看看他们会有一个什么样的评判，高莉不要挂机，请稍事等待。	简要采访选手后，进入到选手才艺展示。
高莉（作品）： （模仿主持人，低沉）今天的 PK 之战将会在两位身埋江湖中的才女之间展开，两位选手请作自我介绍，一号选手。 （模仿）我姓佟，佟湘玉的玉（音响）。 （模仿主持人）二号选手。 （模仿）俺叫魏淑芬，女，29 岁，至今未婚（音响）。 （模仿主持人）第一回合，请两位选手对自己的容貌作简单陈述（音响）。 （模仿魏淑芬）我年轻的时候，那绝对不是吹啊，柳叶弯眉樱桃口，谁见了我都乐意瞅，俺们隔壁那吴老二，瞅我一眼就浑身发抖（音响：笑）。 （模仿佟湘玉）哎呀，我服了 You，我打从内心崇拜了 You，吴老二那是有脑血栓，看谁都哆嗦。我就一句话，我是天生丽质难自弃（音响）。 （模仿主持人）第二回合，请两位选手说说自己最大的优点（音响）。 （模仿魏淑芬）我是生在旧社会，长在红旗下，走在春风里，准备跨世纪。想过去看今朝，我此起彼伏，于是乎，出了本书，秋天的菠菜——那是相当地有才啊（音响：众笑）。 （模仿佟湘玉）我是肚量大，伙计们都说我，大人不计小人过，宰相肚里能撑船，月落乌啼霜满天，夫妻双双把家还（乌鸦叫）。 （模仿主持人）第三回合，请两位在你的语言表达中体现一首歌曲。 （模仿魏淑芬）啊，白云，黑土向你道歉，来到你门前，请你睁开眼，看我多可怜，今天的你我，怎样重复昨天的故事，我这张旧船票还能否登上你的破船（音响：笑）。 （模仿佟湘玉）问世间是否此山最高，有爱的娃子像块宝，天若有情天亦老，爱你爱到忘不了。 【音乐】 男声：您现在收听的是中央人民广播电台经济之声 2007 年度“魅力声音”全国总决选。	娱乐节目的重要“看点”就是娱乐素材的趣味性，高莉的作品，模仿惟妙惟肖，富于趣味，能够迎合听众的口味。
王冠：刚才我们一起听到的是一周以来，短信得票的亚军、三号选手高莉的作品，而高莉也是勇往直前地挑选了我们层层突围的十四号选手周岩老师，我们马上再次来联通周岩老师的电话。周岩老师，你好。	引入另一位参赛选手。

续表

周岩：你好。 王冠：有没有想到自己会从一线生机这个回合中战胜了这么多选手，同时进行到现在的一步，朝着全国的四强迈进？ 周岩：哎哟，没有想到。 王冠：周老师，很多评委老师，包括很多听众朋友一直在发短信支持你。您觉得自己最大的优势是什么？ 周岩：我呀，年纪大一点，可能有时对作品的理解可能深一点。 王冠：周老师还是非常谦虚。听了刚才高莉这样一个激情四射的作品，您来点评一下，觉得高莉的表现怎么样？ 周岩：我觉得，她真的是多才多艺。 王冠：好的，周老师，请您稍事等待，我们来请评委老师听一听您另外一种风格的作品。 周岩（配乐朗诵作品）：	
周庄，江苏省昆山市的一个古镇，它四面环水，犹如泊在湖上的一片荷叶，散发着淡淡的清香，"吴水依依吴水流，吴中舟楫好夷游"。小桥流水人家，千百年来，它那淳朴典雅的风韵依然。风声、橹声、水流声、叫卖声，尤其是脚踏在整齐而狭窄的石板街面上发出的单纯的音响，令谁也无法抵御那份自然对心灵的震动。 周庄是水哺育长大的，面对大自然这九曲回肠的碧绿组合，周庄人并不是用精卫填海的办法来改变这千姿百态的河湖港汊的，而是用座座桥梁把大家相亲相爱地连在一起。 【音乐】 男声：您现在收听的是中央人民广播电台经济之声 2007 年度"魅力声音"全国总决选。 王冠：我们周岩老师的作品再一次听完了。刚才在播放周岩老师的作品时，三位评委是都在纷纷摇头，而且是一致地感慨，太难了、太难了。虽然是两位选手表现如此精彩，让我们难于抉择，但是没有办法，比赛就是这样。让我们先来听一听白岩松老师的选择。 白岩松：关公战秦琼，是吧。	周岩的作品质朴典雅，具有很强的欣赏性和声音魅力。
王冠：为什么您这么说呢？ 白岩松：因为前一名选手是非常现代感的参赛形式和表现方式，她把现在比较流行的东北、陕西口音，《武林外传》、赵本山给融合在一起了，其实我更愿意听到非常女中音的这种本音的音质，普通话的这种走向。但是她没让我听多少句，我总是夹缝里头找两句。也许我刚才曾经说过，周岩熟悉的地方没风景，巧了，她说的就是风景，而且她的这个声音呢，非常具有七八十年代的回头感，反而不现代。不现代不也是一种美吗？我投周岩一票。 王冠：依然选择周岩老师。 白岩松：她刚才的表现呢，非常不现代，你放在 70 年代、80 年代，新闻简报什么的里头都存在，都成立，但是我突然看到这里的一种可贵，这是我个人的看法，我投周岩一票。 王冠：是不是周岩老师和您的广播情结有一点共鸣呢？ 白岩松：也不仅仅是，既然黑八都打到了这个地步，为什么不让她往前走走？ 王冠：好的，李野墨老师。 李野墨：是这样，我首先说说，我这人好恶比较鲜明，我觉得对自然、对社会上某些现实存在的东西的一种模仿，这个可以晋升为一种艺术，但是对某些	评委的评说部分。

续表

现成的东西的模仿，仅仅是个技巧。所以我不认为它是一个很高的（技巧），尽管她模仿得惟妙惟肖，而且有很高的技巧，但是我依然觉得很遗憾，觉得这不是我心目中最喜欢的东西。而这个周岩呢，确实让我感觉到另外一种从容，一种恬静，我也是赞成周岩。	
王冠：好的，我们来听听刘兰芳老师，为难了。	
刘兰芳：是的，刚才在下面议论的时候，我也说了，三号选手高莉，她的模仿秀啊，可是很了不起，她的声音化装特好，自己给自己报幕就是她的本声，对不对？自己报幕的本声很宽厚，就很有磁性。后来模仿秀，每个都模得很像是很难得的，这要在演小品，她太了不起了。她非常好，也很优秀。今天是"魅力声音"全国决赛，我觉得应该是自己的本声为好，要少量的模仿。周岩这个，十四号周岩说的是周村，对，舒服，你听完之后挺舒服的。不紧不慢的，这就是广播小说的特点。那么多少呢，咱们三号就吃了点亏，因为你别忘了，这是广播声音魅力大赛。可是我又不忍把这票投给一个人，我很赞同周岩，但是前两票都给了周岩，那么我给高莉一票。	
王冠：您给高莉一票，好的，我们稍事等待，来听一听场外评委团会如何选择。也欢迎听众朋友发送手机短信到某号码，来说一说您的看法。	
【音乐】	
男声：您现在收听的是中央人民广播电台经济之声 2007 年度"魅力声音"全国总决选。	
王冠：我们先来听一听场外评委团代表会有一个什么样的说法，有请。	
宋扬：大家好，主持人，各位评委老师好，我是复赛选手宋扬。刚刚听了两位选手的作品，我觉得都挺不错的，各有各的特点，让我们场外评委也很难抉择。三号选手高莉的声音表达很丰富，评说状态也很平稳，属于女中音了，也很自然。十四号周岩周老师很显然她的声音功底很好，虽然声音化装上显得单一了一些，表达力上也微弱一些，但是我们是寻找最有魅力的声音，我觉得，我投周岩老师一票。	由复赛选手和电台编导组成的场外评委的点评。
王冠：好的，宋扬刚才介绍了自己的选择。我们接下来的两分钟的时间，请在电话那一端的两位选手稍事等待，然后来准备一下自己一分钟的自我展示，进行我们的终极评判。接下来一点时间，我们来回答一下听众朋友们的短信问题。手机尾号是 8347，这是来自内蒙古包头的听众朋友，这条短信是发给刘兰芳老师的，说，"刘兰芳老师，我特别喜欢听您的评书，从小是听着您的作品长大的，今天有这么一个机会，想请刘老师给我们做一下现场的展示"，而且内蒙古的这位听众朋友题目出的很有意思，说，"平时我在电视上经常看到白岩松老师一脸严肃，您能不能用评书的语言给我们形容一下白岩松老师"。	
刘兰芳：哎哟，这个够难的了（笑）。（表演）在我身旁坐这个人，三十岁刚过，上中等身材，不高不矮不胖不瘦，三七分的头发，长脸是鼓脸，这种脸型最适合上电视了，怎么？讲究巴掌脸，男人也讲究脸要窄，少占荧屏。稀疏的眉毛看着善良，单眼皮、长眼睛、高鼻梁、方嘴唇。上身穿着鱼白色尖领的上衣，内衬着蓝白相间的衬衫，往这一坐，微微一笑，既有男子的威严，同时又有魅力，不失女人崇拜得帅呆了——	嘉宾的现场献艺搞活了现场的气氛，为节目增色不少。
王冠：白老师，咱说实话吧，你有没有刘兰芳老师形容得那么帅（笑）？	
白岩松：你想想，我是从小挺着刘兰芳老师的评书长大的，电线杆子底下都戳过，因为我也是东北人，所以今天能够当面听到刘兰芳老师的溢美之词，那我还是三生有幸。我想刘兰芳老师还是善良的人，她善于把一颗普通的石头给比喻成美玉，所以听众朋友要有所鉴别。（众笑）	
刘兰芳：不不不，你可不知道，现在坐在我身旁，他这一笑可太有魅力了。	

续表

王冠:白老师别笑了,再笑—— 李野墨:(笑)这节目进行不下去了。 王冠:(笑)李野墨老师已经看不下去了。 李野墨:不不不,我们都是东北人(众笑)。 王冠:听众朋友,请稍事等待,马上我们会和您共同关注两位选手一分钟的即兴展示。 【片花】 【音乐】 男声:2007"魅力声音"总决选鸣锣开战,16位选手杀出重围,论剑华山。 【音乐】 男声:声音的舞台,好戏连绵;个性的魅力,流光溢彩。 【音效】 男声:谁能夺走2007最有魅力的桂冠,让我们一起——侧耳期待。 ……	

第九章　网络广播

本章采用“网络广播”和“自媒体广播”两个概念来论述传统广播之后新媒体广播的发展。其中，网络广播强调的是依托网络媒体和电脑终端的音频节目生存形态；自媒体广播则是指侧重于依托移动互联技术和智能手机终端的个人化音频节目形态。

第一节　网络媒体发展

一、网络媒体、新媒体

网络媒体指基于互联网和数字技术，与传统报刊、广播、电视并存的媒体形式。它兼具人际传播和大众传播的双重特性，也被称为“第四媒体”。当前传播学领域广泛使用的“新媒体”是一个具有较大相对性、并不非常严谨的概念。例如，历史上人们曾用“新媒体”一词指代电视录像技术、多媒体技术等。通常的观点认为新媒体具有以下特征：基于计算机技术、数字技术、网络技术和移动通信技术；所有人面对所有人的传播；以电视、电脑、智能手机等为传输终端；是向用户提供视频、音频、图片、文字等交互式数据服务的新传播手段或传播方式的总称。基于上述认识，人们也常用新媒体的概念指称互联网、智能手机和交互式数字电视等媒体形式。

新媒体概念与网络媒体的概念在本章所论及的层面上有着较大的重合度，相比较而言，新媒体概念的外延较宽泛，网络媒体的概念对媒体定位精准、使用者较多，也不容易引起关于相对性的误解。所以本章使用网络媒体的概念来描述当前音频节目所生存的媒体环境。

而自媒体则是在网络媒体和移动互联终端的技术支持下发展出的即时交互信息共享的一种传播形态或是趋势，换言之，自媒体是新媒体的一个发展分支或是一个重要的发展趋势。

二、自媒体

自媒体“We media”的概念，在2002年由《圣何塞水星报》(*The San Jose Mercury News*)专栏作家丹·吉尔默(Dan Gillmor)提出，用以描述他所提出的新闻媒介3.0时代，人人都是传播者的传播模式。丹·吉尔默提出了新闻传播模式演进的三阶段说。他将传统的报纸、杂志、电视、广播等媒体称为新闻媒介1.0。网络媒体出现的最初阶段，被他称为新闻媒介2.0时代。此时受众接收信息的方式有所改变，但仍然是有权威发布者的模式。而到了新闻媒介3.0时代，随着网络媒体和移动互联终端的完善，少数信息发布权威的固有地位逐渐瓦解，人人都是信息发布者，通过分享、链接等方式共享信息，传者与受众之间的界限逐渐模糊。丹·吉尔默认为，在新闻媒介3.0时代，自媒体将成为主流的媒体形式。①

2003年，美国新闻学会出版了谢因·波曼(Shayne Bowman)和克里斯·威利斯(Chris Willis)关于自媒体的研究报告，报告中对自媒体做了界定：“自媒体是普通大众经由数字科技强化、与全球知识体系相连之后，一种开始理解普通大众如何提供与分享他们本身的事实、新闻的途径。”(Chris Willis，Shayne Bowman，*We Media*，*The Media Center*，)这个定义强调两点：一是借助数字网络技术；二是每个人都是信息的发布和传播者。谢因·波曼和克里斯·威利斯的报告认为，传统的由少数媒体组织向大众进行点到面传播的广播模式，正在演变为传者与受众随时互换角色的点对点(Peer to Peer)传播的互动传播模式。

三、自媒体形态及传播特点

网络信息技术发展催生了早期的自媒体形态，例如个人主页、BBS、E-mail、QQ、MSN等。但是，直到具有强大交互性的博客出现，自媒体的发展才开始步入正轨。此后由博客衍生出来的播客、拍客、掘客、维客和一些功能不断丰富的个人主页、电子杂志、网络空间、SNS等，都可以看作是博客技术的变形和升级，可以统称为“博客群”。博客群的崛起引领着媒介民主化的浪潮，使得传统的报刊、广播、电视媒体的垄断地位被打破，大众争取到更大的话语权，也争取到更多的艺术创作与发表的权利。

自媒体的发展使信息传播者的数量空前膨胀，传播者的构成复杂多元，传播内容也呈多元化的趋势。受众在接收信息方面拥有越来越多的自主权，接收方式也更自由。传播者和接受者融为一体，无从区分。

---

① Dan Gillmor：News for the Next Generation：Here Comes“We Media”，http://ejrarehives.org/issues/2003/—/wemedia—gillmor.asp.

与大众传播或新媒体中传统的点对面的传播模式相比，自媒体艺术传播的特点主要有：

（一）人人都是内容提供者

大量没有经过专业训练的业余创作团体或个人，纷纷开设个性化的自媒体平台，发布相关的艺术创作、评论等。这些业余艺术家可以自由选择传播时机、传播渠道和传播内容进行创作，具有和以往权威媒体职业艺术创作者完全不同的特质。

（二）传统媒体垄断性的中心地位逐渐消散

离散而无中心的网络形态赋予自媒体自主、分散和互动的特性。从某种角度而言，真正的自媒体并不存在，因为不通过门户平台或社交平台而独立存在的自媒体几乎不可能被受众有效检索到。所以对广播自媒体最合理的存在形式就是以某个平台作为生存的依托，这个平台即是传播学理论宣告业已消失的"把关人"的延续。

（三）随着无线网络技术和第四代移动通信技术的发展而日渐完善

以智能手机为代表的移动互联终端引领着自媒体发展的第二次浪潮。微博、微信以及其余各类APP（智能手机第三方应用程序）成为自媒体发展的新生力军。

在上述发展过程中，随着媒体受众从传统广播向固定化的网络终端（电脑）、移动智能终端（手机）的迁移，传统广播内容层面的核心——音频节目，也在不断追逐着正在发生巨变的受众群体。在追逐的过程中，离开了广播媒体的音频节目表现出更多针对网络媒体、自媒体环境的适应性改变。

第二节　网络电台类型

2009年，国家广电总局提出大力发展网络广播电视和移动多媒体广播电视，并将"加快广播影视由单一传统媒体为主，向传统媒体与新兴媒体融合发展"作为当年的十项重点工作之一。

2010年，国家广电总局发文明确指出：网络广播电视台是指以宽带互联网、移动通信网等新兴信息网络为节目传播载体的电台、电视台，是新形态的广播电视播出机构。依据相关条例和规定，未经批准，任何机构与个人不得使用网络电台、网络电视台、网络广播电视台等作为机构名称、网站名称(包括频道名称)、呼号等开展业务。[①]由此开始,各民营网络电台纷纷改名为"XXFM"以规避政策。

网络电台因为主要涉及内容领域的不同,可以分为综合性网络电台和音乐类网络电台两大类别。两个类别的内容生产、经营模式、盈利模式等都有明显区别。本节将只就综合性网络电台展开论述,而对音乐类网络电台的论述见"音乐广播"一章。

一、传统电台的网络版

传统电台的网络版一般是由各大广播媒体在网络上建立的官方网站发展而来,将传统广播节目资源以点播或直播的形式放在网上,听众可以通过网络收听传统广播节目。例如,中央人民广播电台和中国广播网旗下的银河台 2005 年 7 月开播,最初开办有文艺、校园之声、中国民乐、相声小品、古典音乐、长篇评书、精品回顾等多个频道,包含娱乐、资讯、知识、情感、教育等方面内容,实现 24 小时网上播出,受众可通过电脑或手机方式收听、点播、在线交流和参与节目制作。传统电台网络版的发展受到国家政策保护。

二、传统电台的聚合平台

传统电台聚合平台的最初构想基本是沿着"传统收音机⇒实体化网络收音机⇒模拟网络收音机软件⇒传统电台聚合平台网站"的思路一路传承下来。

聚合平台网站最初是由腾讯、21CN、网易等综合性网站开设的提供快速接入大量传统电台的网络广播服务平台,目前代表性的电台聚合平台有蜻蜓 FM、优听 FM 等。这类网络广播主要是将传统广播电台按照台别或节目类型进行排列,或采用多种标准的排行榜形式给出节目列表,供听众选择收听。

一些传统电台的网络版在演进过程中也开始集成聚合平台的功能,甚至转型为聚合平台。例如 2011 年开始,作为传统电台网络版的银河台转型为传统电台的聚合平台,集成中央人民广播电台 19 套节目和 78 家地方台的 311 套节目进行直播或点播。

三、内容聚合平台

内容聚合型网络电台是指以节目或 DJ 作为主要分类依据的网络广播,是在网络电台发展过程中,各个网站寻求差异化发展、应对音频创作者数量快速增长的一种网站内容模式。例如悦读 FM、荔枝 FM、喜马拉雅 FM、多听 FM、窄播、懒人听书等,都主要依托内容聚合的模式发展。

---

① http://www.jnwgxj.gov.cn/2013/0717/6144.html,据《广电总局关于开办网络广播电视台有关问题的通知》〔广发(2010)43 号〕之规定。

内容聚合平台类网站主要的发展思路是，在当前媒体融合的环境之下，受众选择日趋便捷和多样化，没有任何一家传统电台的内容可以满足单个受众的全部要求，受众选择的不是电台而是节目内容，所以内容聚合平台将电台之间的壁垒打破，以节目、栏目或节目主持人为单元，提供直接越过电台界别的内容搜索。这种模式有利于越来越多的非传统电台的草根内容和草根 DJ 被纳入到网络电台的节目列表之中。

当前，内容聚合的模式也越来越多地被融入到网络电台的功能版块之中，成为电台列表之后，又一种帮助音频用户快速接入目标音频的方式。

四、抢占移动端的广播 APP

国内一些知名的网络电台都比较注意向移动互联终端的普及，所以近年来，随着手机 APP 的快速增长，豆瓣 FM、荔枝 FM、蜻蜓 FM、考拉 FM、优听 Radio、喜马拉雅 FM、懒人听书等也纷纷推出自己的广播 APP。在移动互联逐渐替代传统互联成为网络媒体发展主流的背景下，APP 类广播由于牢牢把持了新兴的移动智能终端而稳居网络电台的潮头，成为各家网络电台竞先抢占的主要阵地。

目前，市场份额居于前列的网络电台，一方面致力于音频内容在电脑、iPad、手机、智能电视等终端的平滑衔接，另一方面发力抢占新兴的互联终端，如"车联网"终端。

五、基于微信和微博平台的广播

此类电台依托微信、微博等拥有广大受众群的社交平台而建立，有较高的受众接触率。但由于在音频接入方面存在接入链接层次多、收听音频时需要跳转到第三方服务平台等局限，当前的微信、微博电台更像是网络电台的受众聚集平台和宣传推广窗口。

（一）微信

微信是腾讯公司 2011 年推出的应用于智能手机类移动终端的一款即时通讯工具，是当前自媒体的代表形式。微信覆盖国内 90%以上的智能手机，每月活跃用户 5.49 亿，各类公众号超过 800 万个。[①]

国内各级电台纷纷开设了微信公众号，利用微信平台，进行节目播出，吸收网络受众，拓展广播空间。传统广播与微信的融合，带动传统电台节目的跨媒体收听率，为传统广播拓展了新媒体空间。

微信用户的音频多以嵌入本地视频或经由第三方网站视频链接的形式发布，相对于 APP 电台快捷的接入，微信电台在发布环节处于相对弱势。例如，某个儿童有声读

---

① 截至 2015 年第一季度末的统计数字，http://www.cnmo.com/soft/495603.html。

物网络电台，主要依托微信公众号发布日常内容，但是由于微信公众号之前并没有长音频功能，该电台选择通过荔枝 FM 发布音频，再通过“阅读原文”的链接方式，让用户由微信界面跳转到荔枝 FM 去收听节目，无形中为音频接入设置了人为的障碍。

2015 年 7 月，微信团队又发布消息表示：获得微信认证或拥有原创功能的公众号新增文章音频功能，用户今后可以在文章中添加录制好的音频，并且突破了之前的 60 秒时限，最长为 30 分钟。微信还为用户提供向主流音频播放服务看齐的退出页面后持续收听的功能，以进一步占据用户的听觉注意时间。音频功能的开放将使微信电台与 APP 电台形成一定的竞争。

(二)微博

微博是新浪公司开发的类似于 Twitter 的社交媒体平台。目前微博的月活跃用户数为 1.98 亿，日均活跃用户数为 8900 万人。[①]

2011 年 5 月，新浪微博推出了微电台服务，将传统电台功能整合进微博空间。微博用户可以随时收听全国各地的广播节目，定制自己的私人电台列表，并与电台 DJ 和其他听众互动。此外，由于微博的人气聚集，国内很多知名电台和电台主播也纷纷开设了微博，并在微博进行广播节目的宣传推广，在微博粉丝中培养潜在的听众群。

但是，目前微博电台的发展也存在诸多问题，如维护力度不够、音频接入困难、链接失效等等。不少官方微电台正逐渐蜕变为主持人日志或传统电台节目的宣传平台，而个人微博电台也存在更新缓慢、内容杂乱等问题。2015 年 8 月，新浪微博电台因为产品策略调整，宣布暂停了在线收听直播的功能。

自媒体广播通常依托微信、微博等公众社交平台或网络电台的聚合平台。与网络电台相比，自媒体广播缺乏平台优势、难以启动，在商业运作、盈利模式、人气聚集方面都处于劣势。所以当前多数自媒体广播大都采取依托微信、微博平台、APP 平台或网络聚合平台的依附式发展策略。自媒体广播虽然在吸收听众规模方面难以和网络电台相抗衡，但以其原创内容和稳定的长尾效应也将长期存在，并且以网络电台聚合平台 UGC 的主力军的形式发挥重要的作用。

上述几种类型的网络广播各有专擅，但逐渐趋向合流，例如都开始重视兼顾电脑、iPad、智能手机的“多屏”跨媒体战略。

第三节　网络电台音频内容

以喜马拉雅、考拉、蜻蜓等为代表的网络电台大多成立于 2013 年前后，起初发展

---

① 据 2015 年 3 月统计数字，http://tech.sina.com.cn/i/2015-05-15/doc-iavxeafs7518570.shtml。

方向各不相同。例如，蜻蜓最初致力于打造传统电台的聚合平台；喜马拉雅以有声读物见长；考拉则拥有较多的主持人资源。随着竞争加剧，多数网络电台在强化各自的优势内容后，都有向综合性音频内容服务商发展的势头。仅从各网络电台的网页或APP的音频分类来看，已经出现趋同化的倾向。

一、喜马拉雅FM

喜马拉雅FM是国内较大的自媒体广播聚合平台之一，用户数为1.6亿，其中主要是手机用户。设有发现、个人电台、声音（单集、单期或最新的节目音频排序）、专辑等频道。各频道之下又有细分。例如"发现"部分按内容又可分为：最新资讯、音乐、有声小说、相声评书、综艺娱乐、情感生活、历史人文、外语、培训讲座、百家讲坛、广播剧、戏曲、儿童、电台、商业财经、IT科技、健康养生、其他等类别。

作为内容聚合平台，喜马拉雅FM类似于视频领域的土豆网，没有传统电台链接，更多关注用户生产内容（UGC），提供定制电台、上传声音等个人电台平台功能。而喜马拉雅FM的节目音频，约有七成来自类似播客的个人电台，这些电台的内容可以由喜马拉雅FM首页的个人电台、声音、专辑等频道链接快速进入。

与传统广播相比，喜马拉雅FM所代表的新业态，支持个性化、完全定制的收听。受众不再是被动接受，而是可以从细分的内容列表和大量的音频条目当中去主动选择。

喜马拉雅FM所汇集的音频内容表现出鲜明的自媒体广播特色，例如：整个平台犹如公众文化广场，拥有海量信息，但是质量参差不齐；艺术创作呈现出民主、平权的草根化特色；权威与平民的二元结构、专业组织与业余兴趣个体的边界相对模糊；创作内容极度细分，表现出碎片和长尾的特征。

二、蜻蜓FM

蜻蜓FM的用户数为1.5亿，设有精选、广播电台、内容分类、排行榜、主播（主播公众平台）等几个频道。其中，广播电台分为本地台、国家台、省市台、网络台。内容分为：新闻、音乐、小说、相声小品、娱乐、脱口秀、搞笑、情感、历史、军事、儿童有声、主播show、商业财经、女性、健康生活、戏曲、懒人英语、教育、校园之声、公开课、科技、体育、汽车、动漫、游戏、热门专题等。

三、考拉FM

考拉FM的用户数为1亿。其网页内容布局主要为"发现"和"分类"两大类。"发现"类之下主要是类似门户网站的布局，有特别推荐、脱口秀、新闻、情感、音乐、广播剧、小说、曲艺以及热听榜、最新榜、快讯榜、最爱听、娱乐榜等推荐榜单。"内容"类之下主要有：情感、搞笑、新闻、小说、音乐、大牌节目、相声评书、两性、脱口秀、综艺娱乐、广播剧、百家讲坛、亲子、外语、星座风水、恐怖惊悚、科技、汽车、财经、其他。

考拉 FM 将车载互联作为一个重要的发展方向，通过与各大汽车品牌合作，共同建立智能汽车娱乐系统。只需一部智能手机，通过 USB、蓝牙或 WIFI，就可以将考拉 FM 同步至车载播放系统并通过车载音响播放。

四、优听 FM

优听 FM 的用户数为 5000 万。页面布局主要为首页、电台、分类等。首页类似于传统门户网站，提供一些内容大类的链接。其中“电台”类下，提供国内电台的直播链接，主要分为中央台、北京台、国内台、音乐台、新闻台、经济台、交通台、体育台、曲艺台、综合台、网络台等类别。每个类别下又有若干电台频率的直播链接。例如，中央台类别下可以点击收听音乐之声、经济之声、CRI 外语教学、中华之声、CRI 英语漫听、中国之声、CRI 环球旅游广播等。

“内容”分类之下主要有：综艺八卦、新闻资讯、脱口秀、相声、音乐治愈、提升充电、男女内参、文化品位、亲子、军事、健康养生、校广联盟、创业极客、财经等二级类别。每个二级类别下又有若干子类别。

五、荔枝 FM

荔枝 FM 的用户数为 2000 万。

荔枝 FM 平台上的电台节目主题多样，全部内容由用户产生，有英语、音乐、电影、读诗、旅游、教育等传统主题，也有一些小众主题。例如，由几个专业飞行员开设的飞行师频道，专门讲述与飞行有关的话题；又如，某街道居委会开设的社区电台频道，教社区的人如何防盗防骗。

荔枝 FM 最初是基于微信公众平台的网页，凭借着“微信收听电台”的卖点，借助社交力量快速获得 100 万粉丝，这些用户成为后来荔枝 FM 的受众基础，避免了社区冷启动的问题。在微信电台后，荔枝 FM 马上又推出了 APP。

目前，荔枝 FM 首页设有发现和播客入口。播客按照类型、风格、场景和年代分为四个大类。

其中，类型之下分为脱口秀、读物、电影、读诗、音乐、DJ 舞曲、广播剧、偶像、古风、亲子、教育、旅行、科技、体育、日记、财经、鬼故事、英语、粤语、方言、海外、宅腐基、新闻、游戏、动漫、公益等 26 类。按风格则分为：搞笑、悬疑、怀旧、小清新、浪漫、情感、校园、孤独、休闲、励志、治愈、安静等 12 类。按场景分为：清晨、下午茶、睡前、午夜、运动、工作、看书、旅途、宅等 9 类。按年代分为：00 后、90 后、80 后、70 后等 4 类。

六、多听 FM

多听 FM 的用户数为 5000 万。主要的内容频道分为：娱乐综艺、历史人文、心理情感、有声小说、相声小品、笑话段子、鬼故事、商业财经、百家讲坛、儿童教育、英语听力、广播剧、公开课、新闻时讯、两性生活、评书、佛经禅理、健康养生、探索发现、生活百科、IT 科技。除 APP 以外，多听还推出了车载网络电台智能硬件“车听宝”。

第四节　网络电台竞争

一、版权之争

网络电台争夺听众的主要方式是围绕音频内容展开竞争。从大同小异的内容分类不难看出，目前多数网络电台的内容分类同质化现象严重，音频内容具有很高的重合度。例如，各家网络电台都主推相声、评书、搞笑段子和脱口秀等收听率较高的音频内容。在规则空缺和版权意识薄弱的大环境下，各网络电台对优势内容的争抢最终陷入无序状态。例如 2015 年 4 月，荔枝 FM、多听 FM 因被竞争对手投诉所使用的郭德纲作品版权侵权而同时被苹果 APP Store 下架。在随后的两个多月时间里，喜马拉雅 FM 和荔枝 FM 因版权之争和恶意刷榜等问题又被苹果官方频繁下架。

版权之争暴露了 UGC 模式下网络电台的版权漏洞问题。不少网络电台在创立初期，为了迅速扩充节目量，并未严格进行版权的筛查工作；而有些用户也存在上传盗版节目，或向多个平台重复投放作品以扩大影响力的问题。两方面的失误埋藏下网络电台的版权隐患。这种版权隐患在苹果 APP Store 的版权投诉机制下，成为被恶性竞争所利用的致命缺陷。苹果的版权投诉受理机制采用举证倒置的原则，被投诉电台必须证明没有侵权，在规定时间内不能证明者，其侵权行为就被认定成立，其 APP 即被下架处理。此外，苹果还规定，任何 APP 如果存在虚假下载以提升排行榜排名的情况，则将下架该应用。网络音频内容竞争的双方则雇佣第三方恶意刷榜，以明显的虚假下载使竞争对手的 APP 下载量在短时间内异常增长，招致竞争对手的 APP 被下架处理。

而在目前，苹果 APP 几乎是智能移动终端接入网络电台最快、最直接的一种方式。所以在苹果 APP Store 的竞争以版权争夺和恶意刷榜的形式表现出来，并且愈演愈烈。

2015 年 7 月初，国家版权局下发通知要求网络音乐服务商停止传播未经授权的音乐作品，各个网络音乐服务商在 7 月 31 日前将未经授权的音乐作品全部下线。政策的收紧让网络电台彻底告别野蛮生长时代，而网络音频网站也开始意识到恶意竞争已经严重阻碍了网络电台的发展。此前的版权擦边球策略已经无法继续，争夺优质版权资源成为网络电台下一轮发展的关键。例如，蜻蜓 FM 取得有声小说版权商“央广之声”的版权；考拉 FM 与酷听听书合作拥有更多的长音频版权；喜马拉雅与拥有 QQ 阅读、创世中文网、云起书院、起点中文网、潇湘书院、红袖添香等知名品牌的阅文集团达成排他性版权协议。

也有不少网站开始着手强化内容的独家性，模仿网络视频“自制剧”的发展模式：签约草根用户，扶植自有版权的原创音频内容。除了争夺优质版权、发展自由版权以外，多家网络电台也开始选择专业内容生产(PGC)作为重要发展方向。例如 2015 年 7 月，蜻蜓 FM 宣布实施“PUGC”战略下的“声态圈”计划，通过邀请传统电台主持人、专业声音玩家以及自媒体意见领袖(KOL，Key Opinion Leader)参与节目，探索版权和商业合作模式。

考拉 FM 也进行了“PGC＋UGC”的转型，扶持非专业主播，并且推出人人都可直播的新功能。喜马拉雅也几乎同时推出了 PUGC 战略，扶植专业背景的内容提供者。

二、终端之争

2013 年，苹果发布了“iOS in the Car”计划，宣布将 iOS 7 全面整合到各大主流汽车厂商的车载系统之中，旨在由此提供一个全新的技术平台，让汽车驾驶者将 iPhone 的功能投射到车载系统屏幕上。“iOS in the Car”可以让司机在驾驶不受干扰的情况下使用地图导航、播放音乐、收发信息、拨打电话等功能。目前已有包括本田、日产、法拉利、奔驰、雪佛兰、现代、沃尔沃、起亚等在内的众多汽车厂商参与该计划。

截至 2014 年底，中国汽车保有量已突破 1.54 亿辆，其中私家车达 1.05 亿辆，汽车驾驶人超过 2.46 亿人。全国有 35 个城市汽车保有量超过百万辆，其中北京、成都、深圳、天津、上海、苏州、重庆、广州、杭州、郑州 10 个城市汽车保有量超过 200 万辆[①]。车联网的多媒体终端成为网络电台的重要发展方向，网络电台开始纷纷把目标瞄向汽车这个极具前景的入口。例如喜马拉雅 FM 推出“随车听”，多听 FM 推出“车听宝”，考拉推出“考拉宝”、豆瓣 FM 等也联手知名汽车品牌推出车联网产品。通过车载硬件，可以将音频广告精准投放到具有一定消费能力的目标人群。在盈利模式的探索上，汽车这一应用场景无可厚非地成为网络电台的兵家必争之地。

区别于基于台式电脑和智能手机为代表性入口的前两代互联网，第三代互联网被认为是基于卫星通讯和智能穿戴的天基互联网。以智能手表、眼镜、手环为代表的可穿戴智能设备被业界视作新一代互联网的代表性终端，将有较好的发展前景。随着智能手机终端的部分功能逐渐迁移至智能手表等设备，可穿戴设备在突破技术限制后，

① 邹伟、程千懿：《中国机动车保有量达 2.64 亿辆》，http://finance.eastmoney.com/news/1358，20150128472820162.html。

将成为未来继智能手机之后互联网的又一个新增长点。

可以预见,智能手机、车载互联网和可穿戴智能硬件将是未来若干年内网络电台发展的三个重要渠道。随着移动互联网智能手机与可穿戴设备的快速普及和音频APP的增长,未来的音频硬件设备将会让音频内容本身延伸到生活当中所有视频内容空缺的场景,引发所谓的“场景革命”。

三、场景之争

无论媒体如何变化,但受众的注意力资源是有限的,而且有限的注意力资源在条件允许的情况下又通常首先分配给视频内容,所以网络音频内容的生存重点是争夺受众无法或不便接收视频内容的收听场景。例如,国外在广播特写节目中已经出现的配合智能手机的GPS和运动感知系统而制作的旅游攻略类节目,就是切中特定场景需求的发展方向;又如,基于驾驶状态的汽车收听场景,也是各网络电台的竞争重点。从现在多数网络电台的节目点击情况来看:婴幼儿教育、学习培训、家务用餐、驾驶、通勤、运动健身等收听场景以及有声读物、曲艺、脱口秀等内容通常有较高的点击率。此外,在视觉信息量饱和的媒体环境中,也有受众会主动选择闲暇时收听网络电台,让眼睛获得休息。

四、差异化生存

相对于专业的视频网站,网络电台运营的门槛较低,短时间内就可以学会基本操作。但门槛降低、参与者众多,也同时意味着节目质量的整体水准会受到影响。而当前不少主打UGC的网络电台,其大量节目都是由草根制作,质量低劣、点击率较低。尽管网络电台市场已经开始进入到重视“长尾”的阶段,但是“长尾”部分的质量却令人担忧。实际上,各网络电台真正吸引大多数点击量的仍然集中在少数优质资源上。

对此,不少网络电台开始纷纷尝试PUGC的战略,集合了UGC、PGC的双重优势:有了UGC的广度,UGC的草根主播实际上也是潜在的专业内容的受众群体;通过PGC产生的专业化的内容,能更好地吸引、沉淀用户。例如,喜马拉雅FM通过加V认证等审核手段,对内容、主播严格筛选,还为有潜力成为专业人士的主播、自媒体人提供包括资金、资源、培训、服务和工具在内的一系列支撑条件,并向主播提供相对成熟的盈利模式。目前,喜马拉雅FM已拥有总计300万主播,其中包含5.5万认证主播、5000个大V。

除了内容争夺之外,部分网络电台已经开始进行一些区别化的尝试。例如,考拉FM正在着手开发手机直播项目。即时直播用户的音频内容、音频直播功能的实现,可以丰富网络广播的场景,充分满足自媒体广播的发表欲望。草根主播的生活经历、如购物、健身、社交、烹制美食或是新闻亲历等，都可以成为音频直播的内容。这种直播实际上还使传统电台难以实现的即时互动交流变为现实。音频主播可以实时开启权限，邀请特定听众加入互动，甚至还可以邀请几个嘉宾，进行一场多人、多地对话的直播。类似的直播分享模式已经出现在视频领域，国内已经出现了像映客这样的视频直播 APP。音频直播分享的优势在于技术要求相对较低，直播者操作更轻松，例如无需直播者全程保持拍摄姿势、保证成像质量和基本的镜头规格等。

2014 年以来，网络音频用户规模呈几何级增长。根据市场调研机构的统计，喜马拉雅 FM、蜻蜓 FM 等国内第一阵营的网络电台的用户规模都已过亿，其中，喜马拉雅 FM 拥有 1.6 亿用户，位居首位。豆瓣 FM、荔枝 FM、考拉 FM 等也都有千万以上的用户规模。

目前，各家 FM 针锋相对的核心是版权和主播资源之争。总体来看，当前网络音频节目内容主要分为专业生产内容（PGC）和用户生产内容（UGC）两大类。PGC 内容主要由台电、电视台等机构和专业人士制作而成，UGC 内容主要由草根用户、电台发烧友自制而成。

喜马拉雅 FM 是国内最早布局 PGC 的音频平台，其内容来源主要以“UGC＋PGC＋独家版权”组成，以此形成层次丰富的 PUGC 生态战略，既保证了内容的专业性，也能够大量地挖掘优质内容生产者，实现内容的多样化、个性化。蜻蜓 FM 最初专注于传统电台的网络直播，后转向 PGC 模式，由于缺少前期内容资源的原始积累，目前发展受到一定限制。考拉 FM 主要依靠自制，在内容数量与质量上存在一定的劣势；荔枝 FM 则主要倚重于 UGC 模式，内容来源依靠用户，对质量和版权的把控有一定难度。

网络电台的迅猛发展势头已经引起了各方的关注。例如喜马拉雅 FM 从 2012 年 8 月到 2015 年 8 月，只用了短短的三年时间，便拥有了 1.8 亿用户、6 万认证主播、1500 万条声音、每月在线活跃人数 4500 万；实现两轮融资 6150 万美元，预估市值为 30 亿元人民币[①]。而荔枝 FM、蜻蜓 FM、考拉 FM、优听 Radio 等网络电台也相继完成第二、三轮千万美元量级的融资。网络电台正以一种前所未有的速度接替传统广播电台的社会角色。

① 方芳：《成立仅短短三年，缘何喜马拉雅 FM 估值超过 30 亿》，http://www.forbeschina.com/review/201508/0045002.shtml。

图书在版编目(CIP)数据

广播文艺编导/杜桦著. -- 北京 ：中国传媒大学出版社，2017.3（2021.7 重印）
ISBN 978-7-5657-1826-7

Ⅰ. ①广…　Ⅱ. ①杜…　Ⅲ. ①广播节目－节目制作　Ⅳ. ①G222.3

中国版本图书馆 CIP 数据核字（2016）第 226421 号

广播文艺编导
GUANGBO WENYI BIANDAO

著　　者	杜　桦
责任编辑	欧丽娜
装帧设计指导	吴学夫　杨　蕾　郭开鹤　吴　颖
设计总监	杨　蕾
装帧设计	陈　粤　刘欣怡
责任印制	李志鹏

出版发行	中国传媒大学出版社		
社　址	北京市朝阳区定福庄东街 1 号	邮　编	100024
电　话	86－10－65450528　65450532	传　真	65779405
网　址	http://cucp.cuc.edu.cn		
经　销	全国新华书店		

印　刷	唐山玺诚印务有限公司
开　本	787mm×1092mm　1/16
印　张	16.75
字　数	352 千字
版　次	2017 年 3 月第 1 版
印　次	2021 年 7 月第 2 次印刷

书　号	ISBN 978-7-5657-1826-7/G·1826	定　价	56.00 元

致力专业核心教材建设　提升学科与学校影响力

中国传媒大学出版社陆续推出

我校15个专业"十二五"规划教材约160种

播音与主持艺术专业（10种）
广播电视编导专业（电视编辑方向）（11种）
广播电视编导专业（文艺编导方向）（10种）
广播电视新闻专业（11种）
广播电视工程专业（9种）
广告学专业（12种）
摄影专业（11种）
录音艺术专业（12种）
动画专业（10种）
数字媒体艺术专业（12种）
数字游戏设计专业（10种）
网络与新媒体专业（12种）
网络工程专业（11种）
信息安全专业（10种）
文化产业管理专业（10种）

本书更多相关资源可从中国传媒大学出版社网站下载
网址：http://cucp.cuc.edu.cn
责任编辑：欧丽娜　　　意见反馈及投稿邮箱：yishiyishu@163.com
联系电话：010-6577 9465